WAHL 2019
STRATEGIEN, SCHNITZEL, SKANDALE

Barbara Tóth, Thomas Hofer

WAHL 2019
Strategien, Schnitzel, Skandale

Sämtliche Angaben in diesem Werk erfolgen trotz sorgfältiger Bearbeitung ohne Gewähr. Eine Haftung der Autoren beziehungsweise Herausgeber und des Verlages ist ausgeschlossen.

1. Auflage 2019
© 2019 Ecowin bei Benevento Publishing Salzburg – München, eine Marke der Red Bull Media House GmbH, Wals bei Salzburg

Alle Rechte vorbehalten, insbesondere das des öffentlichen Vortrags, der Übertragung durch Rundfunk und Fernsehen sowie der Übersetzung, auch einzelner Teile. Kein Teil des Werkes darf in irgendeiner Form (durch Fotografie, Mikrofilm oder andere Verfahren) ohne schriftliche Genehmigung des Verlages reproduziert oder unter Verwendung elektronischer Systeme verarbeitet, vervielfältigt oder verbreitet werden.

Medieninhaber, Verleger und Herausgeber:
Red Bull Media House GmbH
Oberst-Lepperdinger-Straße 11–15
5071 Wals bei Salzburg, Österreich

Satz: MEDIA DESIGN: RIZNER.AT
Gesetzt aus der Minion, Brandon Grotesque
Umschlaggestaltung: Benevento Publishing
Covermotiv: © Zateshilov, Shutterstock

Gesamtherstellung in Österreich
ISBN 978-3-7110-0254-9

Inhalt

Einleitung	7
Auf dem Weg zur Emokratie Thomas Hofer	11
Den Weg der Veränderung fortsetzen Karl Nehammer	59
Kein Diskurs, wenig Bewegung Stefan Hirsch	73
Ein Jahr des Umbruchs für uns Freiheitliche Christian Hafenecker	87
Aus dem Tal der Tränen zum besten Wahlergebnis aller Zeiten Thimo Fiesel	97
Eine anständige Alternative Nikola Donig	107
David gegen Goliath Herta Emmer	119
Einmal Ibiza und zurück Barbara Tóth	127
Tja Claus Pándi	143
Wahlkampffinanzierung im Schatten der Wahl 2017 Hubert Sickinger	151

250 Jahre korruptes Österreich
Oliver Rathkolb   163

Kettenreaktionen
Franz Sommer   181

Weltrekordverdächtiger TV-Wahlkampf
Susanne Schnabl, Wolfgang Wagner   201

Das unsichtbare Fundament des Erfolges
Lukas Holter, Philipp Maderthaner   211

Und täglich grüßt »das Silberstein«
Ruth Wodak   223

Nicht gerade Harmonie
Irmgard Griss   239

Die FPÖ und die Vergangenheit, die nicht vergeht
Margit Reiter   247

Die Herausgeber   258

Anhang
Wahlergebnisse der Nationalratswahl 2019   261

Einleitung

Die vorgezogene Neuwahl 2019 ist bereits die fünfte Nationalratswahl, die wir mit einem »Wahlbuch« begleiten. Ziel ist es dabei, Experten aus Praxis und Wissenschaft an einem Ort zu versammeln und die Ereignisse und Entwicklungen eines wirklich bemerkenswerten Wahlkampfes aufzuarbeiten. Passiert ist im Wahljahr 2019 genug. Der innenpolitische Tagesrhythmus lässt für eine tiefergehende Betrachtung allerdings kaum Zeit.

Genau jene Zeit, die sie eigentlich nicht haben, wendeten unsere Co-Autoren für dieses Buch auf. Herausgekommen ist, so hoffen wir jedenfalls, ein spannender Blick hinter die Kulissen des Wahlkampfbusiness. Die zentralen politischen und inhaltlichen Entwicklungen sind dabei ebenso abgebildet wie bisher noch unbekannte Ereignisse in den einzelnen Parteien.

Ein wenig stolz sind wir auch diesmal wieder darauf, dass wir für dieses Buch über alle Parteigrenzen hinweg die Wahlkampfmanager der Parteien »vereinen« konnten. Ihre Perspektive auf das Wahlkampfgeschehen ist naturgemäß unterschiedlich. Insgesamt aber ergibt sich dadurch wohl ein rundes Bild der Ereignisse des Wahljahres 2019. Eine – allerdings persönlich durchaus nachvollziehbare – Absage mussten wir diesmal hinnehmen: Heinz-Christian Strache wollte sich im Oktober 2019 nicht zu Ibiza-Gate und den Folgen äußern.

Den Autoren aus den Parteien gilt unser Dank, ebenso wie jenen, die aus der externen Perspektive einen kritischen Blick auf die dominierenden Themen und Entwicklungen der Nationalratswahl geworfen haben. Wann wir sie alle wieder um Buchbeiträge bitten dürfen, ist gut zwei Wochen nach geschlagener Wahl nicht absehbar. Die Halbwertszeit von Legislaturperioden betrachtend, könnte es aber durchaus vor dem Herbst 2024 der Fall sein.

Die Herausgeber im Oktober 2019

Auf dem Weg zur Emokratie

THOMAS HOFER

Es war ein paranoider Wahlkampf, geprägt von Skandalen, Verdächtigungen und negativen Emotionen. Am Ende setzten sich einmal mehr jene durch, die frühzeitig eine klare Strategie definiert hatten – und deren Kampagnenwerkzeuge auf der Höhe der Zeit waren.

Am Anfang stand die Verweigerung. Bevor am Abend des 18. Mai 2019 mit der Rede von Bundeskanzler Sebastian Kurz klar wurde, dass Österreich nach gerade einmal 17 Monaten der türkis-blauen Zusammenarbeit auf vorgezogene Neuwahlen zusteuern würde, wollten entscheidende Persönlichkeiten an der Republiksspitze die Tragweite des gerade losgebrochenen Skandals erst einmal nicht akzeptieren. Es herrschte Schockstarre.

Kurz hatte schon am Tag vor Bekanntwerden des Skandalvideos von Ibiza[1] seine engsten Vertrauten in Alarmbereitschaft versetzt. Von seinem Regierungspartner, Vizekanzler Heinz-Christian Strache, war er informiert worden, dass es Medienanfragen aus Deutschland betreffend eines langen Gespräches gebe, das Strache im Wahlkampf 2017 während eines Urlaubs auf der Baleareninsel mit einem seiner engsten Vertrauten, dem Wiener Vizebürgermeister Johann Gudenus, und einer angeblichen russisch-lettischen Oligarchennichte geführt hatte.

Die Inhalte spielte Strache zwar hinunter, und das selbst dann noch, als die zentralen Ausschnitte des Skandalvideos am frühen Abend des 17. Mai 2019 veröffentlicht wurden. Kurz war aufgrund von Straches Briefing aber klar gewesen, dass neun Tage vor der EU-Wahl innenpolitisch wohl kein Stein auf dem anderen bleiben würde. Wie immer in heiklen Phasen wollte Kurz auch einen Echtzeitüberblick über die Stimmung in der Bevölkerung. Und so wurden die Interviewer des Meinungsforschungsinstitutes, die die Stimmung der Wählerinnen und Wähler wenige Tage vor einem

---

[1] Für eine genauere Aufarbeitung von Ibiza-Gate siehe die Beiträge von Barbara Tóth, Claus Pándi und Hubert Sickinger. Für eine detaillierte Aufarbeitung des Videos siehe Obermayer und Obermaier, 2019.

für die Parteien auch innenpolitisch entscheidenden Wahltag[2] erkunden sollten, schon für Samstag, 14 Uhr, einbestellt. Dann, so der Plan, sei das Video vom Vortag vielen bereits bekannt – und man könne auch gleich die Reaktion auf die Rede des Kanzlers, die für die Mittagszeit geplant war, erheben. Das zumindest kam dann doch anders, denn die Entscheidung über die Zukunft der Koalition verzögerte sich bis in die Abendstunden – und die Interviewer mussten unverrichteter Dinge wieder abziehen.

Auch in der FPÖ hatte Strache vor der Veröffentlichung des Videos den innersten Kreis zusammengerufen. Sein späterer Nachfolger an der Parteispitze, Norbert Hofer, zählte übrigens nicht dazu, er wurde über das Skandalvideo erst am Freitag von Koalitionspartner Kurz informiert.[3] Straches Vertraute drängten ihn zu berichten, was genau auf Ibiza vorgefallen und womit in der Öffentlichkeit nun zu rechnen war. Ein hochrangiger FPÖ-Stratege berichtet von einer internen Besprechung vor der Veröffentlichung des Videos: »Wir wollten eine Risikoeinschätzung der Causa aufgrund der Medienanfragen machen. Und wir haben Strache gefragt: ›Was kommt da wirklich auf uns zu?‹ Er hat versucht, uns zu beruhigen, und gemeint, es wäre halt eine besoffene Geschichte gewesen, die aber nicht so schlimm werden wird.« Selbst nach der Veröffentlichung des Videos hatte sich Strache stundenlang geweigert, die erste und aus Sicht eines halbwegs professionellen Krisenmanagements unausweichliche Konsequenz, nämlich seinen eigenen Rücktritt als Vizekanzler der Republik und Parteichef der FPÖ, zu akzeptieren. Der FPÖ-Stratege: »Er hat geglaubt, dass das vielleicht

---
2 Am 26.5.2019 fand auch in Österreich die Europawahl statt.
3 Diesen Umstand schlachtete Kurz in TV-Duellen mit Hofer auch weidlich aus. Indem der ÖVP-Kandidat darlegte, dass er selbst Hofer von den Geschehnissen auf Ibiza informiert und dessen Partei ihn im Dunkeln gelassen hatte, wies er indirekt auf eine mangelnde Autorität Hofers in der FPÖ und generell die Instabilität des ehemaligen Regierungspartners hin.

ein schwieriger Tag für ihn wird, es aber wohl bald wieder bergauf ginge.«

Ab dem Zeitpunkt, als klar wurde, dass er als Vizekanzler und Parteichef nicht zu halten war, fand sich Strache immer mehr in der Rolle des eigentlich Leidtragenden von Ibiza. Die Umdeutung von Skandalen sowie das Zelebrieren der Opferrolle waren langjährig geübte Praxis in der Kommunikation der FPÖ. So reagierte man routiniert unter Druck – und auch nach Ibiza schaffte es die Partei wieder, die Aufmerksamkeit auf andere Spielfelder zu lenken, etwa auf die durchaus interessanten Fragen, wer denn nun in welcher Absicht das Video hatte produzieren lassen und wer es schließlich medial verwertete.[4]

Doch ein wesentliches Detail an der Wagenburg-Strategie der FPÖ passte diesmal nicht: Denn der Hauptbetroffene glaubte den zur Verteidigung entwickelten Spin tatsächlich. Am 18. Mai sprach Strache von einem »gezielten politischen Attentat« gegen ihn. Mit Fortdauer des Wahlkampfes und zunehmender FPÖ-interner Abgrenzung und Kritik an ihm entwickelte er dann immer mehr auch nach innen gerichtete Verschwörungstheorien.

Final emotional
Strache wurde damit zu einem, aber beileibe nicht dem einzigen Beweis für die Dominanz der Emotionen in diesem bemerkenswert paranoiden Wahlkampf 2019. Psychisch war das aus Sicht eines Mannes, der über knapp eineinhalb Jahrzehnte als das mediale Schmuddelkind gegolten und dann doch endlich den erhofften Aufstieg zum Vizekanzler geschafft hatte, wohl nachvollziehbar. Doch die unkontrollierbare Rolle des schwer getroffenen Ex-Robin-

---

[4] Siehe den Beitrag von Claus Pándi.

Hood der Innenpolitik sollte seiner Partei über den gesamten Wahlkampf – und für den Wahlausgang entscheidend gerade an dessen Ende – massive Probleme bereiten.

Aber die Personalie Strache war eben nur ein Aspekt der Emotionalisierung im Wahlkampf. Über weite Strecken der mehr als vier Monate dauernden Kampagnen dominierten nicht nur historisch herausragende Entwicklungen, wie die Entlassung eines Ministers, die Abwahl eines Kanzlers und all seiner Regierungsmitglieder oder die Einsetzung eines aus Beamten bestehenden Übergangskabinetts, sondern verstärkt gegenseitige Verdächtigungen und Unterstellungen der handelnden Akteure. Die Parteien wurden fast alle zu Getriebenen: Hacks, Leaks und anonyme Anzeigen degradierten sie zu Passagieren der medialen Berichterstattung. Tatsächliche und vermeintliche Skandale sorgten insgesamt für ein desaströses Bild der Politik in der Öffentlichkeit. Das schlug sich auch in einer auf rund 75 Prozent gesunkenen Wahlbeteiligung nieder.

Natürlich versuchten die Parteien, die immer stärker aufgeheizte Stimmungslandschaft auch nach Kräften zu nutzen. Der ÖVP, den Grünen und (eingeschränkt) NEOS gelang das: Die Volkspartei packte auf das Wahlergebnis 2017 noch einmal sechs Prozentpunkte auf 37,5 Prozent drauf. Die Grünen bauten ihre Kampagne logischerweise auf den für viele fühlbar werdenden Klimawandel und die Reuegefühle ihrer ehemaligen Wähler, die sie 2017 ungewollt aus dem Parlament hatten fliegen lassen. Das Comeback-Resultat: 13,9 Prozent. Die NEOS konnten ihr zentrales Thema, die Bildung, zwar nicht annähernd so hoch ziehen wie die Grünen, aber immerhin gelang es, bei von der ÖVP enttäuschten Liberalen und Christlich-Sozialen zu fischen und bei 8,1 Prozent zu landen.

Zum Treppenwitz des Wahljahres wurde das Abschneiden der SPÖ. Als nominell dominierende Oppositionspartei konnte die

Sozialdemokratie vom spektakulären Ende der ÖVP-FPÖ-Koalition nicht nur nicht profitieren, sie verlor sogar noch knapp sechs Prozentpunkte und fuhr mit 21,2 Prozent Wählerzustimmung das schlechteste Nationalratswahlergebnis ihrer Geschichte ein. Die FPÖ sackte, gemessen am Wahlergebnis 2017, stufenweise ab. Während der Koalition mit der ÖVP verlor man nur leicht und hielt sich in den Umfragen erstaunlich gut, mit Ibiza – und dann noch einmal mit der finalen Aufregung um die Spesenregelungen der Partei – ging es dann mit einem Minus von knapp zehn Prozentpunkten runter auf 16,2 Prozent.

Das Desaster realisierte die Partei in Etappen. Nach innen wurde über Monate das Überschreiten der 20-Prozent-Marke als realistisch definiert. Und in den Stunden nach dem Aufschlag des Skandals hatte man gar nicht mit dem jähen Ende der Regierungsarbeit gerechnet. Die Verweigerungshaltung, die fast unausweichliche Konsequenz des Ibiza-Videos betreffend, war allerdings nicht nur auf den Verursacher eines der größten Skandale der Zweiten Republik[5] begrenzt. Auch in der ÖVP wollte das engste Team um Sebastian Kurz das drohende Ende des eigenen Reformprojektes mit der Freiheitlichen Partei nicht gleich akzeptieren.

Stunden der Entscheidung
Sowohl Kurz wie auch sein engster Berater Stefan Steiner standen einer vorzeitigen Beendigung der Koalition erst einmal skeptisch gegenüber. Man wollte aus der ersten Emotion heraus Neuwahlen vermeiden. Und Kurs halten. Die in der ÖVP schon anlässlich antisemitischer und rechtsextremer Ausfälle in der FPÖ verwendete, rural geprägte Metapher vom Traktor, der, ein klares Ziel ansteuernd, eben auch sumpfiges Gelände überwinden müsse, wurde wieder

---

[5] Für eine historische Einordnung wichtiger politischer Skandale siehe den Beitrag von Oliver Rathkolb.

bemüht. Und so hieß es in der ÖVP erst: »Wir fahren.« Aus der FPÖ gingen gegen Mitternacht des Freitags nach den ersten Lagebesprechungen mit dem Koalitionspartner hoffnungsfrohe Botschaften an politische Meinungsbildner: »Strache und Gudenus gehen, Koalition bleibt, Hofer wird Vize.« Die Zurückhaltung in der Kanzlerpartei war freilich weniger auf die Treue zur FPÖ zurückzuführen als vielmehr auf die ungeklärten Folgewirkungen einer Koalitionsaufkündigung. Intern waren in der Analyse nicht unwesentliche Fragen aufgeworfen worden: Konnte das Ende der über fast eineinhalb Jahre beliebten Regierungskonstellation nicht auch ihrem Konstrukteur Kurz angelastet werden? Und: War der Bevölkerung nach nur rund eineinhalb Jahren schon wieder eine vorgezogene Neuwahl zuzumuten?

Auch einer der wichtigsten Mitstreiter des Kanzlers, Nationalratspräsident Wolfgang Sobotka, erprobt in vielen politischen Auseinandersetzungen und von Kurz 2017 in der rot-schwarzen Regierung erfolgreich als destabilisierende Speerspitze gegen den entscheidungsschwachen Kanzler Christian Kern (SPÖ) verwendet,[6] sprach sich erst gegen den Bruch der Regierung aus. Für den klaren Schnitt argumentierten intern früh Kanzleramtsminister und ÖVP-Regierungskoordinator Gernot Blümel und dann auch der Kampagnenexperte des Kanzlers, Philipp Maderthaner.[7] Die Landeshauptleute spielten in der Entscheidungsfindung zwar naturgemäß eine Rolle, waren am entscheidenden Samstag, dem 18. Mai, aber anders als kolportiert nicht zur großen Krisensitzung in Wien. Und teilweise argumentierten einzelne Landesvertreter überraschend: Der meist FPÖ-skeptische Salzburger Landeschef Wilfried Haslauer etwa drängte Kurz nicht zur Beendigung der Koalition.

---
6 Siehe auch Hofer, 2017, S. 26 ff.
7 Siehe auch dessen Beitrag zu erfolgreichem Online-Campaigning.

Eine historisch wohl ungeklärte Frage bleibt, was genau sich in den entscheidenden Stunden des Samstags nach Veröffentlichung des Videos tatsächlich zugetragen hat. Hier gehen die Darstellungen der Beteiligten von ÖVP und FPÖ deutlich auseinander.[8] Klar ist, dass die Stimmung im engsten Kreis um Kurz am Samstag zu kippen begann. Nationale und gerade auch internationale Reaktionen, die auf Kurz und Co. einprasselten, ließen es immer schwieriger erscheinen, die Zusammenarbeit mit der FPÖ – auch mit veränderter personeller Aufstellung, denn ein Rückzug von Strache und Gudenus war Freitagabend besiegelt worden – aufrechtzuerhalten. Außerdem trieb die Kurz-Berater die Frage an, was an Enthüllungen aus dem mehr als siebenstündigen Video und zusätzlichen rechtsextremen Einzelfällen noch nachkommen würde. Das Medieninteresse, so die Analyse, würde sehr lange auf Ibiza und daraus abgeleiteten Folgewirkungen bleiben. Die Regierung würde dem Druck dauerhaft schwer entgehen können.

Die während der bisherigen Legislaturperiode vielfach geübte Strategie des »Agenda Cuttings«, also der bewusst gesteuerten Verdrängung von unliebsamen Nachrichten durch das geschickte Platzieren neuer, noch interessanterer Geschichten, würde angesichts der Dominanz des Themas diesmal nicht funktionieren. Und, der zentrale Aspekt: Das Image von Kurz wäre bei einer Fortsetzung der Koalition nun direkt an jenes des erneut in den Skandalstrudel geratenen Koalitionspartners gekettet. »So kommen wir nicht davon.« Das war ein entscheidender Satz, der im Laufe des Samstags im Kurz-Umfeld formuliert wurde.

Dennoch: In der Kommunikation mit Meinungsbildnern und Journalisten betonte man den gesamten Samstagvormittag über,

---

8 Siehe die Beiträge von Karl Nehammer und Christian Hafenecker.

dass es noch nicht genügend Erneuerungssignale aus der FPÖ gebe und dass die Verweigerungshaltung in personeller wie inhaltlicher Hinsicht noch zu stark sei. Eine Hintertür in Richtung Fortsetzung der Koalition blieb also offen.

Hier liegt sicher ein Fehler in der Kommunikation der Volkspartei an diesem für die Neuwahl entscheidenden 18. Mai. Man vermittelte den Eindruck, aus Machtkalkül an der Koalition festhalten zu wollen. Zur zentralen Person wurde dabei Herbert Kickl. Tatsächlich war seine heftig umstrittene Tätigkeit im Innenressort – sie reichte von problematischen Medienerlässen, die auf öffentliche Wahrnehmungssteuerung ausgerichtet waren, bis hin zur innerkoalitionären Auseinandersetzung um das BVT – immer wieder auch ein Aufreger in der Koalition.

Kickl war spätestens seit 2005, als der ehemalige freiheitliche Übervater Jörg Haider mit dem BZÖ aus der FPÖ ausgezogen war und seinem Nachfolger Strache in der FPÖ nur kümmerliche Restbestände hinterlassen hatte, ein großer Kritiker der Volkspartei. Dieser, so sagte es Kickl intern wiederholt, könne man nicht über den Weg trauen. Das war bei der Regierungsbildung 2017 nicht anders, doch Kickl fügte sich den Gegebenheiten, weil eine Koalition zwischen SPÖ und FPÖ aufgrund der SPÖ-internen Gemengelage trotz einzelner Versuche von sozialdemokratischer Seite auszuschließen war.

In der Regierung verfolgte Kickl dann seine Agenda und begann, in dem nach eigener Darstellung mit schwarzen, niederösterreichischen Netzwerken durchzogenen Innenressort aufzumischen. Noch in der Regierungsbildungsphase hatte Kickl allerdings gar keinen Ministerposten annehmen wollen. Er hatte das erst auf Drängen Straches gemacht, und zwar nachdem sowohl die Variante mit

Strache als Vizekanzler und zugleich Innenminister als auch jene mit dem oberösterreichischen Vizelandeshauptmann und FPÖ-Chef Manfred Haimbuchner ausgeschieden waren.

Am 18. Mai wurde das schon während der türkis-blauen Regierungsphase permanente Streitthema Kickl virulent wie nie zuvor. In der ÖVP betonte man, dass der zum Zeitpunkt der Entstehung des Ibiza-Videos amtierende FPÖ-Generalsekretär kaum als Innenminister in der Causa Ibiza für Aufklärung sorgen könne. Immerhin sei ein wesentlicher Inhalt des Videos ja auch die konkret angedeutete illegale Parteienfinanzierung gewesen. Die FPÖ entgegnete, das Innenressort sei dafür gar nicht zuständig. Was den Abzug Kickls aus dem Innenressort betrifft, sei man sogar gesprächsbereit gewesen: Ein Wechsel Norbert Hofers ins Vizekanzleramt hätte den Wechsel Kickls ins Infrastrukturressort ermöglicht – und ein anderer Freiheitlicher hätte dann in die Wiener Herrengasse einziehen können.

Während wesentliche Entscheidungsträger in der ÖVP betonen, die Neuwahlentscheidung sei am Samstag schon zwischen 14 und 15 Uhr gefallen, sagt die FPÖ, dass es um 15.17 Uhr (behauptet wird: auf Drängen der niederösterreichischen Landeshauptfrau Johanna Mikl-Leitner) einen Anruf von Kanzler Kurz gegeben habe, wo eben die Ablöse Kickls als Innenminister verlangt wurde. Daraufhin hätte die FPÖ Gesprächsbereitschaft signalisiert, nur um wenige Minuten danach zu erfahren, dass das Innenministerium wieder der ÖVP zufallen sollte. Noch um 18 Uhr, so die FPÖ-Darstellung, habe es ein letztes Ultimatum an Norbert Hofer gegeben, in der Frage Innenressort einzulenken. 45 Minuten sollte die FPÖ noch Nachdenkpause erhalten, bevor der Kanzler seine richtungsweisenden Worte an die Bevölkerung richten wollte. Hofer habe, so ein hochrangiger FPÖ-Vertreter, sofort abgelehnt.

Aus der ÖVP kamen zwar schon während des Nachmittags immer deutlichere Signale, die in Richtung Neuwahl gedeutet werden konnten. Doch was auch immer der genaue Entscheidungsablauf war: Mit der Fokussierung auf die Personalie Kickl und dem Hinauszögern der schon für Samstagmittag angekündigten Kanzlerentscheidung zeigte die Volkspartei eine ungewohnte kommunikative Unsicherheit, die die FPÖ in den Folgewochen geschickt zu nutzen wusste. Der Fokus auf den aus Sicht der FPÖ »besten Innenminister der Zweiten Republik« war Teil jener Dolchstoßlegende, die von den Inhalten des Ibiza-Videos ablenken sollte.

Für die Volkspartei war diese kurze Verzögerung letztlich aber nicht entscheidend. Denn einerseits wusste man aus den eigenen Umfragen, dass Herbert Kickl zwar in der treuen FPÖ-Wählerschaft ein echtes Asset war, bei freiheitlichen Abwanderern, die schon seit der Regierungsbildung und dann verstärkt seit dem Auftauchen des Skandalvideos von Ibiza bei der Volkspartei Zuflucht gesucht hatten, war er aber höchst umstritten. Aus diesem Grund betonte Kurz während des Wahlkampfes auch immer die Unmöglichkeit eines Comebacks von Kickl als Minister.

Türkise Erzählung
Auch wenn die Volkspartei an diesem Samstag in ihrer Entscheidung geschwankt hatte: In dem Moment, in dem die Weichen auf Neuwahl gestellt wurden, zeigte sich eine der größten Stärken der ÖVP unter Sebastian Kurz – die nach außen glasklar kommunizierte Linie. Schon an diesem 18. Mai stand das Wahlkampfrational der ÖVP im Wesentlichen fest: Wer die Fortsetzung des Veränderungskurses im Land wolle, nur eben ohne Skandale, der müsse Kurz wählen. Die Wahlkampfbotschaft sollte eine Mischung aus schon einmal erfolgreichen Kampagnen werden: Wolfgang Schüssels »Wer, wenn nicht er«-Slogan von 2002 wurde mit Erwin Prölls »Klarheit durch Mehr-

heit schafft Sicherheit« und Bruno Kreiskys »Lasst Kreisky und sein Team arbeiten« gekreuzt. Als sich der Kanzler zur Primetime an die Bevölkerung wandte, versuchte er sich nicht in langwierigen Erklärstücken. Im Fokus standen die Einordnung des Skandals und die auf die Zukunft gerichtete Botschaft.

Die Strategen der ÖVP hatten wie schon 2017 versucht, mit einem kommunikativen Dreiklang das Feld, auf dem sich der Wahlkampf zutragen sollte, zu definieren und so auch den anderen Parteien die eigene Rahmenerzählung aufzuzwingen. 2017 waren diese Anlässe folgende: Am 11. Mai, einen Tag nach dem Rücktritt des glücklosen Kurzzeit-Parteichefs Reinhold Mitterlehner, hatten sich schön der Reihe nach alle wesentlichen Funktionsträger der ÖVP für Kurz als neuen Chef ausgesprochen – und ihm, gerade für ÖVP-Landeshauptleute ein Novum, auch freie Hand bei der Umgestaltung der Partei garantiert. Wenige Tage später formulierte Kurz dann seine Bedingungen für eine Übernahme der Partei und gleich damit auch seine Umgestaltungspläne für die Republik. Im Juni war es mit der tatsächlichen Übernahme der Partei und dem Start als »Bewegung« so weit, dass der wahlkampftechnische Erzählbogen »Vom Aufbruch zur Inthronisierung« auch offiziell gestartet werden konnte.

2019 gestaltete sich für die Volkspartei in dieser Hinsicht deutlich schwieriger, auch weil natürlich die Frische der ersten Kampagne verflogen war. Doch auch jetzt war der Dreiklang wieder zu bemerken: Den Auftakt machte die schon erwähnte Erklärung am Abend des 18. Mai. Neun Tage und einen klaren Wahlsieg bei den Europawahlen[9] später wurde die Abwahl von Kurz im Nationalrat

---

9 Die ÖVP legte um 7,5 Prozentpunkte auf 34,5 Prozent zu, die SPÖ verlor leicht (−0,2 %) und landete bei 23,9 Prozent. Die FPÖ verlor nur leicht um 2,5 Prozentpunkte und stabilisierte sich bei 17,2 Prozent, während die Grünen mit 14,1 Prozent das gute Ergebnis von 2014 fast halten konnten (−0,4 %). Fast unverändert (+0,3 %) blieben die NEOS bei 8,4 Prozent.

zum eigentlichen – und äußerst frühen – emotionalen Höhepunkt der Kampagne. Mitte Juni schließlich präsentierte man die programmatischen Grundzüge der Wiederwahlkampagne.

Comeback Kid Kurz
Zentral waren freilich die Geschehnisse rund um die Abwahl von Kurz. Mit diesem Szenario hatten die ÖVP-Strategen lange nicht ernsthaft gerechnet,[10] nicht am Abend der Neuwahlentscheidung und nicht einmal nach der vom Kanzler initiierten Entlassung von Innenminister Kickl, die logischerweise den Abgang des gesamten freiheitlichen Regierungsteams auslöste. Kurz war von seiner Absetzung auch tatsächlich getroffen und konnte seine Emotionen in der Hofburg, dem Ausweichquartier des Parlamentes, auch nur schwer unterdrücken. Am Abend der Abwahl allerdings hatte er sich gefangen. Und seine Berater hatten ihm eines ans Herz gelegt: Er müsse sofort wieder die emotionale Deutungshoheit über die chaotischen Ereignisse in der Innenpolitik erlangen.

Auf dem Gelände der Politischen Akademie der ÖVP hatten die türkisen Organisatoren eine scheinbar »spontane« Solidaritätskundgebung von rund 2000 Kurz-Aficionados aus dem Boden gestampft. Was an dem Abend aus Sicht eines entscheidenden ÖVP-Beraters gelingen sollte: »Die Abwahl von Kurz leitete eine Unsicherheitsphase ein. Und diese mussten wir in unserem Sinn sofort definieren. Wir mussten emotional den Deckel draufmachen.« Und so formulierte Kurz im 12. Wiener Gemeindebezirk aus Sicht seiner Strategen entscheidende Sätze: »Unsere politischen Gegner

---

10 Bei der Entscheidung für vorgezogene Neuwahlen und die Ablösung Kickls spielten sie jedenfalls keine große Rolle. Mit der Möglichkeit einer Abwahl beschäftigte man sich in der ÖVP erst ab dem Zeitpunkt, als die FPÖ am 21. Mai 2019 erklärte, den von Peter Pilz angekündigten Misstrauensantrag gegen den Kanzler unterstützen zu wollen. Tags darauf meldete sich ein Mitarbeiter des Kanzleramtes unter dem falschen Namen »Walter Maisinger« *bei der Firma* Reisswolf und ließ am 23. Mai insgesamt fünf Druckerfestplatten dreimal schreddern – ohne freilich die Rechnung dafür zu bezahlen. Ein Kurier-Bericht vom 20.7. sollte danach eine Welle an Berichten zu »Schredder-Gate« auslösen.

sagen ›Kurz muss weg‹. Ich muss sie enttäuschen – da bin ich!«
Und: »Heute hat das Parlament entschieden, aber am Ende des
Tages, im September, entscheidet in einer Demokratie das Volk.«

Sofort war in der ÖVP auch die Rede von einer offensichtlichen
rot-blauen Zusammenarbeit in Form einer Drozda-Kickl-Koalition.
Der damalige SPÖ-Bundesgeschäftsführer Thomas Drozda und der
geschäftsführende FPÖ-Klubobmann Kickl hatten sich im Parlament, sichtbar für TV-Kameras, zur Besprechung der parlamentarischen Vorgangsweise zusammengefunden. In der Mobilisierungsstrategie der ÖVP spielte die »rot-blaue Allianz« eine entsprechend
große Rolle. Nach der späteren Festlegung der FPÖ, nur mit der
ÖVP koalieren zu wollen, sattelte Kurz in der Kommunikation allerdings um und warnte im Wahlkampffinish vor einer »linken«
Mehrheit aus SPÖ, Grünen und NEOS.

Die auf dem ersten Wahlkampfsujet vorhandene, demokratiepolitisch
durchaus problematische Gegenüberstellung von »Parlament« und
»Volk« erregte zwar einige Kommunikatoren. Und auch die doch
beträchtlichen Abflüsse der ÖVP am Wahlabend in Richtung NEOS
und Grüne[11] wurden durch solch harsche Zuspitzungen wohl befeuert. Für das Gros der Wählerschaft der ÖVP – und Zuwanderer
von FPÖ und SPÖ – war der emotionale Pfad in Richtung Wahl aber
erfolgreich definiert worden. »Unser Weg hat erst begonnen«, textete
die ÖVP – und auch das war die logische Fortsetzung des 2017er-
Slogans »Zeit für Neues«.

Ein Problem gab es für die ÖVP. Die Solidarisierung, die in den
Tagen nach Kurz' Abwahl über die Parteigrenzen bis hinein in die
Wählerschaft der Sozialdemokratie messbar war, konnte über vier-

---

11 Tatsächlich verlor die ÖVP laut Wählerstromanalyse (siehe den Beitrag von Franz
Sommer) knapp 120 000 Wähler an diese beiden Parteien.

einhalb Monate kaum gehalten werden. Im Sommer nahm sich die Partei in Sachen Wahlkampfkommunikation auch deutlich zurück. Die ÖVP wählte anders als 2017 einen im Wahlkampfmanagement »Bookend Strategy« genannten Ansatz: Hier wird der Wahlkampf laut eröffnet, dann fällt der öffentliche Spannungsbogen bewusst ab, nur um dann den Spitzenkandidaten am Beginn der Intensivphase wieder pompös auf die politische Bühne zurückkehren zu lassen.

Die Herausnahme des Kandidaten aus dem täglichen medialen Diskurs war im Übrigen eine Erkenntnis aus den Ereignissen des Jahres 2017. Damals war Kurz gegen Ende hin ein wenig die Luft ausgegangen. Mit dem Zurückhalten des Altkanzlers zumindest bis zum Sommergespräch des ORF am 2. September wollte man diesen Effekt 2019 vermeiden. Zu Beginn der Intensivphase des Wahlkampfes setzte die Partei auch wieder deutliche Erinnerungsimpulse an die Emotion vom Tag der Abwahl. Im Kern wollte die ÖVP einen halbwegs positiv aufgeladenen »Jetzt erst recht!«-Wahlkampf führen. Und man versuchte, das auch in konkrete Geschichten umzusetzen: In einem heiß debattierten und ob seiner Wortwahl durchaus diskussionswürdigen Video mit Christiane Hörbiger pries die Schauspielerin den Kurzzeitkanzler und verteufelte Oppositionschefin Pamela Rendi-Wagner (SPÖ). Damit war der 27. Mai, der Tag der Abwahl, wieder präsent. So nebenbei erreichte man mit Pensionistinnen und Pensionisten eine entscheidende Zielgruppe für die ÖVP über eine glaubwürdige Kommunikatorin, die bisher auch eher die SPÖ unterstützt hatte. Abgerundet wurde die Geschichte vom »Comeback Kid« Kurz durch Videos von für ihren Kämpfergeist bekannten Größen, etwa Ex-Tennisspieler Thomas Muster.

Während des Sommers entschied sich Kurz, auf eine ausgedehnte Ländertour zu gehen und bewusst nicht als Klubobmann in den

Nationalrat zu wechseln. Kurz sollte sich nach Vorstellung der ÖVP-Strategen nicht auf Augenhöhe mit den in den täglichen Hickhack vertieften anderen Spitzenkandidaten begeben, sondern zumindest imaginär eine Position über den restlichen Kombattanten einnehmen. »Triangulation« nennt man das im Kampagnen-Speak. Hier versucht ein Kandidat oder eine Partei, sich von allen anderen abzuheben und in einer eigenen Liga, unbefangen von den Niederungen der Tagespolitik, zu spielen. Die Auseinandersetzung im Parlament fand aus Sicht der ÖVP so ein bis zwei Ebenen unter jener des gefühlten Kanzlers, nämlich auf der des Klubobmanns, statt.

Strategie hat nicht jeder
Der Verlust der Kanzlerbühne schmerzte das Team Kurz. Man ließ zwar das Bild eines frühzeitig gescheiterten Regierungschefs, der sich bei der Wahl seines Koalitionspartners verspekuliert hatte, gar nicht erst aufkommen. Und auch die Übergangsregierung unter Brigitte Bierlein wurde ob ihrer selbstverordneten Passivität[12] nie zu einer realen Gefahr für das Macher-Image des Altkanzlers. Stattdessen bastelte man nach dem Vorbild von *Herr der Ringe* an einer *Rückkehr des Königs*, jedenfalls aber an der Saga eines betrogenen Helden, dem durch eine politische Intrige einer unheiligen rot-blauen Allianz der legitime Platz an der Regierungsspitze ge-

---

12 Diese war aufgrund der nur indirekt über den Bundespräsidenten bestehenden demokratischen Legitimation zwar bis zu einem gewissen Grad logisch. Und die neue Ruhe an der Republiksspitze hatte sich über den gesamten Wahlkampf hindurch in hohen Zustimmungswerten niedergeschlagen. Die von Kanzlerin Bierlein verordnete Zurückhaltung bedeutete in einigen Bereichen allerdings eine vergebene Chance: So hätte gerade das Übergangskabinett, ausgestattet mit moralischem Flankenschutz des Bundespräsidenten, durchaus heikle und in der Öffentlichkeit noch immer nicht geklärte Fragen aus dem Ibiza-Video angehen und etwa ein weitgehendes Transparenz- und Parteispendengesetz auf den Tisch legen können. Der Sprecher der Übergangsregierung, Alexander Winterstein, hatte am 27.6.2019 allerdings schon abgewunken: »Wenn es ein Thema gibt, das bei den Parteien am besten aufgehoben ist, dann ist es die Finanzierung.« Siehe dazu auch den Beitrag von Hubert Sickinger.

raubt worden war.[13] Diese Mischung aus Opferrolle und angekündigter, glorioser Rückkehr wurde so zur emotionalen Basis der Wiederwahlkampagne von Sebastian Kurz.

Ganz so einleuchtend wie 2017 war die Erzählung den Strategen in der ÖVP erst aber doch nicht. Nach der Abwahl des Kanzlers war seine Rolle in einem mehr als vier Monate währenden Wahlkampf plötzlich zwiespältig. War man am 29. September nun noch der gefühlte Titelverteidiger oder doch wie 2017 wieder der Herausforderer? Nach Einschätzung der ÖVP war die Rolle irgendwo dazwischen – und damit jedenfalls nicht so klar definiert wie 2017. Dazu setzte sich schon in den ersten Tagen und Wochen des Wahlkampfes in der ÖVP die Einsicht durch, dass der Verkauf eines brandneuen politischen Produktes eben mitreißender war, als schon Bekanntes erneut an die Wählerin und den Wähler zu bringen.

Die konkurrierenden Parteien SPÖ und FPÖ frohlockten am Tag der Abwahl jedenfalls. Sie hatten das strategische Ziel, Kurz vom Ballhausplatz erst einmal fernzuhalten, zwischenzeitlich erreicht. Tatsächlich hätte ein Kanzler Kurz, noch dazu mit zusätzlichen Unabhängigen und Experten im Kabinett,[14] die vier Monate bis zur Wahl mit seiner Inszenierungs- und Inseratemacht wohl weidlich genutzt. Aus Sicht der Freiheitlichen landete man noch einen zweiten Volltreffer: Denn die Berichte über das Skandalvideo von

---

13 Zu gängigen und auf populären Erzählungen fußenden politischen Narrativen siehe: Hofer. 2010, S. 112 ff.
14 Nach der Angelobung des Übergangskabinettes Kurz mit den neuen Ministern Eckart Ratz (Innen), Valerie Hackl (Infrastruktur), Walter Pöltner (Soziales & Gesundheit) und Wolfgang Luif (Verteidigung) geriet hinter den Kulissen auch Bundespräsident Alexander Van der Bellen heftig unter Beschuss. Vor allem in der Sozialdemokratie hielt man der Hofburg vor, ein Kabinett angelobt zu haben, das sich der Unterstützung im Nationalrat eben nicht sicher sein konnte. Öffentlich Kritik am beliebten Staatsoberhaupt zu üben, getraute man sich in der Löwelstraße dann aber doch nicht. Siehe dazu aber auch die im Beitrag von Stefan Hirsch deutlich durchschimmernde Kritik an der Hofburg.

Ibiza traten aufgrund der sich überschlagenden Ereignisse rund um die historisch einzigartige Abwahl von Kurz und die Einsetzung einer Übergangsregierung aus Beamten sehr rasch in den medialen Hintergrund.

Selbst die *Süddeutsche Zeitung* legte nach dem innenpolitischen Erdbeben beim Nachbarn die angedachte Folgeberichterstattung über inhaltliche Aspekte aus dem Video erst einmal auf Eis. Gegen Ende August erschien dann das Buch zur Affäre, das die schon aus dem Video bekannten Szenen in einen größeren Kontext stellte.[15] Und eine Woche vor der Wahl berichtete ein Österreich-Experte der *Süddeutschen Zeitung*, Oliver Das Gupta, von bislang unbekannten Passagen aus dem Video, in denen Strache gegenüber der vermeintlichen Oligarchennichte die Hinwendung Österreichs zum Osten allgemein und der Visegrád-Gruppe beziehungsweise Russland im Speziellen anregte. Bevor es um die Kronenzeitung ging, redete Strache im ersten Drittel des Videos von einer neuen Spaltung Europas. Wortwörtlich sagte er demnach: »Die einzige Rettung wird's geben im Osten.« Der Westen der EU sei – auch aufgrund seiner angeblichen Islamisierung und Hinwendung zur Homosexualität – »dekadent« und würde untergehen. Außerdem sprach der damalige FPÖ-Chef auch ganz offen über die Zukunft seiner Partei. Er selbst, so Strache, könne noch locker 20 Jahre den Ton in der Partei angeben. Seinen tatsächlichen Nachfolger Norbert Hofer sah er als Übergangslösung. Die Zukunft der Partei, so Strache zu seiner Gesprächspartnerin und deren Begleiter, gehöre dem anwesenden Johann Gudenus.[16]

---

15 Obermayer und Obermaier, 2019.
16 Diese Schilderungen stammen aus einem Gespräch des Autors mit Oliver Das Gupta vom 22.9.2019 in Wien; am selben Tag berichtete der Redakteur der Süddeutschen Zeitung über Straches Aussagen zu Osteuropa auch bei einer Veranstaltung im Wiener Burgtheater. Ein Bericht dazu findet sich in: Kronenzeitung, 23. September 2019, S. 2.

Breitere mediale Resonanz fanden Berichte wie dieser nicht mehr. Aus Sicht der Freiheitlichen war neben den geschickt aufbereiteten Verschwörungstheorien (internationales Komplott), der Verharmlosungsstrategie (jeder war schon besoffen und hat Unsinn geredet) nun auch die thematische Arenaverlagerung weg von Ibiza gelungen. Und das gleich in zweifacher Hinsicht:[17] Einmal schaffte es die FPÖ, neue und aus Sicht des Publikums noch interessantere Geschichten als das Ibiza-Video zu liefern. Daneben vollbrachten es die Freiheitlichen aber auch, aus der Korruptionstangente des Skandalvideos ein allgemeines Phänomen zu konstruieren. Die im Video angesprochenen Vereine gab es nach freiheitlicher Darstellung auch in anderen Parteien, außerdem seien auf der Ebene der Käuflichkeit ganz andere Parteien – wie etwa die über den Sommer ob ihrer hohen Spendeneinnahmen tatsächlich unter medialen Druck geratene ÖVP – zuerst in der Ziehung.

Die Sozialdemokraten freuten sich über die Abwahl von Kurz in ähnlicher Manier – allerdings mit weniger Berechtigung. Auch die SPÖ hatte natürlich das Ziel erreicht, Kurz im Wahlkampf Strahlkraft zu nehmen. Das strategische Verhalten der Partei knüpfte, was den Grad der Durchdachtheit angeht, dennoch nahtlos bei den Chaostagen des Jahres 2017 an. Als der einst gefeierte Ex-Kanzler Christian Kern im Herbst 2018 völlig unvorbereitet den Parteivorsitz hinschmiss und an die von ihm mit auserwählte Pamela Rendi-Wagner übergab, potenzierte er die schon bestehenden Probleme für seine Partei.[18]

Wie ihr Vorgänger verabsäumte es die Quereinsteigerin, erst einmal die eigene Partei an Haupt und Gliedern zu reformieren. Zumin-

---

17 Laut Analyse von Franz Sommer (siehe seinen Beitrag) schadete der FPÖ die Abwahl von Kurz am Wählermarkt aber durchaus.
18 Siehe auch: Hofer, 2019.

dest auf der symbolischen Ebene hatte das ein Sebastian Kurz 2017 in der ÖVP gemacht. Anstatt von Anfang an Leadership und Gestaltungswillen an den Tag zu legen, verordnete sich die erste Frau an der Spitze der Sozialdemokratie erst einmal eine mediale Stillhaltephase. Das Vakuum füllten die eingesessenen Parteigranden der SPÖ. Einer nach dem anderen grätschte der Neo-Chefin in die Parade. Die einst so disziplinierte und für ihre Strategiefähigkeit bekannte SPÖ-Führung unterminierte so von Beginn an die Autorität der neuen Nummer eins und ließ die für das Image der Partei entscheidende Neuaufstellungsphase zu einer Serie an Selbstbeschädigungen verkommen.

Wiens Bürgermeister Michael Ludwig richtete Rendi-Wagner mehrfach seine Unzufriedenheit in puncto Personal und Inhalte öffentlich aus. Ähnlich gestalteten ihre Kommunikation der burgenländische Landeshauptmann Hans Peter Doskozil und der Tiroler SPÖ-Chef Georg Dornauer. Und selbst an sich besonnene Vertreter der SPÖ, wie etwa der Kärntner Landeschef Peter Kaiser, kühlten ihr Mütchen an der neuen Chefin. Im Fall von Kaiser war das besonders originell, wählte er als Anlass doch ausgerechnet die schlechte Reihung seines Sohnes auf der EU-Kandidatenliste der SPÖ. Zudem war auch die Aufstellung der SPÖ rund um die neue Spitze mangelhaft. So verabsäumte es die Partei, der nicht gerade in der Wolle gefärbten sozialdemokratischen Basis-Politikerin Rendi-Wagner einen in dieser Rolle geübten Sekundanten zur Seite zu stellen.

Rote Reinfälle
Rund um die Abwahl von Kanzler Kurz kam es ebenfalls zu einer Serie von Peinlichkeiten. Am EU-Wahlabend war es anlässlich der Niederlage der SPÖ zu einem selten verunglückten Auftritt der Parteispitze rund um Rendi-Wagner in der »Zeit im Bild 2«

bei Armin Wolf gekommen.[19] Halt beim Handmikrofon suchend, hatte die SPÖ-Vorsitzende vergeblich nach Worten gerungen, die die Wahlniederlage hätten erklären können. Verunsichert lachte sie an unmöglichen Stellen des Interviews, sodass sich der Moderator nach der Ernsthaftigkeit der Lagebeurteilung erkundigte. Im Hintergrund standen einige Parteigranden, wohl um Einigkeit zu signalisieren, unmotiviert im Halbdunkel der Nacht und rundeten so das desaströse Bild der Sozialdemokratie an diesem Wahlabend, der auch gleichzeitig der Vorabend des Misstrauensantrags war, ab.[20]

In den Tagen davor war es in der Sozialdemokratie wegen der Vorgangsweise gegen Kurz hoch hergegangen. Intern war rasch klar, dass die Mehrzahl der Funktionäre Rache an Kurz üben wollte. Emotional war das durchaus verständlich, hatte der Kanzler in seinen ersten 17 Monaten an der Regierungsspitze doch sowohl Sozialdemokratie als auch Sozialpartnerschaft links liegen gelassen. Die situative Emotion verstellte in diesen Tagen in der SPÖ aber den Blick auf die kommunikative Präzision. Denn natürlich konnte die SPÖ legitimerweise die Abwahl von Kurz verfolgen. Sie hätte diesen Prozess aber inhaltlich aufladen und begründen müssen. Und das gelang Rendi-Wagner zu keinem Zeitpunkt. Anstatt grundsätzlich und im Sinne der Stabilität der Republik Unterstützung für ein Übergangskabinett nach dem Auszug der FPÖ zu signalisieren, dafür aber inhaltliche (und möglicherweise unerfüllbare) Bedingungen an Kurz zu stellen, blieb es in der SPÖ bei der rein emotional begründeten Ablehnung des ÖVP-Chefs.

---
19 »Zeit im Bild 2 Spezial«, 26.5.2019.
20 Die Serie imageschädigender Auftritte riss auch nach geschlagener Wahl nicht ab. Im »ORF-Report« (8.10.2019) konnte Rendi-Wagner sogar eine Frage nach den Alleinstellungsmerkmalen der SPÖ nicht beantworten.

Hätte Rendi-Wagner ein kurzes, aus Sicht der SPÖ zentrale Punkte umfassendes Programm definiert, das aus der Rücknahme schwarz-blauer Beschlüsse und zukunftsgerichteter, schon mit Blick auf den Wahlkampf formulierter Forderungen hätte bestehen können, wäre der Ball bei Kurz gelegen. Er hätte diese Punkte dann zumindest teilweise ablehnen müssen und wäre im Aufbau seiner Märtyrer-Rolle gestört worden. Die SPÖ dagegen hätte eine ähnliche Erzählung wie im Wahljahr 2008 starten können. Damals war es einem gewissen Werner Faymann gelungen, mit seinem Fünf-Punkte-Programm die anderen Parteien, allen voran die ÖVP, die gerade die Neuwahlen ausgerufen hatte, gehörig unter Druck zu setzen.[21]

2019 kam es im Nationalrat im Zuge des sogenannten »freien Spiels der Kräfte« zwar wie am berühmt-berüchtigten 24. September 2008 zu zahlreichen kostspieligen Beschlüssen. Eine konkrete Partei konnte davon allerdings nicht profitieren. Und das war nicht ausschließlich die Schuld einer strategisch desorientierten und wenig zielgerichtet agierenden SPÖ. Anders als die ÖVP des Jahres 2008 unter Wilhelm Molterer wusste sich die ÖVP unter Sebastian Kurz wie schon 2017[22] gegen solche Attacken zu impfen. Gelernt hatte die ÖVP auch von einem anderen historischen Beispiel, nämlich jenem des letzten ÖVP-Kanzlers vor Kurz, Wolfgang Schüssel: Dieser war in einem von der SPÖ handwerklich äußerst professionell geführten Wahlkampf erfolgreich ins sozial kalte Eck gestellt worden.[23] Die Teflonisierung von Kurz gelang mit der Übernahme populärer Forderungen von SPÖ und FPÖ. Waren es 2017 die Abschaffung des Pflegeregresses oder die Beendigung

---

21 Siehe Hofer, 2008, S. 20 ff. Das Paket Faymanns bestand aus Offensivpunkten wie der Einführung einer 13. Familienbeihilfe oder der Verlängerung der Hacklerregelung und der Rücknahme unpopulärer Entscheidungen wie der im Wahlkampf 2006 versprochenen, aber nicht erfolgten Abschaffung der Studiengebühren.
22 Siehe Hofer, 2017, S. 22 f.
23 Hofer, 2006, S. 5–31.

der Diskussion um die vorzeitige Anhebung des Frauenpensionsalters, die Kurz den Wind aus den Segeln seiner Gegner nehmen ließ, waren es diesmal der gemeinsame Beschluss einer überdimensionalen Pensionserhöhung, die Absage an den Handelspakt Mercosur, die Änderung der ÖVP-Meinung in Sachen Maklergebühren oder Eigeninitiativen wie die Schuldenbremse.

SPÖ-Kandidatin Rendi-Wagner versuchte zwar noch, Kurz in ihrem ORF-Duell[24] den Stempel der sozialen Kälte aufzudrücken. Allerdings mit untauglichen Mitteln: Die SPÖ-Chefin unterstellte ihrem ÖVP-Pendant, dass er eine Woche davor[25] über den Umweg seines Pressesprechers versucht haben soll, die Erkrankung von FPÖ-Chef Norbert Hofer medial auszuschlachten. Der Angriff ging allerdings nach hinten los, weil die Vorwürfe schlicht nicht zu bestätigen waren. Zudem hätte sich Kurz bei ihrem Zutreffen erstmals als schlechter PR-Stratege erwiesen – musste er doch wissen, dass die sichtbare und kommunizierte Erkrankung eines Kandidaten dem Betroffenen in der medialen Darstellung eher hilft als schadet.[26]

Für die SPÖ-Vorsitzende Pamela Rendi-Wagner war der Zug auch nach Meinung vieler SPÖ-Funktionäre aber ohnehin schon abgefahren. Die Kandidatin verbesserte sich zwar inhaltlich in den TV-Duellen und überraschte professionelle Beobachter in deren negativer Erwartungshaltung positiv. Der in zahlreichen Umfragen schon da-

---

24 ORF-Debattensendung vom 18.9.2019. Siehe auch den Beitrag von Susanne Schnabl und Wolfgang Wagner.
25 Vor dem ORF-Duell zwischen Kurz und FPÖ-Chef Norbert Hofer am 11.9.2019.
26 Das legendärste Beispiel dafür ist die ORF-Debatte zwischen Bundeskanzler Franz Vranitzky (SPÖ) und seinem Herausforderer und Vizekanzler Wolfgang Schüssel (ÖVP) bei der vorgezogenen Nationalratswahl im Dezember 1995. Vranitzky hatte sich grippegeschwächt ins Studio geschleppt, schwitzte sichtbar und ließ sich noch Tee servieren. Schüssel, der die Debatte inhaltlich dominierte, schadeten seine Angriffe. Nach der Sendung meldeten sich im ORF zahlreiche Anrufer, die sich über das angeblich skandalöse Verhalten des Vizes gegenüber dem kranken Kanzler empörten.

vor dokumentierte Absturz bei den Sympathiewerten war damit aber nicht auszugleichen. Die SPÖ-Chefin kam nie auch nur annähernd in ein Kanzlerrennen und diskutierte so den gesamten Wahlkampf über auch nicht auf Augenhöhe mit ihrem Kontrahenten Kurz.

Zampano Zeiler

Das allerdings, monierten parteiinterne Kritiker in der SPÖ, hätte die Sozialdemokratie in einer Frühphase des Wahlkampfes noch ändern können. Tatsächlich schrillten in der ÖVP spätestens Anfang Juni 2019 die Alarmglocken. In der Volkspartei hatte sich die Meinung verdichtet, dass die Sozialdemokraten noch einen neuen Spitzenkandidaten mit einem unverbrauchten oder jedenfalls nicht deutlich negativen Image ins Rennen schicken könnten. Wie schon im Jahr 2015 wurde auch diesmal der Medienmanager Gerhard Zeiler als der kommende Mann in der SPÖ gesehen. Eilig griff man im Umkreis von Sebastian Kurz auf jene Analysen zurück, die man schon vor einigen Jahren angestellt hatte, als in der SPÖ noch nicht einmal der Kanzlerwechsel von Werner Faymann auf Christian Kern vollzogen war.

Das Potenzial Zeilers wurde von den ÖVP-Experten als sehr hoch eingeschätzt. Mit dem Namen des Managers könnten zwar viele in Österreich nichts mehr anfangen, doch der Bekanntheitsgrad würde binnen Tagen nach Bekanntgabe seiner Kandidatur auf »locker 95 Prozent« hochschnellen, war ein Kurz-Berater überzeugt. Das Rennen wäre, so die Sicht in der Volkspartei, ein anderes gewesen, hätte die SPÖ wie 2008 – als die Sozialdemokratie den amtierenden Kanzler Alfred Gusenbauer in die Wüste geschickt und mit Infrastrukturminister Werner Faymann zu Beginn des Wahlkampfes ihre »neue Wahl«[27] präsentiert hatte – auf ein neues

---

27 »Die neue Wahl« war einer der effektivsten Wahlkampfslogans der SPÖ im Wahljahr 2008, siehe: Hofer, 2008, S. 20.

politisches Pferd gesetzt. Kurz hatte dieses Szenario tagelang umgetrieben.[28] Der Altkanzler führte zahlreiche Gespräche mit Vertrauten und ließ von seinem Kampagnenteam zwei Szenarien für den Wahlkampfverlauf ab Anfang Juni entwickeln – eines mit Rendi-Wagner als SPÖ-Kandidatin, das andere mit Angstgegner Zeiler. Succus der Analyse in der ÖVP: Mit Zeiler hätte die SPÖ durchaus die Chance, in ein Kanzlerrennen einzusteigen, die Karten wären aufgrund eines gewissen Senioritätsprinzips aufseiten Zeilers neu gemischt worden.

Ob diese Analyse zutreffend war, kann aufgrund der Entscheidung der SPÖ, bei Rendi-Wagner zu bleiben, schwer final beurteilt werden. Sicher hätte ein Kandidatentausch Dynamik in den Wahlkampf gebracht und der SPÖ zumindest die Chance eröffnet, die chaotische Phase seit der Übergabe von Kern an Rendi-Wagner hinter sich zu lassen. Andererseits hätte sich die SPÖ auch eine mediale Flanke aufgemacht, hätte man der ersten Parteivorsitzenden der Geschichte die Kandidatur verwehrt.

Aufseiten der ÖVP war jedenfalls der Detaillierungsgrad, mit dem sich das Team Kurz dem fiktiven Kandidaten Zeiler widmete, bemerkenswert. Die türkisen Kampagnenexperten hatten sogar schon an einer Strategie gefeilt, wie wieder auf die Jugendlichkeit von Sebastian Kurz gegenüber dem 64-jährigen potenziellen Kontrahenten gebaut werden könne. 2017 hatte man sich im Wahlkampf, etwa was die Inszenierung des Kandidaten auf den Plakaten angeht,

---

28 Tatsächliche oder mögliche tagesaktuelle Entwicklungen beschäftigen Sebastian Kurz sehr stark. Kurz versucht auch in solchen Fragestellungen ein Höchstmaß an Kontrolle zu erlangen und richtet seine Entscheidungen stark nach den wahrgenommenen und potenziellen Entwicklungen aus. Im Frühjahr 2018 trieb ihn etwa die Frage um, ob der neu zu bestellende Wiener Bürgermeister Michael Ludwig (SPÖ) noch im Herbst dieses Jahres zu Neuwahlen rufen oder davor zurückschrecken würde. Von der Einschätzung dieser Frage machte Kurz etwa die Entscheidung abhängig, die Gesetzesinitiative für den 12-Stunden-Arbeitstag noch vor dem Sommer 2018 auf den Weg zu bringen.

noch bemüht, ihn deutlich älter erscheinen zu lassen, als er tatsächlich war.

Manche Kurz-Berater hatten intern sogar die sportliche Herausforderung einer Duellsituation Kurz-Zeiler hervorgehoben. Gerade in den Wochen vor dem Wahltag, bevor der Spesenskandal (siehe unten) dem Konkurrenten FPÖ noch massiv schadete, hätte man sich in der Volkspartei eine die Mobilisierung der eigenen Kader erleichternde Ausgangssituation gewünscht. Lange war es der ÖVP im Nationalratswahlkampf 2019 nämlich schwergefallen, aufgrund der klar zugunsten der ÖVP ausschlagenden Umfragesituation die nötige Dringlichkeit in die Kampagne zu bringen.

Ein Blick auf die Strategiefähigkeit der Sozialdemokratie im Wahlkampf 2019 zeigt aber ohnehin, dass sich manche in der ÖVP unnötigerweise den Kopf über einen Kandidaten Zeiler zerbrochen hatten.

2015, als sich, neben Christian Kern, Zeiler tatsächlich anschickte, den in Kanzleramt und Partei verblassenden Werner Faymann abzulösen,[29] hatten sich Parteigrößen wie der Wiener Bürgermeister Michael Häupl, Ex-Staatssekretärin und Siemens-Chefin Brigitte Ederer, Ex-Parteimanager Andreas Rudas oder auch PR-Stratege Josef Kalina für Zeiler ins Zeug geworfen. Ederer hatte sogar einen Austausch mit Gewerkschaftern und Vertretern des linken Parteiflügels organisiert, um diesen die Scheu vor dem Topmanager zu nehmen.

Die Furcht vor einer Neuaufstellung der Partei war tatsächlich nicht unbegründet, denn Zeiler hätte sich nicht um interne Befindlichkei-

---

29 Für eine genauere Darstellung dieser Phase siehe: Hofer, 2017, S. 13 ff.

ten scheren müssen. Er war keinem Lager verpflichtet und hätte deshalb auch seine Wahlkampfstrategie freier von internen Zwängen definieren können als andere. Die mangelnde Lagerzugehörigkeit und parteiinterne Bekanntheit waren es dann aber auch, die den heimlichen Kandidaten Zeiler nicht zum tatsächlichen Kandidaten werden ließen: 2016 hatte Michael Häupl in den entscheidenden Tagen der Faymann-Nachfolge die parteiinterne Dynamik für einen Nachfolger Kern unterschätzt. Selbst in seiner eigenen Landespartei waren mit Renate Brauner und Sonja Wehsely zwei Vertreterinnen gegen die eigentliche Intention Häupls, Zeiler zu installieren, aufgetreten. Christian Kern hatte im Hintergrund zudem bereits zahlreiche Vertreter weniger gewichtiger Landesparteien hinter sich versammelt.

2019 wäre Zeiler offenbar erneut zu überzeugen gewesen. Die Bemühungen seiner internen Verbündeten kamen aber nicht einmal so weit wie 2016. Zahlreiche Funktionäre hatten Bedenken angemeldet, ob der Basis jemand zuzumuten sei, den man »nicht mehr kennt«. Und der neue Wiener Bürgermeister, der für eine solche Rochade natürlich sein Sanctus hätte geben müssen, gebot den Bemühungen um Zeiler am 5. Juni Einhalt. Medial war das Thema gerade am Hochkochen.[30] Doch auf die mehrfache Frage, ob nun auch eine breitere Debatte lanciert werden sollte, antwortete er knapp: »Nein.«

Die ÖVP hatte in den Tagen zuvor ihre Attacken auf Rendi-Wagner schon bewusst zurückgefahren. Man wollte die Tendenzen in der SPÖ, vielleicht doch noch auf einen imagetechnisch weniger ramponierten Kandidaten zu setzen, nicht auch noch befeuern. Öffentlich beendete seitens der SPÖ dann der im Wahlkampf 2019 unvermeidliche und dabei meist verhaltensoriginelle Chef der Tiroler

---

30 Mit einer Titelgeschichte im Standard (4.6.2019, S. 1 f.) war das Thema gestartet, dann aber nach nur zwei Tagen und einem halben Dementi Zeilers, wonach er »noch nicht gefragt worden« sei, wieder beendet worden.

SPÖ, Georg Dornauer, jede Spekulation: Wohl abgestimmt mit der einen oder anderen Landespartei beschädigte er den möglichen Kandidaten Zeiler damit, dass er ihn »eine Antwort aus dem 20. Jahrhundert«[31] nannte.

Aus dem Rahmen
Von der Öffentlichkeit unbemerkt zeigten sich in der SPÖ in diesem Wahlkampf noch weitere interessante Entwicklungen. Seit Jahren schon war in Gewerkschafts- und Arbeiterkammerkreisen die Debatte geköchelt, wie nah oder fern der SPÖ sich hochrangige Vertreter der Fraktion Sozialdemokratischer GewerkschafterInnen (FSG) in ÖGB und AK positionieren sollten. Im Regierungsprogramm zwischen ÖVP und FPÖ war in seiner Rohversion eine weitreichende und für die Arbeiterkammer schmerzhafte Maßnahme vorgesehen gewesen: dass jene Arbeitnehmer, die keine Steuern bezahlen, auch von der Kammerumlage befreit werden sollten. Das hätte die Kammer immerhin um Dutzende Millionen Euro jährlich erleichtert. Eine zweite Idee, die generelle Senkung der Umlage von 0,5 auf 0,3 Prozent der allgemeinen Beitragsgrundlage, war der Arbeiterkammer indirekt ebenfalls angedroht worden. Gekommen war es in den ersten Monaten von Türkis-Blau dazu nicht, denn die ÖVP wollte sich (vorerst) keine allzu große Front mit der Sozialpartnerschaft eröffnen.

In ÖGB und AK gab es dennoch eine Diskussion über die Eigenständigkeit der Institutionen und die generelle Unabhängigkeit von Parteien. Einige in der FSG wollten wohl auch nicht zu sehr in den Sog einer in der Wählergunst absteigenden SPÖ geraten.[32]

---
31 Zitiert nach: Kleine Zeitung, 5. Juni 2019.
32 Im Wahlkampf sorgten dann auch Wahlkampfveranstaltungen der FSG für die SPÖ und ihre (in-)transparente Zuweisung zum SPÖ-Wahlkampfbudget für mediale Aufregung. Siehe etwa den ORF-Report vom 10.9.2019.

Die Spitzen von AK und ÖGB entschieden sich nach einigen Diskussionen jedenfalls für ein Signal der Eigenständigkeit: Entgegen den Gepflogenheiten, dass sich die jeweils aus der FSG stammenden AK- und ÖGB-Präsidenten bei Nationalratswahlen zumindest zu einer Solidaritätskandidatur für die SPÖ entscheiden,[33] verzichteten Renate Anderl und Wolfgang Katzian auf diese symbolisch wichtige Geste. In der Öffentlichkeit aufgefallen war diese Neupositionierung wohl nur deshalb nicht, weil Chefs der Teilgewerkschaften sehr wohl an wählbarer Stelle kandidierten.

Diese institutionelle Debatte innerhalb der Sozialdemokratie war 2019 aber die vergleichsweise kleinere Baustelle. Denn die SPÖ kam wie schon 2017 thematisch schwer unter Druck. Nach einigen unklaren Äußerungen zum Thema Vermögensteuern – Parteichefin Rendi-Wagner hatte diese noch zu Beginn des Jahres in der aufkeimenden Debatte um die schwarz-blaue Steuerreform als nicht prioritär eingestuft – präsentierte man im Laufe des Wahlkampfes klassische sozialdemokratische Forderungen, etwa nach einem 1.700-Euro-Mindestlohn oder die Leistbarkeit des Wohnens betreffend.

Auf der Metaebene des politischen Diskurses verlor die SPÖ weiter an Boden. Unbemerkt von den agierenden SPÖ-Strategen, war es der ÖVP unter Sebastian Kurz gelungen, einen zentralen Begriff der Sozialdemokratie – jenen der Gerechtigkeit – zu besetzen. Noch unter Werner Faymann hatte die SPÖ erfolgreich »Zeit für Gerechtigkeit« plakatiert. ÖVP-Strategen monierten damals die Unfähigkeit der eigenen Partei, darauf adäquat zu reagieren. Intern wurde darauf verwiesen, dass es historisch betrachtet doch eher die »Gleichheit« gewesen sei, die der SPÖ zugeschrieben werden konnte.

---

33 Bei der Nationalratswahl 2017 etwa kandidierte AK-Präsident Rudolf Kaske auf Platz 123, ÖGB-Präsident Erich Foglar auf Platz 300 der SPÖ-Bundesliste.

Unter Kurz wurde schon 2017 ein neuer Versuch gestartet, die klassische »soziale« Gerechtigkeit der SPÖ in eine ÖVP-gebrandete »Gerechtigkeit für Leistungsträger« umzudefinieren. Dieses Beispiel erfolgreichen »Re-Framings«[34], also der Etablierung einer neuen politischen Rahmenerzählung, war auch 2019 eines der entscheidenden strategischen Manöver der ÖVP. Auch in der Regierungszeit mit der FPÖ hatte man daran gearbeitet, der SPÖ im Gerechtigkeitsdiskurs das Wasser abzugraben – und das auf scheinbar paradoxe Art und Weise: Mit der Mindestsicherungsdebatte, in der Zuwanderer und Mehrkindfamilien zurückgestutzt wurden, setzte man auf Unterschiede, die zwischen »Sozialhilfeempfängern« und arbeitenden Menschen bestehen müssten.

Die SPÖ kritisierte diesen Umstand naturgemäß als »unsozial«, lief der ÖVP dabei aber gewissermaßen in die Falle. Die Strategen in der Volkspartei hatten schon lange Umfragedaten vorliegen, die eines belegten: Neidgefühle in einkommensschwächeren Bevölkerungsgruppen waren eher horizontal – also etwa gegenüber jenen, die zwar auch wenig haben, sich aber eben aus Mitteln der Mindestsicherung finanzieren – zu diagnostizieren als vertikal – also etwa gegenüber den ein Vielfaches verdienenden Managern. Historisch nahm man bei der Positionierung als neuer Gerechtigkeitspartei Anleihe bei Vorbildern wie US-Präsident Ronald Reagan, der den Begriff der »welfare queen« prägte, oder dem »Big Society«-Konzept des früheren britischen Premiers David Cameron. So jedenfalls gelang es der Volkspartei unter Kurz, auf der emotionalen Ebene auch in sozialdemokratisch geprägte Wählerschichten einzudringen.[35]

---

34 Zu den Begriffen des Framings und Re-Framings siehe Lakoff, 2008, Wehling, 2016 und Hofer, 2010, S. 225 ff.
35 Siehe den Beitrag von Franz Sommer.

Dass die Sozialdemokratie aus dem Ibiza-Skandal keinerlei Profit schlagen konnte, sondern sogar noch an Wählerzuspruch verlor, lag aber auch an einer Ungleichheit der den Parteien zur Verfügung stehenden Waffen im Wahlkampf. Die ÖVP schraubte ihre kostenintensiven Aktivitäten zwar im Vergleich zu 2017 allein schon aufgrund der öffentlichen Debatte um das Überschreiten der Wahlkampfkostenobergrenze deutlich zurück. Das war etwa am Umstand abzulesen, dass es deutlich kleinere Veranstaltungen und im Gegensatz zu 2017 oder auch noch der Europawahl 2019[36] so gut wie gar keine aufwendig produzierten Wahlkampfvideos mit Sebastian Kurz gab. Stattdessen setzte man verstärkt auf Grassroots-Aktivitäten, etwa eine Vielzahl von Landschaftselementen in ländlichen Gebieten.

In Sachen Zielgruppenmanagement und Mobilisierung war man der Konkurrenz von der SPÖ (und anderen Parteien) jedenfalls erneut überlegen.[37] Der SPÖ gelang es, durch massive Investitionen die Interaktionsrate etwa auf Facebook zu pushen und so medial den Eindruck zu erwecken, man habe zur ÖVP aufgeschlossen. Auch das Engagement der auf Verhaltensökonomie spezialisierten schweizerischen Unternehmensberater von Fehr-Advice gab der Kampagne einen moderneren Touch.[38] Ein stringenter und nachhaltiger Aufbau eines effektiven Kampagnenteams gelang aber wie schon unter Christian Kern[39] auch diesmal nicht.

---

36 Hier hatte es ein Mobilisierungsvideo von Kurz gegeben, in dem er scheinbar jeden Adressaten direkt mit Vornamen ansprach (tatsächlich aufgenommen hatte er die 200 gängigsten Vornamen). Die ÖVP kopierte hier ein erfolgreiches Konzept aus den Wahlkämpfen von Barack Obama, der diese wahrgenommene Nähe zur eigenen Wählerschaft ebenfalls mithilfe von »customized messages« erreichte.
37 Vgl. Der Standard, 14. Juni 2019, S. 8.
38 Vgl. Der Standard, 24./25. August 2019, S. 6 f.
39 Siehe Hofer, 2017.

Kurz hatte sein Kampagnenteam dagegen schon seit vielen Jahren zusammengehalten und in einen kontinuierlichen Kontaktaufbau und -ausbau zu den eigenen Aktivisten investiert.[40] Gelungen war das erst über den Einkauf der intelligenten Datenbank des Technologieunternehmens Blue State Digital,[41] das erfolgreich für Barack Obama wahlgekämpft hatte. So sammelte Kurz im an sich glücklosen Nationalratswahlkampf Michael Spindeleggers in seiner Vorzugsstimmen-Kampagne die ersten 50 000 Profile. Für 2017 baute sein Onlinestratege Philipp Maderthaner mit der nun eigenen Kampagnensoftware CamBuildr diesen Pool auf eine Viertelmillion Wählerinnen und Wähler aus.[42] 2019 waren im Wahlkampf 300 000 Profile, die vom Super-Supporter bis zu den normal registrierten Unterstützern reichten, aktivierbar. Kurz' Facebook-Präsenz mit über 800 000 Fans war zwar weiterhin wichtig, in Sachen Mobilisierung allerdings lief mehr über Kanäle wie WhatsApp oder auch E-Mail.[43]

Wie effektiv die Mobilisierungsmethoden der ÖVP im Wahljahr 2019 waren, zeigte sich nicht zuletzt am Vorzugsstimmen-Ergebnis der EU-Wahl: Hier verbuchten die zehn bestgereihten – in der breiten Öffentlichkeit allerdings zumeist unbekannten – Kandidaten mehr als eine halbe Million Vorzugsstimmen. Zum Vergleich: Die Spitzenkandidaten der anderen Parteien schafften gemeinsam gerade mehr als die Hälfte dieses Wertes.[44]

---

40 Siehe auch den Beitrag von Lukas Holter und Philipp Maderthaner.
41 Siehe Hofer, 2013, S. 33 f.
42 Siehe Hofer, 2017 und den Beitrag von Lukas Holter und Philipp Maderthaner.
43 Zur Bedeutung unterschiedlicher Kanäle siehe auch profil, 1. 9. 2019, S. 14–23.
44 Für sich genommen waren die Werte der vier Spitzenkandidaten Andreas Schieder (SPÖ), Harald Vilimsky (FPÖ), Werner Kogler (G) und Claudia Gamon (N) mit zwischen 64 000 und 73 000 Vorzugsstimmen aber mehr als herzeigbar.

Die Getriebenen
Daraus nun zu schließen, dass der Wahlkampf der Volkspartei 2019 pannenfrei ablief, wäre allerdings weit gefehlt. Wie die meisten anderen Parteien wurde auch die ÖVP über weite Strecken der Kampagne getrieben. Neben Eigenfehlern, wie etwa der »Segnung« des Spitzenkandidaten durch einen zweifelhaften evangelikalen Prediger in der Wiener Stadthalle, waren es vor allem diverse mediale Enthüllungen, die der ÖVP gerade über den Sommer zu schaffen machten.[45]

Aufgrund der aufgeladenen Atmosphäre rund um die Neuwahlankündigung, gerade in der Beziehung mit dem ehemaligen Koalitionspartner FPÖ, hatte man in der ÖVP mit heftigen Attacken gerechnet. Einer der engsten Vertrauten von Sebastian Kurz: »Seit der Abwahl waren wir vor allem mit einer Frage beschäftigt: Wo wird uns wer mit welchen Vorwürfen angreifen?« Im späteren Verlauf des Wahlkampfes hegten Spitzenvertreter der ÖVP gar den Verdacht, dass der Ex-Partner sie durch Detektive beschatten ließe. Auch hinter dem Hackerangriff auf das EDV-System der Volkspartei, bei dem zahlreiche brisante Dokumente abgesaugt wurden, hegte man (den medial nicht kommunizierten) Verdacht, dass Freiheitliche (oder den NEOS Nahestehende) dahinterstecken könnten. Öffentlich brachte man diverse Angriffe mit dem ehemaligen SPÖ- und NEOS-Berater Tal Silberstein, der 2017 auf Seiten von Christian Kern für einen Dirty-Campaigning-Skandal gesorgt hatte, in Zusammenhang.[46]

Von Beginn an legte das türkise Wahlkampfteam die Linie fest, bei Angriffen immer sofort in die Offensive zu gehen. Ein Stück weit wurde die ÖVP dabei allerdings Opfer ihrer eigenen Strategie. Zahlreiche Medien warfen ihr Alarmismus und übertriebene Reaktionen auf zu geringe Anlässe vor. Ein wenig fühlte man sich als Beobachter

---

45 Siehe auch den Beitrag von Barbara Tóth.
46 Zum Skandal von 2017 siehe Hofer (2017) sowie Tóth (2017); zur Fixierung der ÖVP auf Silberstein siehe den Beitrag von Ruth Wodak.

an Äsops Fabel »Der Schäfer und der Wolf« erinnert. In dieser Fabel wird ein Junge zum Schafehüten vor das Dorf geschickt, ausgerüstet mit einer Pfeife für den Fall, dass der Wolf kommt. Der Junge langweilt sich nach einiger Zeit und pfeift schließlich ohne Grund. Die Dorfbewohner rücken mit Mistgabeln an, merken aber schnell, dass es sich um einen bewussten Fehlalarm handelt. Dieselbe Szene wiederholt sich noch einmal. Als der Wolf tatsächlich kommt und der Junge pfeift, bleibt Hilfe aus – mit den Schafen als Leidtragenden.

Ähnlich wie dem Hirtenjungen erging es der ÖVP. Schon 2017 hatte die Volkspartei damit zu kämpfen, dass interne Dokumente an die Öffentlichkeit gerieten. Die Reaktion der ÖVP: Man gab zwar, wie dann auch 2019, zu, dass die eine oder andere Passage authentisch erscheine, anderes wiederum sei ihr – so die ÖVP – nicht bekannt und möglicherweise gefälscht. So erreichten die türkisen Kommunikationsstrategen immerhin, dass die Geschichte trotz der unbestrittenen Brisanz der Papiere, die unter dem Titel »Projekt Ballhausplatz« den lange geplanten politischen Aufstieg von Kurz dokumentierten,[47] in der Öffentlichkeit nur eingeschränkt abhob.

Im Wahlkampf 2019 wurde das ÖVP-Generalsekretariat vonseiten des in der Berichterstattung zur Causa Ibiza äußerst aktiven Betreibers der Internetplattform »eu-infothek.com«, Gert Schmidt,[48] mit angeblich brisanten E-Mails konfrontiert. Diese sollten beweisen, dass sich Sebastian Kurz und einer seiner engsten Vertrauten, Kanzleramtsminister Gernot Blümel, schon zu Beginn des Jahres 2018 per Mail über das Ibiza-Video ausgetauscht hätten. Knapp nach dem Wahltag bestätigten die Staatsanwaltschaft Wien und die Soko Ibiza

---

47 Siehe Kronenzeitung, 14. September 2017, S. 2, sowie Falter, 20. September 2017, S. 10–12.
48 Für Aufregung sorgte in der ÖVP auch Schmidt selbst – war er doch politisch keine unbekannte Größe und spielte innerhalb der FPÖ schon unter der schwarz-blauen Koalition von 2000 bis 2002 eine aus Sicht der ÖVP kritische Rolle.

zwar, dass es sich dabei eindeutig um Fälschungen handelte, im Wahlkampf war diese offizielle Bestätigung[49] allerdings nicht erfolgt.

Pre-emptive Strike
Die ÖVP-Spitze informierte die Öffentlichkeit in einer groß inszenierten Pressekonferenz noch vor erfolgter Veröffentlichung der Mails. Medial stieß eher der Aufwand, den die Partei kommunikativ betrieben hatte, auf Skepsis. Warum, so fragten Journalisten, machte die Volkspartei aus einer Lappalie eine derart große Story? Aus Sicht des politischen Krisenmanagements hatte die ÖVP freilich einen Punkt: Natürlich bestand die Gefahr, dass die Mails zumindest von einigen Medien als potenziell authentisch eingeordnet werden würden. Also holte man zu einem kommunikativen *pre-emptive strike* aus, hievte sich in die aus kommunikationstheoretischer Hinsicht nicht unwesentliche Position desjenigen, der den Medien die Nachricht über die Mails überbrachte,[50] und konnte so seine Interpretation des Sachverhaltes zuerst kommunizieren.

Angelehnt war diese Strategie der ÖVP an jene von Barack Obama aus seinen Wahlkämpfen 2008 und 2012: Attacken, etwa dem Gerücht, er hätte seine Geburtsurkunde gefälscht und sei gar nicht in den USA geboren, begegnete der demokratische Kandidat und spätere US-Präsident mit eigenen Websites (2008: FighttheSmears.com; 2012: AttackWatch.com). Dort wurden Verleumdungen (*smears*) gesammelt, um sie dann gegenüber der Vielzahl

---

49 Einige ÖVP-Granden äußerten sich intern kritisch über die Vorgangsweise der Justiz. Die Bestätigung der E-Mail-Fälschungen nach dem Wahltag wurde etwa als »Verhöhnung« interpretiert. Besonderen Unmut erregte während des Wahlkampfes die aus Sicht mancher in der ÖVP »politisch gesteuerte« Wirtschafts- und Korruptionsstaatsanwaltschaft (WKStA). Zum komplizierten Verhältnis zwischen Politik und Justiz siehe den Beitrag von Irmgard Griss.
50 Das Prinzip »be the one to tell« ist gerade im politischen Krisenmanagement essenziell. Auch wenn die Nachricht unangenehm ist, gilt die Prämisse, dass man die Kommunikationshoheit an sich reißen und so den ersten Aufschlag einer Negativgeschichte abmildern oder jedenfalls mit seinem eigenen »Spin«, also seiner Interpretation der Geschehnisse, versehen kann.

der eigenen Unterstützer zu korrigieren und so auch für die Verbreitung der Richtigstellung zu sorgen.

Die ÖVP agierte den gesamten Wahlkampf über aus dieser Haltung. Als der *Standard* die Partei mit einer bis dahin geheimen Liste der Spender der Volkspartei konfrontierte, war es erneut die ÖVP, die das kommunikative Heft des Handelns an sich riss und schließlich, durch die Anfrage in die Defensive geraten, rasch selbst informierte. Auch hier entstand aufseiten der Medien der Eindruck, die ÖVP würde nicht wie üblich auf Anfragen reagieren, sondern gezielt und, die Sorgfaltspflicht der Journalisten ausnutzend, ihre eigene Deutung kommunizieren.

Auch in der Affäre um die von einem Mitarbeiter des Bundeskanzleramtes auf stümperhafte Art und Weise geschredderten Druckerfestplatten trat ein Glaubwürdigkeitsproblem der ÖVP-Kommunikation zutage. Der Anlass für Schredder-Gate war wohl tatsächlich darin zu suchen, dass die ÖVP das oben beschriebene Datenleak aus dem Wahlkampf 2017 darauf zurückführte, dass im damals von Kurz geführten Außenministerium Drucker nachträglich angezapft worden waren, um an die brisanten Wahlkampfpapiere zu gelangen. Also lag es nahe, kurz vor der drohenden Abwahl diesmal keine derartigen Spuren zu hinterlassen. Dass der Mitarbeiter während des Schredderns durch sein ungewöhnliches Verhalten Aufmerksamkeit erregte und nicht einmal die Rechnung bezahlte, zeugte allerdings davon, dass in der ÖVP längst nicht alles rundlief.

Als dann nach dem Auftauchen weiterer brisanter Budget- und Wahlkampfkostendetails, veröffentlicht vor allem in der Wiener Stadtzeitung *Falter*[51], der Druck auf die ÖVP noch einmal stieg, griff man wieder auf das bewährte Argumentationsmuster aus 2017 zurück: Die Daten, medial als »doppelte Buchhaltung« mit

---

51 Falter, 4. September 2019, S. 11–14.

Täuschungsabsicht präsentiert, seien nicht nur illegal an die Öffentlichkeit gelangt, sondern in wesentlichen Teilen auch »manipuliert« worden.

Im Hintergrund hatte man schon Datenforensiker und IT-Spezialisten engagiert, die den Hack – wie später auch der Justizminister der Übergangsregierung, Clemens Jabloner – tatsächlich bestätigen sollten. Im Strategiezirkel um Sebastian Kurz war man sich bewusst, dass ein vager Weckruf wie in der E-Mail-Causa zu Beginn des Wahlkampfes für die Öffentlichkeit nicht reichen würde. Diesmal sollte der Vorfall, wie man im Umfeld Kurz' sagte, »gerichtstauglich« präsentiert werden. Dass andere Parteien und auch Medien Zweifel an der vollumfänglichen Richtigkeit der Behauptung, zumindest was die Manipulationen betraf, hegten, war dennoch erwartbar. Die Glaubwürdigkeit des Whistleblowers ÖVP war, siehe Äsop, beschädigt.

Zumindest in der Defensive und was das Krisenmanagement anging, agierte das Team Kurz im Wahlkampf 2019 also ungewohnt unsouverän. Das hatten die Kurz-Berater intern allerdings auch so analysiert. Einer zitierte eine englische Redensart: »When the going gets tough, the tough get going« – unter Druck zu Höchstleistungen aufzulaufen, sei einfach nicht die größte Stärke des ÖVP-Kampagnenteams. Ein anderer fasste eher rustikal zusammen: Man sei es, anders als die FPÖ, einfach nicht gewöhnt, medial »Scheiße zu fressen« und sich noch gut dabei zu fühlen.

Gut gefühlt hatte sich die FPÖ während ihres Bergauf-Wahlkampfes wohl auch selten. Nach dem Skandalvideo von Ibiza hatte sie aber eine vergleichsweise einfache Ausgangslage im Wahlkampf: Anders als 2017 erwartete kein Mensch einen Durchmarsch auf Platz eins, sondern viele den Absturz der Rechtspopulisten nach dem Vorbild von Knittelfeld 2002. Bei der damaligen Neuwahl war die FPÖ von rund 27 auf 10 Prozent abgestürzt. Auch auflagenstarke Medien schienen sich dieser Einschätzung anzuschließen:

Die im Ibiza-Video zur innenpolitischen Verschubmasse degradierte *Kronenzeitung*[52] hatte nach dem Bekanntwerden des Skandalvideos getitelt: »FPÖ am Ende!«[53]

Dieses Szenario war nie wahrscheinlich, die Situation der FPÖ mit jener unmittelbar nach Knittelfeld im September 2002 nur schwer vergleichbar. Im Gegensatz zur FPÖ nach Knittelfeld war die Führungsfrage nach Ibiza-Gate nach außen rasch geklärt. Noch am Abend der Veröffentlichung des Videos war in der Partei klar, dass Norbert Hofer als Vizekanzler übernehmen sollte. Die Frage der Führung in der Partei war eher umstritten: Vertreter aus dem Generalsekretariat erzählten im Sommer 2019 die Geschichte, dass Vertraute von Herbert Kickl die Generalsekretäre Christian Hafenecker und Harald Vilimsky ablösen und das Ruder übernehmen wollten.[54] Dazu kam es allerdings genauso wenig wie zur Übernahme des Vizekanzleramtes durch Hofer. Doch auch wenn sich die beiden Blauen Kickl und Hofer nicht immer grün sein mochten – beide legten in den für die Partei entscheidenden Wochen nach Straches unrühmlichem Abgang Professionalität an den Tag und vermieden Streit nach außen.

Der kommunikative Spannungsbogen war klar und entsprach nach Auskunft eines der Hauptbeteiligten einer »klassisch katholischen« Geschichte: Bevor man in den Gegenangriff übergehen und die schon beschriebene Arenaverlagerung erreichen konnte, musste es zuerst eine auch öffentlich als solche erkennbare Phase der Reue geben. Neben den Verursachern des Skandalvideos sollten sich auch die neuen starken Männer in der Partei bei der Bevölkerung und den eigenen Wählerinnen und Wählern entschuldigen.

---

52 Siehe den Beitrag von Claus Pándi in diesem Buch.
53 Kronenzeitung, 18. Mai 2019, S. 1.
54 Im Generalsekretariat wird diese Darstellung dementiert. Zur FPÖ-Sicht des Wahlkampfes siehe den Beitrag von Christian Hafenecker.

Die Leugnung der Vorkommnisse von Ibiza war aufgrund des vorhandenen Bildmaterials selbst für jene die Kunst der Umdeutung beherrschenden freiheitlichen Spindoktoren keine Option. Zu stark und heftig war auch an der FPÖ-Basis die Ablehnung des von Strache und Gudenus Gesagten zu spüren. Selbst hartgesottene, langjährige Mitstreiter Straches mussten sich von ihrem Umfeld die Frage gefallen lassen, für wen sie da einen erklecklichen Anteil Lebenszeit geopfert hatten. Sehr bald kam es in dieser Phase zum Bruch zwischen Strache und Kickl. Norbert Hofer zeigte sich eher willens, eine Basis aufrechtzuerhalten. Internen Kritikern der FPÖ-Abgrenzung von Strache hielt das Hofer-Lager entgegen, dass, wäre es nach Kickl gegangen, Strache schon nach Bekanntwerden des Videos aus der Partei ausgeschlossen worden wäre. Lagerübergreifend attestierten dem langjährigen blauen Frontmann wegen seines Unwillens, die Tragweite von Ibiza zu erkennen, aber jedenfalls »das Unrechtsbewusstsein eines Fünfjährigen«.

Nach außen versuchte man den Konflikt mit dem ehedem so erfolgreichen Langzeitparteichef nicht eskalieren zu lassen. Doch von Anfang an konnte sich Strache öffentlich kaum zurückhalten und strategisch schweigen. Manche in der Partei bedauerten am Wahltag, dass Strache nach der EU-Wahl nicht sein durch rund 45 000 Vorzugsstimmen legitimiertes EU-Mandat angenommen hatte und still und leise aus der Partei ausgetreten war. So blieb der Ex-Chef auf der innenpolitischen Bühne. Währenddessen entwickelten die FPÖ-Masterminds eine wie zumeist[55] stringente Strategie. Einziger Fokus nach den Ereignissen von Ibiza: die Rückholung von Wählerinnen und Wählern, die sich seit 2017 in Richtung Volkspartei davongemacht hatten. Kickl und Co. drückten bei der für sie entscheidenden Zielgruppe, die zwischen ÖVP und FPÖ pendelte, auf richtige Punkte. Man säte Zweifel, ob Kurz auch ohne die FPÖ

---

55 Siehe etwa Hofer, 2017, S. 40 ff.

in einer künftigen Regierung den eingeschlagenen (Migrations-) Kurs halten würde. Das politische Storytelling funktionierte: »Ohne uns kippt Kurz nach LINKS« und »Schwarz-Grün gefährdet DEINE Zukunft« titelten die gewohnt zielgerichteten Freiheitlichen. Und Kickl brachte gern den Vergleich, wonach Kurz ohne FPÖ in etwa so stark sei wie Popeye the Sailor ohne Spinat.

ÖVP-Chef Kurz musste auf diese Zuspitzung reagieren. Und er tat das deutlicher, als er das im Wahlkampffinish vorgehabt hatte. An sich wollte sich der Altkanzler keine Front, auch nicht jene gegenüber NEOS und Grünen, aufmachen. In Umfragedaten war aber zu sehen, dass ein Rückfluss von der ÖVP zur FPÖ drohte. Deshalb formulierte Kurz im ORF-Duell mit Norbert Hofer den zentralen Satz von der Fortführung einer »ordentlichen Mitte-rechts-Politik«[56] unter seiner Kanzlerschaft. Danach war sich Kurz nicht sicher, ob das nicht zu viel des Guten gewesen war und er NEOS und Grünen nicht zu sehr in die Hände gespielt hatte.

In der Abgrenzung zur FPÖ funktionierte die Klarstellung wohl. Auch die ausgemachte Rollenaufteilung zwischen Dr. Jekyll Norbert Hofer und Mr. Hyde Herbert Kickl ging FPÖ-intern nicht wie geplant auf. Nicht nur, dass die Nummer zwei, Kickl, am Ende mehr Vorzugsstimmen einfuhr als Spitzenkandidat Hofer. Letzterer übertrieb es auch mit seiner Rolle als freundliches Angebot an die ÖVP. Das Verbindliche kippte ins Anbiedernde, etwa in einem Spot, der Hofer und Kurz bei der »Paartherapie«[57] zeigte. Streckenweise wirkte Hofer so, als würde er gerade den Kabarettisten Christoph Grissemann dabei parodieren, wie der Norbert Hofer parodiert. Zu hundert Prozent authentisch wirkten die Auftritte des FPÖ-Chefs jedenfalls nicht.

---

56 ORF-Duell vom 11.9.2019.
57 Siehe auf: https://www.youtube.com/watch?v=2kIhX3uj7WE, abgerufen am 12.10.2019.

Schuld am dann doch deutlichen Verlust von mehr als einer Viertelmillion Wähler in Richtung Kurz und knapp 125 000 Anhänger in Richtung Nichtwähler[58] war aber ein Last-Minute-Swing weg von der FPÖ. Wenige Tage vor dem Wahltag tauchten Informationen über eine üppige Spesenregelung von Ex-Parteichef Heinz-Christian Strache auf. Für hartgesottene Anti-Establishment-Wähler der Freiheitlichen war diese Debatte wohl schädlicher als alle Inhalte des Skandalvideos von Ibiza zusammengenommen. Der Grund: Die Diskussion verletzte das wahlkampftechnisch zentrale Prinzip der »Message Unity«, also der Einheitlichkeit der Botschaft einer Partei. Die Gucci-Tasche verträgt sich schlecht mit dem Eintreten für den kleinen Mann.

Die übliche Ablenkungsstrategie wirkte bei diesem Thema kaum bis gar nicht: auch nicht, als die Parteispitze erst wieder Netzwerke außerhalb der Partei dafür verantwortlich machte und erneut die Vorgangsweise der Justiz hinterfragte. Parteiinsider vermuteten auch einen intern eskalierenden Schlagabtausch der ehedem so eng miteinander verwobenen Parteigrößen Kickl und Strache. Die parteiinterne Theorie: Strache hätte sich so sehr in Verschwörungstheorien verstrickt, dass er ehedem führende Büromitarbeiter verdächtigte, bewusst zu parteiinternen Gegenspielern übergelaufen zu sein und dort belastende Informationen über ihn gestreut zu haben. Im Strache-kritischen Lager wiederum war die Tatsache sauer aufgestoßen, dass medial auch Kickls Ex-Kabinettschef Reinhard Teufel wegen seiner Kontakte zu Identitären-Chef Martin Sellner und Norbert Hofer wegen einer für ihn in seinem burgenländischen Heimatort Pinkafeld auf Parteikosten errichteten Schutzmauer ins mediale Schussfeld geraten waren. Fakt ist: Die negativ emotionalisierende Privilegiendebatte auf den letzten Metern kostete die Freiheitlichen noch entscheidende Prozentpunkte. Zudem

---
58 Siehe die Wählerstromanalyse im Beitrag von Franz Sommer.

ging schon im Wahlkampf die Debatte los, ob es Strache nicht wieder auf ein rasches Comeback in Wien oder gar eine eigene Parteigründung zum Schaden der FPÖ anlegen könnte.[59]

Den kleineren Parteien blieb aufgrund der überschwappenden Emotionen bei ÖVP, SPÖ und FPÖ kaum Platz, um flächendeckend Gehör zu finden. Peter Pilz von der Liste Jetzt griff zwar mehrfach auf sein prall gefülltes Repertoire an parlamentarischen Tricks zurück, fiel aufgrund seines schon seit Herbst 2017 angegriffenen Images aber mit nur 1,9 Prozent Wähleranteil durch. Die NEOS lieferten einen handwerklich professionellen Wahlkampf ab und konnten von der »ordentlichen« Mitte-rechts-Positionierung der ÖVP profitieren. Parteichefin Beate Meinl-Reisinger ließ ihren Vorgänger Matthias Strolz im Wahlkampf rasch vergessen. Dennoch: Stärkeres Wachstum blieb den Liberalen verwehrt. In der Emotionsschlacht ging ihr Leib- und Seelenthema Bildung schlicht unter.

Die einzige Ausnahme bildeten die Grünen. Sie hatten aus den dramatischen Fehlern des Wahljahres 2017[60] gelernt und sogar beim Beschluss von Wahllisten Geschlossenheit demonstriert. Dazu kam eine vorteilhafte Themenkonjunktur, die – medial befeuert von der Umwelt-Basisbewegung »Fridays for Future« rund um Greta Thunberg – das Thema Klimaschutz erstmals an die Spitze der Wahlkampfthemenliste spülte. Die Vertreter der Grünen versuchten sich auch in wirksameren Wordings als in den Jahren davor: Statt »Klimawandel« sagte Spitzenkandidat Werner Kogler lieber »Klimakrise«, aus der harmlos klingenden »Erderwärmung« wurde die dramatischere »Erderhitzung«.

Der zweite emotionale Treiber der grünen Comeback-Erzählung war ein für eine progressive Partei äußerst rückwärtsgewandtes Motto. Man plakatierte »Zurück zu den Grünen« und näherte sich dabei stilistisch Donald Trump an, frei nach dem Motto:

---

59 Siehe etwa Die Presse, 25. September 2019.
60 Siehe Hofer, 2017, S. 36 ff.

»Make the Greens Great Again«. Am Wählermarkt war diese emotionale Mischung aus Weltrettung und Wiedergutmachung für 2017 erfolgreich. Selbst der Mitte September aufgeflammte Spendenskandal um den ehemaligen Spitzenfunktionär Christoph Chorherr, potenziell eine echte Gefahr für das grüne Postulat »saubere Umwelt – saubere Politik«, entwickelte kein Bedrohungspotenzial mehr.

Schnitzel-Gate
Die Grünen verhielten sich über den gesamten Wahlkampf hindurch allerdings auch äußerst professionell. Sie vermieden nicht nur interne Scharmützel sondern praktizierten auch thematische Enthaltsamkeit. Offensichtlich wurde das im Nationalratswahlkampf 2019 gerade bei der Klimapolitik. Im Bundespräsidentschafts-Wahljahr 2016 hatten sich die Grünen noch beim damals dominierenden Thema Migration und Asyl bewusst aus dem öffentlichen Diskurs genommen. Mit ihrer kaum mehrheitsfähigen Position wollten sie nicht die Siegchancen ihres ehemaligen grünen Bundessprechers Alexander Van der Bellen gefährden.

Diesmal galt das für den Umweltschutz, wo die Grünen nicht wieder in ihr altes Image einer vielleicht ethisch korrekten aber dann doch ungeliebten Verbotspartei kippen wollten. So genossen die Grünen 2019 zwar die emotionale Fridays-for-Future-Fahrt in Richtung Klimarettung. Allzu konkrete Vorschläge für Maßnahmen machten sie dabei aber bewusst nicht. Es waren die Neos unter Beate Meinl-Reisinger, die das detaillierteste Konzept für eine CO_2-Steuer auf den Tisch legten. In der medialen Vermittlung zahlte sich diese für einen Wahlkampf untypische Vorgangsweise nicht aus. Journalisten rechneten den pinken Vorschlag durch und fanden prompt die eine oder andere Schwachstelle.

Meinl-Reisinger hatte dabei ihren Angela-Merkel-Moment, als sie etwa vorgehalten bekam, dass SUV-Fahrer mit ihrem Konzept künftig besser fahren würden. Die spätere deutsche Bundeskanzlerin Merkel hatte ihre entsprechende Lektion 2005 gelernt. Damals hatte sie im Schlagabtausch mit dem schwer unter Druck geratenen Bundeskanzler Gerhard Schröder (SPD) einem vermeintlichen Wählerwunsch entsprechend einen bis ins Detail ausgearbeiteten Plan auf den Tisch gelegt, wie sie regieren wollte. Teil des Ganzen war auch eine Ministerliste. Schröder verbiss sich im inhaltlich angreifbaren Finanzminister des Merkelschen Schattenkabinetts. Am Ende schaffte er noch fast die Aufholjagd und kam der CDU-Chefin bis auf einen Prozentpunkt nahe.

Dass das Thema Umwelt zwar Hochkonjunktur hatte, aber am Wählermarkt brandgefährlich blieb, bewiesen einige klimabezogene Debatten über den Sommer. Als das Ende des Dieselprivilegs und eine notwendige Verteuerung fossiler Treibstoffe andiskutiert wurden, gab es sofort empörte Reaktionen seitens größerer Parteien. Eine Bestrafung der ohnehin leidgeprüften Pendler sei selbstverständlich mit ihm nicht zu machen, betonte VP-Kandidat Sebastian Kurz. Skurril mutete die Debatte um eine klimapolitisch durchaus sinnvolle Verteuerung des Fleischpreises an. Auch hier rückten Kandidaten aus, um sich als Verteidiger eines nationalen Heiligtums – des Schnitzels – zu positionieren.

»Das Schnitzel darf nicht zum Luxus werden«, twitterte SP-Chefin Pamela Rendi-Wagner am 10. August und hoffte, so doch noch ihren emotionalen Moment des Wahlkampfs zu kreieren. Während die SPÖ das Thema sozialpolitisch aufzuladen versuchte, forderte die FPÖ kategorisch »den Genuss eines Schnitzels« für »jedes Kind«. Die Freiheitlichen unterstrichen damit die aus ihrer Sicht identitätsstiftende Bedeutung des Nationalgerichts – und riefen so nebenbei die durchaus emotional geführten Debatten um den Menüplan in manchen Schulen in Erinnerung. Indirekt steckte in der klimapolitischen Debatte um den Fleischpreis so doch noch ein wenig Kulturkampf und die Abgrenzung gegenüber dem Islam. Das österreichische »Schnitzel-Gate« schaffte es immerhin auch in internationale Medien.[61]

Was bleibt
Was insgesamt von diesem Nationalratswahlkampf bleibt, ist ein schaler Nachgeschmack. Auf dem Weg zur Emokratie agieren politische Spitzenvertreter immer weniger, sie reagieren nur auf vorhandene Stimmungen. Sie werden von klassischen Agenda-Settern zu flexibel agierenden Agenda-Surfern. Die Politik nimmt die emotionalen Wellen, wie sie kommen. Was zählt, ist nicht unbedingt die Wahrheit, sondern die Wahrnehmung. Um den jeweiligen Gegner unter Druck zu setzen, werden – von welcher Seite auch immer – mehr oder minder relevante Informationen über die Bande an die Öffentlichkeit gespielt. Man agiert nach dem Motto von Bill Clintons legendärem Kampagnenmanager, James Carville: »Für den Gegner ist es schwer, mich zu attackieren, wenn er gerade meine Faust in seinem Gesicht spürt.«

Aus welcher Richtung die Faust gerade kommt, ist für den Attackierten wie den neutralen Beobachter nicht immer gleich feststellbar. Die (un-)sozialen Netzwerke bieten Möglichkeiten, Attacken lange unter dem Radar zu halten. Mittlerweile können auch anonyme Anzeigen die Medienwelt tagelang beschäftigen. 2019 wurde Hochbrisantes und Irrelevantes zutage gefördert: Die Inhalte des Videos von Ibiza werden zu Recht als einer der größten Skandale der Zweiten Republik in die Geschichte eingehen. Reagiert hat das politische System auf diese massive Glaubwürdigkeitskrise kaum. Auch in einer Phase höchster Verunsicherung und Verärgerung dominierte bloß Parteitaktik.

Vermeintliche Enthüllungen, etwa die Causa um gefälschte E-Mails oder die Aufregung darüber, in welchem französischen

---
61 Siehe etwa den ZDF-Beitrag »heute – in Europa« vom 27.09.2019

Lokal eine Spitzenkandidatin im Urlaub isst, deuteten an, wie dünn das öffentliche Nervenkostüm ist.

Viele Fragen blieben in diesem Wahlkampf offen. Es gibt zwar Hinweise, dass die Entstehung des Skandalvideos von Ibiza mehr mit FPÖ-Interna zu tun hat als angenommen. Genau wissen wir darüber aber (noch) nicht Bescheid. Auch die Frage nach den Verwertern des Videos ist legitim. Sie ändert allerdings nichts am Gesagten. Die kritische Öffentlichkeit wird sich künftig noch viel stärker mit der auch 2019 evidenten Negativorientierung von Wahlkämpfen beschäftigen müssen. Das trifft vor allem die Adressaten von Attacken. Aber auch die Authentizität von Beweismaterial wird schwerer überprüfbar.

Technisch wird es bald einfacher werden, Bewegtbilder täuschend echt zu manipulieren.[62] In den geschlossenen Echokammern einer zunehmend fragmentierten Gesellschaft wird das Auftauchen solcher scheinbar authentischen Videos die Emotionalisierung und Skandalisierung des politischen Diskurses noch beschleunigen. Umgekehrt gesehen: Trifft ein Video wie jenes von Ibiza auf ein Umfeld, das Bewegtbild-Manipulationen kennt, ist es für Betroffene auch leichter, dessen Authentizität in Abrede zu stellen und glaubhaft die Opferrolle einzunehmen. Das Positive: Auch das Gewicht einer unabhängigen Medienlandschaft, so sie ressourcenmäßig dafür ausgerüstet ist, kann in einer solchen Aufstellung zunehmen. Wer sich den (Alb-)Traumjob Politiker in einer voll ausgebauten Emokratie noch antut, bleibt dagegen abzuwarten.

---

62 Mit diesem Hinweis endete auch die Analyse der Nationalratswahl 2017 (siehe Hofer, 2017, S. 48) – seither sind bloß zwei Jahre vergangen, in den USA gab es während der Amtszeit von US-Präsident Donald Trump aber schon erste Fälle, wo – mithilfe noch unterentwickelter Methoden – manipulierte Videos für Aufsehen sorgten.

Literatur

Heinisch, Reinhard C., Holtz-Bacha, Christina und Oscar Mazzoleni: *Political Populism. A Handbook.* Baden-Baden 2017.
Hofer, Thomas: »Von der Kunst des politischen Abgangs«. In: Andreas Khol et al.: *Österreichisches Jahrbuch für Politik 2018.* Wien 2019, S. 379–389.
Hofer, Thomas: »Wahlkampf auf der schiefen Ebene«. In: Thomas Hofer und Barbara Tóth: *Wahl 2017. Loser, Leaks und Leadership.* Wien 2017, S. 9–48.
Hofer, Thomas: »Von Mäusen und Milliardären«. In: Thomas Hofer und Barbara Tóth (Hrsg.): *Wahl 2013. Macht, Medien, Milliardäre.* Wien 2013, S. 5–35.
Hofer, Thomas: *Die Tricks der Politiker.* Wien 2010.
Hofer, Thomas: »Die Kampagnen machten den Unterschied«. In: Thomas Hofer und Barbara Tóth (Hrsg.): *Wahl 2008. Strategien, Sieger, Sensationen.* Wien 2008, S. 10–31.
Hofer, Thomas: »Der Triumph des Negative Campaigning«. In: Thomas Hofer und Barbara Tóth (Hrsg.): *Wahl 2006. Kanzler, Kampagnen, Kapriolen. Analysen zur Nationalratswahl.* Wien 2006, S. 5–31.
Hofer, Thomas: *Spin Doktoren in Österreich. Die Praxis amerikanischer Wahlkampfberater. Was sie können, wen sie beraten, wie sie arbeiten.* Wien 2005.
Lakoff, George: *The Political Mind. Why You Can't Understand 21st-Century American Politics with an 18th-Century Brain.* New York 2008.
Mark, David: *Going Dirty. The Art of Negative Campaigning.* Lanham 2006.
Müller, Jan-Werner: *Was ist Populismus? Ein Essay.* Berlin 2016.
Obermayer, Bastian und Frederik Obermaier: *Die Ibiza-Affäre. Innenansichten eines Skandals.* Köln 2019.
Tóth, Barbara: Der Silberstein-Skandal. In: Thomas Hofer und Barbara Tóth: *Wahl 2017. Loser, Leaks und Leadership.* Wien 2017, S. 131–151.
Wehling, Elisabeth: *Politisches Framing. Wie eine Nation sich ihr Denken einredet – und daraus Politik macht.* Köln 2016.

Den Weg der Veränderung fortsetzen

KARL NEHAMMER

Alle waren gegen Kurz – und es war erneut ein äußerst schmutziger Wahlkampf. Durchgesetzt haben sich allerdings die Inhalte der Volkspartei und die klare Linie ihres Spitzenkandidaten.

Seit Anfang 2018 trägt der Nationalratsabgeordnete als Generalsekretär die operative Verantwortung für die neue Volkspartei. Davor war er Generalsekretär des ÖAAB. Karl Nehammer hat einen Abschluss in Politischer Kommunikation und langjährige Erfahrung als Trainer für strategische Kommunikation, Rhetorik und Kommunikation. Intensive Jahre der strategischen Beratung von Kommunalpolitikern und -politikerinnen in Niederösterreich prägten sein Politikverständnis.

Nationalratswahl 2017 und Regierungsarbeit: Die Veränderung beginnt

Als die Volkspartei am 15. Oktober 2017 ihren erst zweiten Platz eins bei einer Nationalratswahl seit den 1960er-Jahren feiern konnte, war Sebastian Kurz gerade einmal seit etwas mehr als drei Monaten Parteiobmann. Er hatte diese Verantwortung mit einem klaren Versprechen übernommen: echte Veränderung in unserem Land möglich zu machen. Begonnen hat er damit innerhalb der Volkspartei, die er zu einer breiten Bewegung geöffnet hat, der sich auch unzählige Unterstützerinnen und Unterstützer außerhalb der traditionellen Parteistruktur angeschlossen hatten. Inhaltlich haben wir als Volkspartei den Fokus auf jene Themen gelegt, die für die Menschen wirklich wichtig sind, und auch einen neuen Stil in der österreichischen Politik geprägt.

Der klare Wahlerfolg am 15. Oktober 2017 hat es dann ermöglicht, diesen frischen Wind auf das gesamte Land zu übertragen. Nach professionell und effizient geführten Regierungsverhandlungen konnte Sebastian Kurz in einer Bundesregierung aus Volkspartei und FPÖ den versprochenen Weg der Veränderung beginnen.

Dabei hat unser Team in der Regierung nicht zuletzt große Reformen angepackt, über deren Notwendigkeit teilweise seit Jahrzehnten geredet worden war, die aber nie in die Umsetzung gekommen sind: die Modernisierung der Sozialversicherungen zum Beispiel, mit der eine Reduktion der Träger von 21 auf 5 gelungen ist, oder die Mindestsicherung neu, die die Zuwanderung ins Sozialsystem gebremst und mehr Gerechtigkeit ins System gebracht hat. Gleichzeitig wurde mit dem Familienbonus die größte steuerliche Entlastung für Familien in der Zweiten Republik beschlossen. Und durch das Ende der jahrzehntelangen Schuldenpolitik wurde es möglich, dass der Bund im Jahr 2019 weniger ausgibt, als er einnimmt – und zwar zum ersten Mal seit 1954. Diese und weitere wichtige Erfolge tragen die Handschrift der Volkspartei und von Sebastian Kurz und konnten in nur eineinhalb Jahren Regierungsarbeit erreicht werden. Damit wurde der Stillstand in unserem Land spürbar beendet.

Gerade aufgrund des jahrelangen Streites der vorherigen Bundesregierungen ist es Sebastian Kurz als Bundeskanzler ein besonderes Anliegen gewesen, den neuen Stil der Volkspartei auch in die Regierungsarbeit zu tragen. Meinungsverschiedenheiten in der Koalition wurden intern und nicht über die Medien ausgetragen, nicht zuletzt auch für viele Journalistinnen und Journalisten ein Novum. Das darf jedoch nicht darüber hinwegtäuschen, dass die konstruktive Zusammenarbeit immer wieder durch hinlänglich bekannte »Einzelfälle« der FPÖ auf die Probe gestellt wurde, die das Koalitionsklima belastet haben und sowohl regierungsintern als auch öffentlich zu Reaktionen durch Sebastian Kurz geführt haben.

Dieser neue Stil in der Zusammenarbeit, aber auch die erfolgreich umgesetzten Projekte wurden von der Bevölkerung begrüßt und haben das positive Bild der Zusammenarbeit geprägt. Noch in einer Vorwahltagsbefragung ist das deutlich erkennbar. Hier haben sich 58 Prozent der Befragten mit der Arbeit der Koalitionsregierung unter Sebastian Kurz zufrieden gezeigt.[63] Zum Vergleich: Zu Beginn der Regierungsarbeit im Jänner 2018 waren 57 Prozent mit der Koalitionsregierung zufrieden.[64] Trotz vieler kontroverser Themen, die von dieser Regierung angepackt wurden, hat sie also bis zum Schluss nichts an ihrer Popularität eingebüßt.

Der Schock von Ibiza
Es gibt im Leben jedes Menschen gewisse Momente, die man nie

---

[63] Plasser, Sommer: »Neuwahl 2019. Determinanten und Motive der Wahlentscheidung«, auf: https://www.demox-research.com/nationalratswahl-2019/.
[64] Ebenda.

vergessen wird. Für mich, so wie sicher auch für viele andere politisch interessierte Menschen in Österreich, war der Nachmittag des 17. Mai 2019 ein solcher. Als an jenem Tag das mittlerweile weit über die Grenzen unseres Landes hinaus bekannte Ibiza-Video veröffentlicht wurde, waren wir in der Volkspartei gleichermaßen schockiert wie enttäuscht.

Schockiert von den Ideen des Machtmissbrauchs, dem Verständnis von Medien und dem skandalösen Umgang mit Steuergeld, der hier offen und schamlos zur Schau gestellt wurde. Und enttäuscht von den beteiligten Personen, deren Verhalten im kompletten Gegensatz zu unserem politischen Zugang steht.

Der sofortige Rücktritt von Vizekanzler Heinz-Christian Strache und Johann Gudenus war deshalb unumgänglich. Daran gab es keinen Zweifel. Doch ein Skandal dieser Größenordnung verlangt auch eine rasche und unabhängige Aufklärung, und eine solche wäre mit Herbert Kickl als Innenminister nicht möglich gewesen. Denn eben der Mann, der als Innenminister maßgeblich an der Aufklärung beteiligt wäre, war zur Zeit des Entstehens des Ibiza-Videos FPÖ-Generalsekretär und somit natürlich auch für die Parteifinanzen zuständig. Ein Umstand, der vor dem Hintergrund der im Video geäußerten Ideen zur illegalen Parteienfinanzierung untragbar gewesen wäre.

Doch auch in diesem Punkt hat sich die FPÖ wenig einsichtig gezeigt, und dieses mangelnde Problembewusstsein der FPÖ, das auch in weiterer Folge immer wieder bestätigt wurde, hat schließlich eine Fortsetzung der Regierungskoalition unmöglich gemacht. Mit ihrem Verhalten hat die FPÖ also unserem Weg der Veränderung und dem Ansehen unseres Landes massiv geschadet.

Bundeskanzler Kurz ist folglich nichts anderes übrig geblieben, als Neuwahlen auszurufen. Nicht weil wir uns das gewünscht hätten, sondern weil es schlicht notwendig war.

Nach der Entlassung Herbert Kickls als Innenminister durch den Bundespräsidenten und dem folgenden Rückzug aller FPÖ-

Minister aus der Regierung hat Sebastian Kurz Verantwortung für das Land übernommen und eine Übergangsregierung vorgeschlagen, die bis nach der Neuwahl die Staatsgeschäfte ordentlich geführt hätte. Doch diese sollte nur wenige Tage im Amt bleiben.

EU-Wahl & Misstrauensvotum – ein Wechselbad der Gefühle
Eine Woche nach den Ereignissen dieser Tage fand dann am 26. Mai die Wahl zum Europaparlament statt. Eine Wahl, die leider aufgrund der Ereignisse rund um Ibiza völlig in den Hintergrund gerückt ist. Denn es ist uns als Volkspartei gelungen, mit 34,6 Prozent das beste Ergebnis einer Partei bei Europawahlen aller Zeiten zu erreichen und die anderen Parteien klar auf die Plätze zu verweisen.

Die Freude dauerte allerdings nicht lange. Die SPÖ, die bei dieser Wahl auf einem vorläufigen Rekordtiefstand gelandet ist, und die FPÖ, die deutliche Verluste hinzunehmen hatte, haben sich dazu entschieden, Parteitaktik vor Staatsräson zu stellen und ihrem Frust freien Lauf zu lassen. Gemeinsam mit der Liste Jetzt haben die beiden Parteien gleich am nächsten Tag einen Misstrauensantrag gegen die gesamte Bundesregierung eingebracht und somit nicht nur Sebastian Kurz, sondern die ganze Regierung inklusive aller Expertinnen und Experten gestürzt, die erst vor wenigen Tagen vom Bundespräsidenten angelobt worden war.

Dieses Misstrauensvotum – einzigartig in der Geschichte unseres Landes – war für viele Menschen in Österreich mehr als unverständlich. Rot und Blau haben hier aus innerparteilicher Motivation heraus gehandelt – eine Feststellung, die auch der burgenländische SPÖ-Landeshauptmann Hans Peter Doskozil medial bestätigt hat.[65] Dieser destruktive Zugang sollte nachhaltigen Eindruck auf das Stimmungsbild in der Bevölkerung haben. Laut der bereits zitierten Vorwahltagsbefragung zur Nationalratswahl waren 55 Prozent der

---
65 Auf: https://www.news.at/a/neuwahl-doskozil-misstrauensantrag-koennen-10802744.

Befragten der Meinung, Sebastian Kurz hätte die Übergangsregierung bis zu den Neuwahlen weiterführen sollen. Wählerinnen und Wähler, die die Abwahl des Bundeskanzlers im Rückblick als falsche Entscheidung sahen, entschieden sich dann auch bei der Nationalratswahl im September zu fast zwei Drittel für die Volkspartei.

Alle gegen Kurz!
Wenn etwas zweimal passiert, ist es eine Wiederholung – ab dem dritten Mal ist es aber bereits Tradition. Zu einer solchen zweifelhaften Tradition wurde in den Tagen nach dem Misstrauensvotum auch die rot-blaue Allianz im Parlament. Beide Parteien, die sich vordergründig wechselseitig als politische Lieblingsgegner betrachten, fanden schnell zu einer parlamentarischen Zusammenarbeit. Die Bilder, als Herbert Kickl den SPÖ-Bundesgeschäftsführer Thomas Drozda im Parlament zur Seite holt, um sich mit ihm abzusprechen, sind zu Recht zum Sittenbild dieser innenpolitischen Dynamik geworden. Ganz nach dem Motto: »Der Feind meines Feindes ist mein Freund.«

Denn neben der Abwahl der Regierung haben vor allem der Beschluss eines möglichst späten Wahltermins sowie die Änderungen der Parteienfinanzierung einem primären Ziel gedient: der Volkspartei möglichst umfassend zu schaden. Da war es dann auch nebensächlich, dass diese Beschlüsse gegen den Willen der Bundeskanzlerin oder des Bundespräsidenten gefällt wurden, Hauptsache gegen Sebastian Kurz. Doch das Opfer dieser Politik war nicht nur die Volkspartei, sondern auch die Glaubwürdigkeit von SPÖ und FPÖ, die, statt in dieser schwierigen Zeit Verantwortung für unser Land zu übernehmen, parteitaktische Entscheidungen getroffen haben. Das Motto »Alle gegen Kurz« wurde so zum Leitmotiv eines Wahlkampfes, der in seiner Schmutzigkeit neue Maßstäbe setzte.

Ein schmutziger Wahlkampf
Negative oder auch *Dirty Campaigning* war bereits im Vorfeld der Nationalratswahl 2017 präsent. Die damals vom politischen Mitbewerber finanzierten Verleumdungsseiten in den sozialen Netzwerken waren jedoch nichts im Vergleich zu den schmutzigen Vorwürfen und Praktiken, die den Nationalratswahlkampf 2019 prägen sollten. Von Schmuddelseiten im Internet mit absurden Behauptungen über gefälschte E-Mails, die die Volkspartei und Sebastian Kurz in die Nähe des Ibiza-Skandals der FPÖ bringen sollten, bis hin zu persönlichen Attacken auf Sebastian Kurz in den TV-Diskussionen.

In den Schatten gestellt wurde all das aber dann vom größten Hackerangriff, den es in der österreichischen Innenpolitik je gegeben hat. Über mehrere Wochen wurden umfangreich Daten und Dokumente der neuen Volkspartei von Hackern mit höchster Professionalität und krimineller Energie gestohlen und potenziell verfälscht. Manche dieser Unterlagen wurden dann in weiterer Folge Medien zugespielt, um der Volkspartei im Wahlkampf zu schaden. Hierbei handelt es sich aber nicht nur um einen Angriff auf die Volkspartei, sondern um einen Angriff auf die gesamte Demokratie in unserem Land. Eine lückenlose Aufklärung ist daher nicht nur im Interesse der Volkspartei, sondern auch im Interesse der Republik Österreich, weshalb in weiterer Folge die Polizei die Ermittlungen aufgenommen hat.

Als Volkspartei war es uns erstens wichtig, unserem neuen Stil treu zu bleiben und Angriffen nicht mit Gegenangriffen zu begegnen, und zweitens, in all diesen Fällen rasch und proaktiv aufzuklären. Denn *Dirty Campaigning* funktioniert, indem irgendetwas behauptet wird, in der Hoffnung, dass bei einigen Leuten etwas hängen bleibt. Da ist es entscheidend, so schnell wie möglich die Wahrheit ans Licht zu bringen und die Lügen zu enttarnen. So ist es uns etwa im Fall der gefälschten E-Mails sehr rasch gelungen, gemeinsam mit externen Expertinnen und Experten aus dem Bereich der Datenforensik die Fälschungen nachweisen. Die Fälschung der E-Mails wurde mittlerweile auch von der Staatsanwaltschaft bestätigt.

Festzuhalten ist, dass die Schmutzkübelkampagnen gegen die neue Volkspartei und Sebastian Kurz nicht die gewünschte Wirkung gezeigt haben und jene, die sich dieser Methoden im Wahlkampf bedient haben, letztlich vom Wahlvolk abgestraft wurden.

Entscheidende Wochen bis zur Wahl
Die Umfragen haben in den Wochen vor der Nationalratswahl ein für die Volkspartei ambivalentes Bild gezeigt. Mit konstant 34 Prozent schien der erste Platz gesichert.[66] Doch genau diese Stimmung ist gefährlich für jede Mobilisierungskampagne und Wasser auf den Mühlen der Mitbewerber. Schon allzu oft sind Umfragen deutlich danebengelegen, und scheinbar undenkbare Resultate wurden möglich. Politikinteressierte Menschen werden sofort an den Brexit oder die Wahl von Donald Trump denken, und als Volkspartei ist uns hier auch noch die Erinnerung an die – allen Umfragen zum Trotz – letztlich verlorene Nationalratswahl 2006 präsent. Taktisches Wählen und Mobilisierungsmüdigkeit aufgrund guter Umfragewerte können für eine Kampagne schwere Schäden anrichten, denn »Stimmung sind noch keine Stimmen«, und niemand kann einen Wahlausgang tatsächlich vorhersagen. Darin lag letztlich auch die große Herausforderung für unsere Kampagne.

Sebastian Kurz hat daher auch die Chance genutzt, mit so vielen Menschen wie möglich direkt zusammenzutreffen. Unmittelbar nach dem Misstrauensvotum ist er auf eine erste Tour durch die Bundesländer aufgebrochen. Im Sommer dann wanderten im Rahmen der bereits zum zweiten Mal stattfindenden »Bergauf.

---

66 Auf: https://neuwal.com/wahlumfragen/.

Tour« mehrere Tausend Menschen gemeinsam mit Sebastian Kurz zu Berggipfeln in Tirol, Salzburg und dem Burgenland. Gelegenheit zum direkten persönlichen Gespräch gab es ab Ende August bei der Sommertour »Kurz im Gespräch« in allen Bundesländern. Sebastian Kurz hatte in den Bundesländern die Gelegenheit, vor Ort – vom Wirtshaus bis zum Bauernhof – mit Bürgerinnen und Bürgern zu sprechen. Und egal wo Sebastian Kurz und sein Team unterwegs waren, in verschiedensten Gesprächen war der Tenor stets derselbe: Unverständnis über die Abwahl durch Rot-Blau, Zuspruch zum eingeschlagenen Weg der Veränderung und viel positiven Rückenwind für die bevorstehenden Wochen.

Die »Auftakt.Tour« im September bildete dann den Start in den Intensivwahlkampf, bei dem es erneut durch alle Bundesländer ging. Mit 15 000 getroffenen Unterstützerinnen und Unterstützern innerhalb von 72 Stunden war sie die längste und größte Mobilisierungsveranstaltung in der Geschichte der Volkspartei. Bis zum Wahltag konnte Sebastian Kurz so bei insgesamt rund 100 Veranstaltungen vom Bodensee bis zum Neusiedler See mit über 40 000 Menschen zusammentreffen. Das bewusste Zeitnehmen für Termine in den Bundesländern war jedoch nicht einfach eine Wahlkampfstrategie, sondern ergibt sich aus der DNA der Volkspartei. Die Stärke der Volkspartei lag, liegt und wird auch in Zukunft im ganzen Land liegen, nicht nur in den Städten, sondern auch in den Regionen und Gemeinden. Sechs von neun Landeshauptleuten kommen aus der Familie der Volkspartei, in etwa 1500 der über 2000 Gemeinden Österreichs trägt ein Bürgermeister der Volkspartei Verantwortung. Darüber hinaus gibt uns eine starke Bewegung mit unzähligen Freiwilligen und Unterstützern aus allen Alters- und Gesellschaftsgruppen Rückhalt und Schwung. Diese Breite macht es auch möglich, Politik für alle Menschen in diesem Land zu machen und nicht nur für ausgewählte Zielgruppen.

Inhaltliche Schwerpunkte
Viele der im Rahmen der Bundesländertouren von den Menschen angesprochenen Themen fanden dann auch Eingang in die inhaltliche Positionierung der Volkspartei im Wahlkampf. Wenngleich Inhalte aufgrund der Fokussierung auf Ibiza und andere Themen eher in den Hintergrund gerückt wurden, war es uns ein wichtiges Anliegen, den Menschen zu vermitteln, dass wir den 2017 eingeschlagenen Weg der Veränderung fortsetzen wollen. Als neue Volkspartei haben wir in der vorherigen Bundesregierung die Schuldenpolitik beendet, die Steuern gesenkt und die illegale Migration erfolgreich bekämpft und damit das Fundament für ein erfolgreiches Österreich gelegt. Aber wir sind noch nicht am Ziel. Um Österreich weiter nach vorne zu bringen, müssen wir die großen Zukunftsthemen anpacken: Arbeit, von der man leben kann, ein Altern in Würde und die Wahrung unserer österreichischen Identität. Darüber hinaus braucht es Lösungen für die großen globalen Herausforderungen unserer Zeit: für eine Veränderung der EU und für den Schutz von Klima und Umwelt. Mit unseren »100 Projekten – unser Weg für Österreich« haben wir dann schließlich auch konkrete Ansagen für eine künftige Regierung auf den Tisch gelegt.

TV-Wahlkampf
Reichlich Gelegenheit für den inhaltlichen Austausch mit den anderen Parteien hat sich bei den über 20 TV-Konfrontationen geboten, die die Volkspartei allein im Fernsehen (ORF, Private, Radio, Bundesländerzeitungen) absolvieren durfte. So viele übrigens, wie noch nie in einem Nationalratswahlkampf zuvor.[67] Ein derartig dichtes mediales Programm stellt für alle Kandidatinnen und Kandidaten eine nicht zu unterschätzende Herausforderung dar. Und es führt dazu, dass die Spitzenkandidaten in den Wochen vor

---

67 Auf: https://www.nachrichten.at/kultur/oesterreich-ist-weltmeister-bei-wahlduellen-im-fernsehen;art16,3164267.

der Wahl weniger Zeit für direkte Bürgerkontakte haben. Insofern war es entscheidend, dass Sebastian Kurz bereits in den Wochen davor intensiv im ganzen Land unterwegs war. Die starke mediale Präsenz in den letzten Tagen konnte dann genutzt werden, um die zentrale Botschaft – wer Kurz will, muss Kurz wählen – auch noch in Richtung von spät entschiedenen Wählerinnen und Wählern zu tragen.

Ein historisches Ergebnis für die Volkspartei
Der Wahlsonntag am 29. September 2019 brachte ein Ergebnis, das in seiner Dimension mit gutem Grund als historisch bezeichnet werden kann. Am 29. September 2013 erreichte die Volkspartei mit 23,99 Prozent das schlechteste Ergebnis ihrer Geschichte. Auf den Tag genau sechs Jahre später legte die Volkspartei im Vergleich dazu 13,5 Prozentpunkte zu und landete bei 37,5 Prozent und konnte somit ihren ersten Platz von 2017 um weitere 6 Prozentpunkte ausbauen. Mit über 16 Prozentpunkten Unterschied zwischen der Volkspartei und der Sozialdemokratie ergab die Nationalratswahl 2019 auch den größten Abstand, den es je bei einer bundesweiten Wahl zwischen dem ersten und dem zweiten Platz gegeben hat. Mit rund 1,8 Millionen Stimmen schenkten mehr Wählerinnen und Wähler der Volkspartei ihr Vertrauen als jene von SPÖ und FPÖ zusammen. Somit wurde die Volkspartei nicht nur zur drittstärksten christdemokratischen Partei in Europa, sondern konnte auch in praktisch allen der 39 Regionalwahlkreise zulegen – in 33 davon sogar teilweise mit überragendem Vorsprung den ersten Platz erreichen. Und selbst in Wien trennten die SPÖ und die Volkspartei nur knapp 20 000 Stimmen.

Schlussfolgerungen
In der Analyse des Ergebnisses und der Wahlmotive unserer Wählerinnen und Wähler haben sich insbesondere drei Faktoren ge-

zeigt, die entscheidenden Einfluss auf den Wahlerfolg der Volkspartei hatten.
- *Erstens: Der Erfolg der Volkspartei hat einen Namen: Sebastian Kurz.* Und das aus gutem Grund. Kein anderer Spitzenkandidat konnte sowohl bei den eigenen Wählerinnen und Wählern als auch bei jenen der anderen Parteien derart große Zustimmungswerte erzielen. Seine Beliebtheit aus seiner Zeit als Bundeskanzler ist somit weder durch das Misstrauensvotum noch durch das *Dirty Campaigning* gegen ihn beschädigt worden, sondern noch weiter gestiegen. Anders als die Mitbewerber wurde Sebastian Kurz mit Recht von der Bevölkerung als Kanzlerkandidat wahrgenommen, dem man als zentralen Akteur der österreichischen Innenpolitik die Führungsrolle im Land zuschreibt.
- *Zweitens: Die Wählerinnen und Wähler begrüßen die inhaltlichen Positionen der Volkspartei.* Die klare Positionierung der Volkspartei im Bereich der Wirtschaftspolitik (keine neuen Schulden und Steuern) und bei der Asyl- und Migrationsthematik, aber auch die generelle Zustimmung zur Regierungspolitik der Volkspartei ab 2017 waren hier ausschlaggebend.
- *Drittens: Wahlen gewinnt man nur als echte Volkspartei.* Und das Wahlergebnis hat das eindrucksvoll bestätigt. Egal ob bei den Selbstständigen oder bei den Arbeiterinnen und Arbeitern, die Volkspartei lag bei den Wahlen auf Platz eins. Und es ist uns nicht nur gelungen, in den traditionell starken ländlichen Regionen weiter zuzulegen, sondern wir konnten auch teilweise erstmalig in bisher klassisch sozialdemokratischen Städten wie St. Pölten, Kapfenberg, Bruck an der Mur oder Wiener Neustadt die meisten Stimmen auf uns vereinen. Und auch in allen Generationen – von den unter 25-Jährigen bis zu den über 60-Jährigen – war die Volkspartei klare Nummer eins. Für dieses starke Ergebnis im ganzen Land darf ich mich besonders auch bei

allen Freiwilligen bedanken, die viel Einsatz und Kreativität mit Landschaftselementen, Telefonaktionen und Co. gezeigt haben.

Die Österreicherinnen und Österreicher haben Sebastian Kurz und die neue Volkspartei bei der Nationalratswahl 2019 erneut gestärkt und damit ihr deutliches Vertrauen ausgesprochen. In Demut und Dankbarkeit nehmen wir diese Wahl an und werden alles unternehmen, um diesem Vertrauen gerecht zu werden und den Weg der Veränderung fortzusetzen.

Kein Diskurs, wenig Bewegung

STEFAN HIRSCH

Statt über Sachthemen wie Wohnen, Gesundheit, Pflege, Bildung oder Arbeit wurde über Skandale, Spesen und Hacks diskutiert. Das machte den Wahlkampf für die SPÖ besonders schwer, selbst wenn die Spitzenkandidatin im Finish kämpfte wie die Löwin.

Mag. Stefan Hirsch, geboren am 7.3.1975, ist seit November 2018 Leitender Sekretär der SPÖ für Strategie und Kommunikation. Davor war er als Gruppenleiter und Kommunikationschef von Hans Peter Doskozil im Verteidigungsministerium tätig. Seit 2007 hatte Hirsch verschiedene Pressesprecherfunktionen auf Bundesebene inne. Er sprach unter anderem für Ex-Kanzler Alfred Gusenbauer und leitete während der Nationalratswahl 2013 unter dem SPÖ-Parteivorsitzenden Werner Faymann die Kommunikation der SPÖ.

Der SPÖ-Kampagne fehlte der öffentliche Diskurs über Themen wie Wohnen, Gesundheit, Pflege, Bildung oder Arbeit. Die Schredder-Affäre, gefälschte E-Mails, Hackerangriffe und Spesenabrechnungen beschäftigten die Medien. Politische Sachthemen waren nahezu völlig ausgeblendet – zulasten der SPÖ.

Die Ereignisse, die am Beginn der Wahlauseinandersetzung standen, hatte es in der Geschichte der Zweiten Republik so noch nicht gegeben: das von zwei deutschen Medien wenige Tage vor der EU-Wahl publizierte Ibiza-Video, das zum Neuwahlbeschluss führte, der geschlossene Rücktritt aller Ministerinnen und Minister einer Regierungspartei, die Angelobung einer Bundesregierung durch den Bundespräsidenten ohne Mehrheit im Parlament, der darauffolgende erfolgreiche Misstrauensantrag gegen ebendiese Bundesregierung, die Angelobung einer Expertenregierung mit der ersten Bundeskanzlerin Österreichs und die damit verbundene Aufhebung des »Kräftespiels« zwischen Regierung und Opposition.

All diese Geschehnisse waren nicht nur beispiellos in der neueren österreichischen Geschichte, sondern sie bewegten die Menschen im wahrsten Sinne des Wortes. Der Wählermarkt wurde durcheinandergewirbelt. Dies zeigte sich bereits bei der Wahl zum Europäischen Parlament. Aber blicken wir weiter zurück und betrachten die Ausgangssituation für die SPÖ.

Nach der Nationalratswahl 2017 und dem verlorenen ersten Platz war die SPÖ von Dezember 2017 bis Juni 2019 zum dritten Mal seit 1945 in der Opposition (1966–1970, 2000–2007). Im September 2018 trat völlig überraschend der SPÖ-Vorsitzende Christian Kern zurück. Dem vorausgegangen war sein Bekenntnis, dass ihm die Rolle in der Opposition nicht auf den Leib geschneidert sei.

Kern hinterließ der neuen SPÖ-Vorsitzenden Dr. Pamela Rendi-Wagner, der ersten Frau an der Spitze der Partei seit ihrem Bestehen, eine verunsicherte SPÖ (letzter Umfragewert vor Kern-Rücktritt 28 %, Unique Research, 15. September 2018, *profil*; erster Umfragewert nach Kern-Rücktritt 24 % Research Affairs, 21. September 2018, Österreich). Rendi-Wagner gelang unter schwierigen Rahmenbedingungen die Mammutaufgabe, die SPÖ zu stabilisieren. In der in regelmäßig stattfindenden MARKET-Umfrage im *Standard* lag die SPÖ im April 2019 bei 28 Prozent. Der Block der Regierungsparteien ÖVP/FPÖ lag in dieser Umfrage nur leicht unter dem Ergebnis von 2017, und zwar bei 56 Prozent. Die FPÖ büßte zwar in geringem Ausmaß Wählerzuspruch ein, ihre abtrünnigen Wähler blieben allerdings im Regierungslager und wechselten zur ÖVP. Es gab also insgesamt wenig Bewegung am Wählermarkt im Vergleich zur Wahl 2017.

Ibiza und die Folgen
Dieser Umstand änderte sich dramatisch nach der Publikation des sogenannten »Ibiza-Videos«. Das zeigte sich deutlich beim Ergebnis der Wahl zum Europäischen Parlament, die neun Tage danach stattfand. Die verunsicherten FPÖ-Wähler gingen (noch) ins Nichtwähler-Lager, die ÖVP wiederum mobilisierte stark. Die Strategie, die EU-Wahl angesichts eines drohenden Misstrauensantrags zu einer Abstimmung über ihren Obmann zu machen, ging auf: Die ÖVP konnte mit 90 Prozent den größten Anteil ihrer Wählerschaft aus 2014 halten und verlor auch nur wenige Wähler aus 2017 (SORA-Wählerstromanalyse). Die SPÖ, die vor dem Ibiza-Skandal in den Umfragen zur EU-Wahl bei etwa 28 Prozent lag (MARKET im *Standard* 25. April; OGM im *Kurier* 5. Mai), konnte diese guten Werte nicht mehr ins Ziel bringen. Das hatte mehrere Gründe: Das Thema Europa rückte vollends in den Hintergrund, der ÖVP-Obmann und Bundeskanzler machte kommunikativ einen Paarlauf

mit dem Bundespräsidenten und beherrschte dadurch die mediale Berichterstattung, Live-Pressekonferenzen vor Millionenpublikum im öffentlich-rechtlichen Fernsehen inklusive. Darüber hinaus nahm die »Comeback-Stimmung« bei der ehemals Grünen-Wählerschaft durch die innenpolitische Krise Fahrt auf, und die SPÖ verlor rund 130 000 Wähler von 2017 wieder an die Grünen (SORA-Wählerstromanalyse). Das EU-Wahlergebnis lautete wie folgt: ÖVP 34,6 Prozent, SPÖ 23,9 Prozent, FPÖ 17,2 Prozent, Grüne 14,1 Prozent, NEOS 8,4 Prozent. 2014 erreichte die SPÖ bei der EU-Wahl 24,1 Prozent. Das Ergebnis 2019 war also annähernd gleich, aber im Vergleich zur Nationalratswahl 2017 ein Anzeichen dafür, dass die Grünen wiedererstarken.

Themenkonjunktur für Grün-Parteien
Bei den Europawahlen schnitten die grünen Parteien in vielen Ländern weit besser ab als in den Umfragen. Die Themenlage spielte ihnen in die Hände. Was die Sozial- und Gesundheitspolitik für die SPÖ ist, stellt für die Grünen das Thema Klimaschutz dar. Im Frühjahr 2019 war die internationale Jugendbewegung für den Klimaschutz »Fridays for Future« (FFF) auch in Österreich medial und in den sozialen Netzwerken stark präsent. Am 15. März sollen am ersten weltweit organisierten Klimastreik fast 1,8 Millionen Menschen an den Demonstrationen teilgenommen haben. Die Grün-Parteien in Europa, auch jene in Österreich, hatten allesamt Doppelspitzen: Die junge Umweltaktivistin und Initiatorin von FFF, Greta Thunberg, war und ist das stärkste mediale Zugpferd für den Klimaschutz – ein Thema, bei dem die Grünen die höchste Kompetenzzuschreibung haben. In Deutschland zeichnet sich ebenfalls seit dem Frühjahr eine politische Zeitenwende ab: Die Grünen setzten zum Höhenflug an und waren im Juni 2019 in einigen Meinungsumfragen bereits stärkste politische Kraft im Land. Der öffentlich gehypte Parteivorsitzende Robert Habeck war in

Umfragen sogar beliebter als Bundeskanzlerin Merkel. Dieser Umstand hängt mit geschicktem politischem Handwerk zusammen, ist aber natürlich auch der Themenkonjunktur geschuldet. Die Grünen verstanden es, auf der durch FFF und Thunberg ins Bewusstsein der Menschen gerufenen Klimaschutzwelle erfolgreich »zu surfen« – in Österreich zulasten der SPÖ. 2017 haben nahezu 200 000 Grün-Wähler aus 2013 die SPÖ gewählt, ein enormes »Comeback-Potenzial«, das schließlich bei der NR-Wahl 2019 auch zu einem Großteil abgerufen werden sollte.

Misstrauen gegen die ÖVP-Alleinregierung
Einen Tag nach der EU-Wahl, am 27. Mai, wurde erstmals in der Zweiten Republik einer Bundesregierung das Misstrauen ausgesprochen. Noch am Tag der Veröffentlichung des Ibiza-Videos durch den *Spiegel* und die *Süddeutsche Zeitung*, am 17. Mai, beantragte die SPÖ eine Sondersitzung des Nationalrats. Der Präsident des Nationalrats, ÖVP-Politiker Wolfgang Sobotka, entschied im Alleingang, die Sitzung am 27. Mai, also einen Tag nach der EU-Wahl, abzuhalten. Dieser Termin entsprach dem Wunsch der ÖVP, die das »Damoklesschwert« Misstrauensantrag zur Mobilisierung der eigenen Wählerschaft nutzen wollte. Dieses Vorgehen führte zu heftiger Kritik, weil es nicht den jahrzehntelangen parlamentarischen Gepflogenheiten entsprach, eine Sondersitzung innerhalb einer Woche und unter Einbindung aller im Parlament vertretenen Parteien festzulegen. Ein weiterer Dienst von Wolfgang Sobotka für den jungen ÖVP-Obmann, der bereits zwei Jahre davor maßgeblich am innerparteilichen Sturz des damaligen ÖVP-Chefs Reinhold Mitterlehner mitgewirkt hatte.

In der SPÖ lief in der Woche vor der Sondersitzung alles auf einen eigenen Misstrauensantrag oder die Zustimmung zu einem solchen hinaus. SPÖ-Parteivorsitzende und Klubobfrau Pamela Rendi-Wagner machte sich diesen Schritt nicht leicht, wog Für und Wider für das Staatsganze ab und führte unzählige Gespräche mit hochrangigen Parteifreunden. Dass sich der ÖVP-Obmann in der entscheidenden Phase einer beispiellosen Regierungskrise nicht um Vertrauensaufbau mit der Vorsitzenden der größten Oppositionspartei im Nationalrat bemüht hat, trug zum Entschluss bei, dem Klub der SPÖ im Nationalrat eine Zustimmung zum Misstrauensantrag zu empfehlen. Die SPÖ-Vorsitzende hat dem Bundespräsidenten in einem Gespräch eine Woche vor der Sondersitzung mitgeteilt, dass die SPÖ eine unabhängige Expertenregierung präferiert, da die Duldung einer ÖVP-Alleinregierung in einer Situation, wo Stabilität, Ruhe und Aufklärung notwendig sind, schwer vorstellbar sei. Der Bundespräsident hat dennoch entschieden, eine Regierung anzugeloben, die keine sichere Mehrheit im Parlament hat (und sich auch nicht um diese bemüht hat). Es ist nicht weiter verwunderlich, dass die führende Oppositionspartei einer Regierung, die in den 18 Monaten davor für ihre Entscheidungen und Beschlüsse, wie die Einführung des 12-Stunden-Tages, die Kürzung der Mindestsicherung für Kinder, die Zerschlagung der Sozialsicherung oder das Nichtstun im Bereich leistbares Wohnen oder bei der Bekämpfung des Ärztemangels, hart in der Sache kritisiert wurde, das Misstrauen ausspricht. Dass jedoch eine Regierungspartei, die FPÖ, ihrem bisherigen Koalitionspartner das Misstrauen ausspricht, war ein Novum. Die ÖVP-Übergangsregierung war infolgedessen lediglich drei Tage im Amt.

Der massive Gegenwind, der der SPÖ und ihrer Vorsitzenden nach dem erfolgreichen Misstrauensantrag entgegenblies, war absehbar. Mit Kritik in der veröffentlichten Meinung wurde gerechnet. Rendi-Wagner hat aber nicht taktisch entschieden, wie es sich so manche im polit-medialen Komplex gewünscht hätten, sondern sie hat Mut bewiesen und Haltung gezeigt, sie hat zu ihrer Überzeugung gestanden, auch wenn sie nicht populär war. Dass der im rechtskonservativen Wählerspektrum, das die Mehrheit darstellte, beliebte Bundeskanzler durch ein Parlamentsvotum sein Amt aufgeben musste, wirkte sich in den Umfragen aus. Anfang Juni sank die SPÖ aus den oben erwähnten Gründen in einer veröffentlichten Umfrage auf 20 Prozent und lag auf Platz drei hinter der FPÖ (Unique Research, 6. Juni, *profil*). Die internen Umfragen signalisierten dieselben Werte. Im Juni lag die ÖVP in allen Bundesländern auf Platz eins. Es bestand die veritable Gefahr, dass die SPÖ unter die 20-Prozent-Marke fallen würde.

SPÖ setzt auf Kernthemen
Die Verunsicherung bei der SPÖ-Wählerschaft war groß: Dieses Vertrauen in nur wenigen Wochen bis zur Wahl wieder schrittweise aufzubauen, war eine große, nahezu unmögliche Herausforderung. Zuallererst musste der Abfluss in Richtung Grün und Nichtwähler-Lager gestoppt werden. Dabei fuhr die SPÖ eine Doppelstrategie: Einerseits musste der Fokus auf sozialdemokratische Kernthemen gelegt, andererseits ein inhaltliches Angebot an die grün-affinen Wählerinnen und Wähler gemacht werden. Als eine der ersten Maßnahmen, die bewusst sehr früh im Wahlkampf eingesetzt wurden, präsentierte die SPÖ das »1-2-3-Klimaticket« – die Benutzung öffentlicher Verkehrsmittel, wie zum Beispiel der Bahn, sollte damit nach dem Vorbild Wiens in ganz Österreich günstiger und attraktiver gemacht werden. Das Angebot lautete, Bahn oder Bus um einen Euro pro Tag in einem Bundesland, um zwei Euro in drei Bundesländern und um drei Euro im gesamten Bundesgebiet benutzen zu können. Schon bald darauf folgte der Vorschlag des »Klimabonus« für Pendlerinnen und Pendler. Wer mit öffentlichen Verkehrsmitteln zur Arbeit fährt, soll durch den Klimabonus die große statt der kleinen Pendlerpauschale erhalten. Sozialdemokratische Klimaschutzpolitik heißt, bei allen Maßnahmen immer auch den sozialen Aspekt im Blick zu haben. Die Devise lautete: Wenn der öffentliche Verkehr nicht ausgebaut und attraktiver gemacht

werde, würde eine CO_2-Steuer auf Diesel und Benzin jene Menschen belasten, die keine Möglichkeit haben, auf Öffis umzusteigen. Der erste Schritt sollte vor dem zweiten oder dritten gemacht werden.

Um die SPÖ zu stabilisieren und die Basis für einen Vertrauensaufbau zu schaffen, war es logisch – additiv zu den Klimaschutzthemen – die soziale Frage in den Mittelpunkt zu stellen. Nur eine starke Sozialdemokratie garantiert den Zusammenhalt, der unser Land in den vergangenen Jahrzehnten erfolgreich und stark gemacht hat. Die Grunderzählung lautete Zusammenhalt versus Egoismus. Große Zukunftsaufgaben wie Pflege, Gesundheit, Migration, Globalisierung oder auch Klimaschutz lassen sich nur gemeinsam bewältigen. Die SPÖ steht für Ausgleich und Zusammenhalt, für Chancen und Möglichkeiten für alle statt des Rechtes des Stärkeren, Profites für wenige, explodierender Wohnkosten, steigender Preise, stagnierender Löhne und Pensionen. Diese Aufzählung wurde inhaltlich aufgeladen mit Forderungen wie einem Mindestlohn von 1.700 Euro, der Einführung einer sechsten Urlaubswoche für alle nach 25 Dienstjahren, der Abschaffung der Mehrwertsteuer auf Mieten, einer staatlichen Pflegegarantie, der Verkürzung der Wartezeiten auf Arzttermine und medizinische Behandlungen, dem Ausbau der wohnortnahen Kinderbetreuung, Maßnahmen zum Schließen der Lohnschere zwischen Männern und Frauen und einer großen Steuerreform, die rund 1.000 Euro pro Jahr Entlastung für jeden Arbeitnehmer und jede Arbeitnehmerin bringt. Bei all diesen Themen – leistbares Wohnen, Gesundheit, Pflege, Arbeit – genießt die SPÖ nach wie vor die höchste Kompetenzzuschreibung.

»Menschlichkeit siegt«

Der Kampagnen-Claim »Menschlichkeit siegt« sollte auf den Punkt bringen, wofür die SPÖ und ihre Spitzenkandidatin stehen: für Hoffnung, Chancen und Zuversicht und für das Miteinander. Der Claim bildet die Klammer für ganz konkrete Vorschläge, die das

Leben der Österreicherinnen und Österreicher spürbar verbessern sollen. Die erste Plakatwelle umfasste die Themen Klimaschutz (Slogan: »Nur gemeinsam schaffen wir's aus der Klimakrise.«) und Arbeit (»Von einem Vollzeitjob muss man leben können.«). Die zweite Plakatwelle, die Anfang September präsentiert wurde, beinhaltete die Themen Wohnen (»Mietensteuer streichen: Wohnen darf kein Luxus sein.«) und Gesundheit (»Nicht länger warten: Erstklassige Medizin für alle.«).

Menschlichkeit ist der Kern der Sozialdemokratie, die Politik nie als Selbstzweck betrachtet hat, sondern in ihrer DNA den Antrieb hat, die Lebenssituation der Menschen zum Besseren zu verändern. Dafür steht auch die Ärztin Pamela Rendi-Wagner, die gewissermaßen die menschliche Alternative zum ÖVP-Obmann ist, der Sozialabbau verkörpert und für die Interessen einiger weniger eintritt.

SPÖ-Vorsitzende Rendi-Wagner, die in den Monaten davor immer wieder auch zu Unrecht Kritik ausgesetzt war, überraschte im Wahlkampf. Es gelang ihr, an Profil zu gewinnen und auch die Herzen der Basis zu erobern. Im Zuge des Wahlkampfes verbesserten sich die Werte für Rendi-Wagner massiv. Sie absolvierte über 100 Veranstaltungen und Auftritte. Bei ihrer Österreichtour besuchte sie mehrfach alle 9 Bundesländer und insgesamt 56 Gemeinden und Städte. Sie legte in rund 12 Wochen Wahlkampf etwa 10 000 Kilometer zurück. Die Tour bildete auch den Rahmen für den Social-Media-Wahlkampf der SPÖ, bei dem die Interaktionen, also der unmittelbare Kontakt und der Dialog mit den Followern, im Vordergrund standen. Die von vielen Social-Media-Experten seit Jahren kritisierte SPÖ machte einen gewaltigen Sprung nach vorne und wurde mit einer klugen Strategie und viel Arbeitseinsatz des gesamten Digital-Teams zur dominierenden Partei im Web mit rund 175 000 Kommentaren und 4,1 Millionen Interaktionen von Mitte Mai bis Ende September auf den Facebook- und Instagram-

Seiten der SPÖ und von Pamela Rendi-Wagner. Zum Vergleich: Die ÖVP erreichte mit ihren Seiten 2,3 Millionen Interaktionen.

TV-Wahlkampf als Spitzensport
Die SPÖ-Spitzenkandidatin absolvierte 50 TV-Auftritte. Es ist anzunehmen, dass die Spitzenkandidaten der anderen wahlwerbenden Parteien nicht weniger oft im Fernsehen aufgetreten sind. Neben Einzelinterviews und Konfrontationen mit politischen Mitbewerbern gab es allein sieben so genannte »Elefantenrunden«. Der Aufwand für die Politiker ist beträchtlich und mit jenem eines Spitzensportlers vergleichbar. Das Team erstellt *Debate Books* und Strategiepapiere für jedes der TV-Duelle. Die generelle Herangehensweise sowie mögliche Angriffs- und Verteidigungslinien werden mit dem engsten Beraterteam besprochen – wenn möglich am Vortag. Am Tag eines wichtigen Duells muss der Terminkalender weitestgehend freigehalten werden, um noch aktuelle Themen besprechen zu können. Das Wichtigste aber ist, dass der Politiker ausgeruht, konzentriert und fokussiert ins TV-Studio geht. Bei Einschaltquoten zwischen 700 000 und 1 000 000 Zuseherinnen und Zusehern (ORF) versucht man, jegliche Risiken zu minimieren.

Wir haben in den vergangenen Jahren erlebt, dass Politiker in Wahlkämpfen immer wieder an ihre körperlichen Grenzen gegangen sind. Spitzenpolitiker brauchen wie Spitzensportler ihre Regenerationsphasen, um mental und physisch fit zu bleiben. Die Flut an TV-Ereignissen hat noch eine weitere Nebenwirkung: Die Sendungsverantwortlichen müssen immer kreativer werden, um sich von der Konkurrenz abzuheben. Das führte dann zur grotesken Situation, dass sich etwa der renommierte ORF-Journalist Armin Wolf plötzlich aus dem Katalog »Die 10 häufigsten Fragen im Bewerbungsgespräch« bedient und einen Politiker fragt: »Was war das Verrückteste, dass sie jemals getan haben?« Auf einem anderen TV-Sender mussten gegenseitig Geschenke verteilt werden, als wäre Weihnachten. Die TV-Sender und Medienverlage sollten für kommende Wahlkämpfe ihre Strategie überdenken. Die größten Privatsender sollten – ähnlich wie bei den Elefantenrunden – TV-Duelle gemeinsam produzieren und ausstrahlen. Das spart Zeit, Kraft und Nerven – auf beiden Seiten.

Themenarmut zum Schaden der SPÖ
Pamela Rendi-Wagner punktete bei den TV-Duellen gegen Herbert Kickl von der FPÖ und auch gegen den ÖVP-Obmann, was ihr im Vorfeld nicht viele zugetraut hätten. Die Social-Media-Kampagne verlief gut. Die SPÖ hat sich auf ihre Stärken fokussiert, hat auf klassische sozialdemokratische Themen gesetzt und diese in dichter Folge medial präsentiert – eine richtige Strategie angesichts des kurzen Wahlkampfes und der schwierigen Ausgangslage. Warum konnte trotz alledem kein Boden gutgemacht werden? Weil der öffentliche Diskurs fehlte. Die SPÖ setzte Themen, diese wurden aber nicht über einen längeren Zeitraum öffentlich diskutiert. Einen breiten Diskurs gab es zu einem einzigen inhaltlichen Thema – dem Klimaschutz. Ansonsten wurden die Schlagzeilen von Schreddern von Bundeskanzleramts-Festplatten, gefälschten E-Mails, Hackerangriffen, angeblichen Schmutzkübelkampagnen, Parteifinanzen, Großspendern und Spesenabrechnungen dominiert. Diese Absenz von Sachthemen schadete der SPÖ sehr, weil sie dazu führte, dass so wenig wie möglich über jene Themen gesprochen wurde, bei denen die Sozialdemokratie die höchste Kompetenz aufweist.

Die ÖVP profitierte vom FPÖ-Chaos rund um Spesen und Mietzuschüsse für den Ex-FPÖ-Chef und konnte enttäuschte FPÖ-Wähler in hohem Ausmaß für sich gewinnen. Die Wählerstromanalyse von SORA zeigt, dass rund 258 000 FPÖ-Wähler aus 2017 diesmal die ÖVP gewählt haben. Das bedeutet, dass jeder fünfte Wähler von Blau zu Türkis wechselte. Der Grund dafür liegt in der stark ausgeprägten inhaltlichen Nähe. Die Grünen nutzten die

Themenkonjunktur für ihre Mobilisierung und holten sich wieder jene Stimmen zurück, die sie an die SPÖ und ans Nichtwähler-Lager verloren hatten.

Für die SPÖ war der Wahltag eine bittere Enttäuschung. Will sie in Zukunft wieder erfolgreich sein, muss es ihr gelingen, die Inhalte zu thematisieren, für die sie schlussendlich immer noch gewählt wird: leistbares Wohnen, eine hochwertige Gesundheitsversorgung, eine Pflege, die Altern in Würde ermöglicht, und faire Bildungschancen für alle Menschen. Der Abgesang auf die SPÖ, der mancherorts bereits angestimmt wird, kommt aber mit Sicherheit zu früh. Denn Österreich braucht eine starke Sozialdemokratie, nötiger denn je! Im SPÖ-Wahlkampfsong »Gleich und verschieden« von Alf und DJ Mike lautet eine Textzeile: »Einmal Ebbe, einmal Flut. Wir werden alles geben.« Die SPÖ unter der Führung von Pamela Rendi-Wagner wird alles daransetzen, damit es bei den kommenden Nationalratswahlen wieder Flut statt Ebbe geben wird.

Ein Jahr des Umbruchs für uns Freiheitliche

CHRISTIAN HAFENECKER

Trotz denkbar schwieriger Ausgangslage hat die FPÖ im Wahljahr 2019 einen Totalabsturz, wie im Jahr 2002, abwenden können. Die Struktur der Partei ist nach wie vor gesund und intakt. Nun gilt es, das verlorene Vertrauen wieder zu erlangen.

Christian Hafenecker, M. A., ist seit 1998 Mitglied der FPÖ, war langjähriger Presseverantwortlicher der FPÖ-Niederösterreich. Er fungierte als Mandatar auf kommunaler- und Landesebene und ist seit 2013 Mitglied des Nationalrats. Er wurde im Mai 2018 zum Generalsekretär der FPÖ bestellt und hatte die Wahlkampfleitung der NÖ-Gemeinderatswahlen 2015, der NÖ-Landtagswahlen 2018 inne. Weiters war er bei den Europa- und Nationalratswahlen 2019 gemeinsam mit den Bundesgeschäftsführern Hans Weixelbaum und Joachim Stampfer sowie Generalsekretär Harald Vilimsky als Wahlkampfleiter tätig.

Jänner 2019 – beginnender Klimawandel in der Reformkoalition
Als im Jänner 2019 nach den Weihnachtsfeiertagen die Regierungsarbeit wiederaufgenommen wurde, war irgendetwas anders als zuvor. Fast fertig verhandelte Reformprojekte der Koalition wurden verzögert, Gesprächskanäle waren geschlossen, der Koalitionspartner ging merkbar auf Distanz. Die heftige Diskussion über den Migrationspakt, aber auch der Papamonat waren die beiden Themen, die hinter vorgehaltener Hand für das gestörte Klima in der Regierung verantwortlich gemacht wurden – offen kommuniziert wurde das freilich nie. Ende Jänner 2019 kam dann auch der Zeitpunkt, an dem erfahrene Führungsfunktionäre innerhalb unserer Partei erstmals die Fragen offen stellten, die es in manchen Köpfen schon länger gegeben hat: »Zieht die ÖVP bereits 2019 den Stecker? Wäre es nicht redlich, sich auf vorgezogene Neuwahlen vorzubereiten? Gerüchte, wonach die ÖVP bereits Plakatflächen für Neuwahlen reserviert hätte, verdichteten sich. Wie könnten derartige Szenarien aussehen?«

Medienkampagne – die erste
Ende März/Anfang April stand die FPÖ in ihren Umfragewerten zwischen 24 und 25 Prozent und hatte damit eine entsprechend gute Ausgangssituation für die anstehenden Europawahlen Ende Mai. Mitten in die Vorbereitungen für diesen Wahlgang startete eine Kampagne gegen die FPÖ, die aufgrund der zeitlichen Abstimmung und Intensität höchst professionell aufbereitet war und ganz klar das Ziel hatte, unsere Partei ins rechtsextreme Schmuddeleck zu stellen. Die »Identitären-Kampagne« wurde sehr intensiv geführt und stellte das Verhältnis zu unserem Koalitionspartner auf die Probe. Es mehrten sich die Stimmen jener Personen, die der Meinung waren, dass bereits zu diesem Zeitpunkt die Koalition

beendet werden würde. Daher gab es auch konkretere Überlegungen, sich strategisch breiter aufzustellen und sich auch für Neuwahlen zu wappnen. Innerhalb unserer Partei wurden die ersten Schritte für dieses Szenario vorbereitet.

Entspannung und Performance im EU-Wahlkampf
Mit einer klaren Abgrenzung zur Identitären Bewegung gelang es uns, zu Beginn des Intensivwahlkampfes für die Europawahlen in einen Themenwahlkampf einzusteigen, der sich aus mehrerlei Hinsicht schwierig gestaltete. Zum einen galt es, unser Profil gegenüber der ÖVP zu schärfen und trotzdem die Koalition nicht vor eine Zerreißprobe zu stellen. Das gelang mit der Strategie, nicht direkt mit der ÖVP als Partei, sondern mit der Person Othmar Karas auf Konfrontation zu gehen, der sehr stark mit System und Establishment der Europäischen Union verbunden und assoziiert war. Da der Europawahlkampf, wie auch schon die Nationalratswahl 2017, in seinem Aufbau sehr stark von Medien- und vor allem Fernsehauftritten geprägt war, schien es umso wichtiger, die Fernsehduelle für die FPÖ zu entscheiden, um den zu erwartenden Mandatszugewinn in Brüssel realisieren zu können. Unserem Spitzenkandidaten Harald Vilimsky ist es bei diesen Konfrontationen mit einer immer sehr sachlichen und ruhigen Art und Weise gelungen, bei nahezu allen Diskussionen samt anschließenden Analysen als Sieger vom Feld zu gehen.

Die Europawahl 2019 lieferte trotz der »Ibiza-Affäre« eine große Überraschung, denn der befürchtete Totalabsturz Richtung zehn Prozent blieb aus. Einerseits »verzieh« der Wähler die Vorwürfe gegen Heinz-Christian Strache und Johann Gudenus, und zum anderen animierte die Situation zu einer höheren Wahlbeteiligung. Trotz eines Minus von 19,72 auf 17,20 Prozent konnte die FPÖ ein Plus von etwa 100 000 Wählerstimmen verzeichnen, die Vermutung liegt nahe, dass dies in etwa der Stammwähleranteil der FPÖ sein könnte.

Der 17. Mai 2019 – als Ibiza eine ganz neue Bedeutung bekam
Es gibt Tage, an die man sich sein restliches Leben erinnern wird – der 17. Mai 2019 fällt für mich in diese Kategorie. Die Ausstrahlung des Zusammenschnittes des sogenannten Ibiza-Videos markierte den Anfang vom Ende des türkis-blauen Reformprojektes. Noch während die Videosequenzen im Fernsehen liefen, wurde Heinz-Christian Strache klar, dass an seinem Rücktritt als Vizekanzler der Republik kein Weg vorbeiführen würde, um die Regierung zum Wohle Österreichs zu retten.

In einem nächtlichen Gespräch mit Bundeskanzler Kurz wurde vereinbart, dass der erfolgreiche Weg der Koalition fortgesetzt werden sollte, wenn sich Heinz-Christian Strache nicht nur als Vizekanzler, sondern auch als FPÖ-Bundesparteiobmann zurückzieht. Um die Formalitäten final zu klären, kam es am 18. Mai zu einem Vieraugengespräch zwischen den beiden Parteichefs Heinz-Christian Strache und Sebastian Kurz. In diesem Gespräch wurde die hinlänglich bekannte Erklärung von Heinz-Christian Strache und für 13 Uhr eine Erklärung von Kanzler Kurz neuerlich vereinbart. Diese Erklärung des Bundeskanzlers fand aber zum vereinbarten Zeitpunkt nicht statt. Erst am Abend zur Sendezeit der »ZIB 1« trat Kanzler Kurz vor die Kameras. Davor veränderte er einseitig die Bedingungen zur Fortführung der Koalition: Innenminister Kickl sollte demnach ebenfalls das Feld räumen. Die Begründung der ÖVP für diese Vorgangsweise, er sei zum Zeitpunkt der Ibiza-Aufnahmen Generalsekretär der FPÖ gewesen, war mehr als fadenscheinig und für die FPÖ inakzeptabel.

Die FPÖ-Regierungsmannschaft tritt geschlossen zurück
Am 19. Mai fand südlich von Wien eine FPÖ-Bundesparteipräsi-

diumssitzung statt, in der über die weiteren Schritte beraten wurde. Ein Beschluss, der sehr rasch und ohne Diskussion gefasst wurde, war jener, dass die FPÖ-Regierungsmannschaft in Solidarität zu Herbert Kickl und nicht zuletzt auch aufgrund des Wortbruches der ÖVP bezüglich der Weiterführung der gemeinsamen Arbeit zurücktritt. Ein zweiter Beschluss, der ebenfalls nicht lange diskutiert wurde, war die Einsetzung Norbert Hofers als designierter FPÖ-Bundesparteiobmann.

Wahlkampfdetailplanung für die Nationalratswahl
Auch wenn zu diesem Zeitpunkt noch nicht von der Abwahl des »restlichen beziehungsweise Übergangskabinetts« von Sebastian Kurz ausgegangen werden konnte, war spätestens jetzt klar, dass mit dem 20. Mai die Detailplanung für einen Nationalratswahlkampf zu beginnen hat. An diesem Montagvormittag fand auch die erste Strategiesitzung in der Bundesgeschäftsstelle der FPÖ am Friedrich-Schmidt-Platz statt.

Bei einem derartigen Wahlkampf mit entsprechend kurzer Vorlaufzeit geht es zu Beginn um ganz banale Dinge. Kassasturz, grobe Budgetierung, Reservierung von Plakatflächen und Nachfrage beziehungsweise Machbarkeit von Werbemitteln und deren Lieferzeit.

Das im Nationalrat von einer Mehrheit ausgesprochene Misstrauen gegen die »Regierung Kurz« beendete das Machtspiel der ÖVP und ermöglichte eine von allen Seiten mitgetragene Übergangsregierung.

Der Neuwahlantrag, der am 11. Juni den Verfassungsausschuss passiert hat und in der darauffolgenden Nationalratssitzung beschlossen wurde, ergab aufgrund einer Befristung den danach einsetzenden Fristenlauf zur Ausschreibung der Nationalratswahl mit dem 29. September als Wahltag.

Ähnlich dem Wahljahr 2017 war mit diesem Termin klar, dass es beim bevorstehenden Wahlkampf eine sehr kurze Intensivphase von nur etwa vier Wochen geben wird und diese vor allem durch Medientermine geprägt sein wird – so hatte allein Norbert Hofer etwa 70 derartige Termine zu absolvieren.

Da aufgrund dieser terminlichen Vorgaben eine starke örtliche Bindung in Wien evident war, galt es nun sicherzustellen, dass auch die Bundesländer in das enge Zeitkorsett miteingeplant und durch die Bundeswahlkampagne »mitbespielt« werden können. Es wurden daher zwei bundesweite Wahlkampftouren geplant – eine mit Norbert Hofer und eine weitere mit Herbert Kickl.

Wahlkampfstrategie – Doppelspitze mit Norbert Hofer und Herbert Kickl
Den Ergebnissen unserer Fokusgruppen war zu entnehmen, dass es im möglichen Wählerpool der FPÖ zwei Beweggründe gab, die FPÖ zu wählen. Zum einen war dies eine etwa 60-prozentige Zustimmung der Österreicher zum eingeschlagenen Reformkurs der türkis-blauen Regierung, die mit Norbert Hofer als Regierungskoordinator in Verbindung gebracht wurde. Zum anderen das Thema Sicherheit, welches ganz klar und, durch die öffentliche Diskussion über seine Person noch befeuert, mit Herbert Kickl zu assoziieren war. Aufgrund dieser Datenlage, aber auch deshalb, um nach innen zu dokumentieren, dass es in der FPÖ trotz des Ibiza-Skandals eine Einheit und keine Richtungsstreitigkeiten gibt, haben wir uns ganz bewusst dazu entschlossen, mit dieser strategischen Doppelspitze in den Wahlkampf zu gehen.

Norbert Hofers erstes Sujet »Fair. Sozial. Heimattreu.« sollte, aufbauend auf die Fairness-Tour von 2017, den Anspruch und die Handschrift der FPÖ im vergangenen Regierungsprogramm noch einmal unterstreichen und auch signalisieren, dass wir bereit sind, diese Arbeit fortzusetzen.

Das erste Sujet für Herbert Kickl »Mit Sicherheit für Österreich« knüpft an seine erfolgreiche Arbeit als Innenminister an und determiniert den Anspruch, auch weiterhin der Schmied und nicht der Schmiedl in Sachen Sicherheitspolitik zu sein.

Ein positiver Zufall im Zuge der Wahlkampagne war der Umstand, dass bereits lange vor dem Ibiza-Gate ein Bundesparteitag der FPÖ in Graz geplant und daher auch schon die entsprechende Örtlichkeit reserviert war. So war es zur Halbzeit der Kampagne möglich, am 14. September mit großer Medienöffentlichkeit ein starkes Zeichen der Einigkeit zu setzen und hier für die Endphase des Wahlkampfes auch ein nach innen wirkendes starkes Motivationsmomentum zu aktivieren.

Nach dem Bundesparteitag in Graz wurde die zweite Plakatwelle affichiert, die unsere Kernbotschaften für diesen Wahlkampf noch einmal präzisieren und für entsprechende Mobilisierung sorgen sollte. Den Ergebnissen unserer Fokusgruppenbefragungen war zu entnehmen, dass es innerhalb der Wählerschaft zwei große Bedenken gibt: das Zunichtemachen der bisherigen Regierungsarbeit durch einen Koalitionswechsel der ÖVP zu den Grünen, gepaart mit einer Belastungsoffensive für Wirtschaft und Verkehr. Damit verbunden war natürlich auch der zu befürchtende Paradigmenwechsel in der österreichischen Innenpolitik, in der es mit einer Entscheidung der ÖVP hin zu einer Mitte-links-Koalition und der zwangsläufig damit verbundenen Änderung der ÖVP-Parteiprogrammatik dazu gekommen wäre, dass die bürgerliche Mehrheit im Parlament gefallen wäre.

Deshalb auch die Präzisierung von Norbert Hofer »Schwarz-Grün gefährdet DEINE Zukunft« und die nicht minder klare Ansage von Herbert Kickl »Ohne uns kippt Kurz nach LINKS«.

Der finale Schlag – das Aufbrechen der sogenannten Spesenaffäre
Aufgrund dieser aus heutiger Sicht gelungenen Wahlkampfstrategie, die thematisch einwandfrei und technisch fehlerfrei »eingetaktet« und umgesetzt worden ist, gelang es der FPÖ, den Abwärtstrend

infolge der Ibiza-Affäre nicht nur zu stoppen, sondern in den Umfragen wiederum über 20 Prozent zu klettern und in ein realistisches Match mit der SPÖ um Platz zwei zu gelangen, was für eine denkbare Fortsetzung der Koalition nicht nur nötig, sondern auch als Wahlziel definiert wurde.

Gestoppt wurde diese Entwicklung allerdings jäh mit dem Aufbrechen der sogenannten Spesenaffäre rund um den ehemaligen Bundesparteiobmann Heinz-Christian Strache, die medial in größtmöglichem Umfang kolportiert wurde. Dieses Thema, das in der verbleibenden Dauer des Wahlkampfes aufgrund seiner Komplexität nicht mehr aufgeklärt werden konnte, traf die FPÖ und ihre potenzielle Wählerschaft in Mark und Bein. Lagen wir am Beginn der letzten Woche vor der Wahl noch stabil bei 20 Prozent mit steigender Tendenz, war dann auch ohne weitere Umfragen deutlich spürbar, wie sich die Stimmung in der Bevölkerung drehte und eine neuerliche Abwärtsbewegung einsetzte, die schlussendlich auch nicht mehr zu stoppen war. Die negative Entwicklung in einer derartigen Geschwindigkeit, befeuert von Onlinemedien und den sozialen Medien, war übrigens nicht beispiellos, sondern bereits eineinhalb Jahre zuvor beim Landtagswahlkampf in Niederösterreich im Zuge der Liederbuch-Affäre erstmals evident. Auch hier wurde kurz vor den Wahlen zum finalen Schlag gegen eine freiheitliche Wahlkampagne ausgeholt, und auch damals wurde in wenigen Tagen ein prozentuell vergleichbar hoher Verlust von Wählerstimmen generiert.

Die alte Faustregel, dass Themen nur dann noch Eingang in eine Wahlbewegung finden können, wenn sie zumindest zehn Tage vor dem Wahltermin medial verwertet werden, ist angesichts dieser beiden Beispiele als veraltet zu werten. Mit der zunehmenden Expansion von Onlinemedien und sozialen Netzwerken hat sich auch dieses einstige Dogma längst ad absurdum geführt – so werden zukünftige Kampagnenleiter darauf Rücksicht nehmen müssen.

Schlussfolgerungen aus der Nationalratswahl
Die Nationalratswahl 2019 war für die Kampagnenverantwortlichen Hans Weixelbaum, Joachim Stampfer, Harald Vilimsky und mich ganz bestimmt eine ebenso herausfordernde Aufgabe, wie auch für unsere Spitzenkandidaten Norbert Hofer und Herbert Kickl. Sie war geprägt vom Bemühen, nach der Ibiza-Affäre wieder zurück auf eine sachliche Ebene zu kommen, allerdings überschattet von einem überdurchschnittlich hohen Anteil an nötigem Krisenmanagement. Ein Wahlergebnis, in dem man knapp 500 000 Wähler zu fast gleichen Teilen zur ÖVP und in das Nichtwählersegment verliert, kann weder ein Grund zur Freude sein noch als Auftrag, Regierungsverantwortung zu übernehmen, gewertet werden. Es ist daher die wichtigste Aufgabe der neuen Parteiführung, die FPÖ zu konsolidieren, Altlasten aufzuarbeiten und das offensichtlich verlorene Vertrauen vieler Wähler wiederzuerlangen. Nachdem die FPÖ allerdings – anders als 2002 und 2005 – in ihrer Struktur nach wie vor gesund ist, wird dieser Neustart gelingen, schneller als es den politischen Mitbewerbern lieb sein wird.

Aus dem Tal der Tränen zum besten Wahlergebnis aller Zeiten

THIMO FIESEL

Für die Grünen ging es bei diesen Wahlen um alles: den Wiedereinzug ins Parlament und damit die Existenz als Partei. Dank Fridays for Future und einem souveränen Werner Kogler gelang das Comeback fulminant. Die Basis dafür wurde schon 2017 gelegt.

Thimo Fiesel, geboren 1983 in Eberhardzell/ Baden Württemberg. Studium Sport-, Kultur- und Veranstaltungsmanagement, Kandidatur bei Gemeinderatswahl 2004 in Bad Waldsee (Grüne Alternative Liste), 2010/11 Internationaler Vertrieb bei Fa. Kneissl, 2011–2016 Jugendarbeit und Kommunikation bei Österreichischer Alpenverein, ab 2016 Landesgeschäftsführer bei Grüne Alternative Tirol, ab 2019 Wahlkampfleiter für Europawahl und Nationalratswahl Grüne Alternative Bundespartei, seitdem Generalsekretär. Verheiratet mit Magdalena Fiesel-Tropper und Vater von drei Kindern.

Um das beste Wahlergebnis der Grünen etwas besser zu verstehen, muss man etwas weiter ausholen. Dieser Weg begann exakt am 16.10.2017. Damals hatten sich einige verantwortliche Menschen zusammengesetzt und begonnen, den Scherbenhaufen nach der verlorenen Nationalratswahl 17 zusammenzukehren. Das beinhaltete zuerst einmal ein Sanierungskonzept für den Schuldenberg, der sich aufgrund von drei Bundespräsidentschaftswahlkämpfen und einem teuren Nationalratswahlkampf angesammelt hatte. Dieser erste Schritt hat die gesamte Organisation bereits auf Herz und Nieren getestet. Dieser erste Test war aber auch der Grundstein dafür, sich in den Wochen danach auf die Zukunft dieser gestolperten grünen Bewegung zu konzentrieren.

Nachdem Werner Kogler die Parteiführung übernommen hatte, nahm die ganze Organisation wieder Fahrt auf und wagte einen scheuen Blick in die Zukunft. Geprägt von viel Unsicherheit und Ungewissheit, ob sich eine grüne Bewegung halten kann, die gerade ihren parlamentarischen Arm verloren hatte, gingen die Menschen einfach los. Zuerst Dutzende, dann Hunderte und in den letzten Monaten Tausende, deren Ziel es war, eine starke grüne Bewegung zu werden, die die richtigen Antworten auf die drängenden Zukunftsfragen der Menschen hat.

Es folgten Zukunftskongresse mit vielen Hunderten Menschen, bei denen lebhaft und kontrovers diskutiert wurde, um welche Themen sich eine grüne Bewegung im 21. Jahrhundert kümmern muss. Die Grünen übten sich in der Integration von vielen unterschiedlichen Meinungen; eines stand aber immer im Fokus: die Verbindung von Umwelt- und Klimaschutz und die Frage nach Gerechtigkeit. Dadurch gestärkt und mit etwas mehr Rückenwind ausgestattet, startete diese erneuerte grüne Bewegung in die Vorbereitungen zum ersten Testlauf – die Europawahl. Hier muss erwähnt werden, dass es eine außerparlamentarische Opposition in der Medienwelt nicht einfach hat. Wenig mediale Oberfläche und ein gebeuteltes Image haben die Situation verschärft.

Kurz vor Weihnachten 2018 wurde ich vom Bundesvorstand gefragt, ob ich mir vorstellen könnte, den Europawahlkampf zu leiten. Als Landesgeschäftsführer einer grünen Regierungspartei und dreifacher Familienvater war dies keine einfache Entscheidung. Letztendlich hat mich die Aufbruchstimmung, die damals maßgeblich von Werner Kogler ausging, in ihren Bann gezogen, und meine Entscheidung stand zu Beginn 2019 fest.

Der erste Schritt war das Bündeln aller Ressourcen und die Aufstellung eines Wahlkampfbudgets und von Wahlkampfteams für die Europawahl. Im zweiten Schritt standen die Überlegungen darüber, was die Botschaften für diese Wahl sein sollen. Es war klar, dass Klimaschutz das drängende Thema bei dieser Europawahl sein wird. Mit dem Rückenwind der deutschen Grünen und einer Fridays-for-Future-Bewegung war klar, dass es politische Antworten für Umwelt- und Klimaschutz auf europäischer Ebene braucht. Auch die Themen einer nachhaltigen Agrarwende und die Stärkung des Friedensprojektes Europa lagen auf der Hand, weil sie erstens grüne Kernthemen sind und zweitens aktueller waren denn je.

Eine politische Bewegung, die Glaubwürdigkeit und Relevanz zurückgewinnen will, braucht eine klare und glaubwürdige Kampagnensprache, die die Probleme erkennt und Lösungen vermittelt. Die Kernbotschaft »Zurück zu den Grünen« war geboren! In zweierlei Hinsicht war »Zurück zu den Grünen« die zentrale Message in der Europa- und Nationalratswahlkampagne. Wir wussten aus einer eigenen Studie, dass sich die Menschen nach 1,5 Jahren Türkis-Blau und einer nahezu untätigen Opposition ohne Antworten zu Themen wie Klimaschutz und sozialer Gerechtigkeit eine grüne Partei ins Parlament zurückwünschten. Auch wussten wir, dass wir immer noch glaubwürdig in den Fragen waren, die sich die Menschen auf der Straße stellten: Auf welchem Planeten werden meine Kinder in Zukunft leben, wie können wir gesunde Lebensmittel sichern, und leben wir weiterhin in Frieden?

Wider Erwarten machten uns die wenigen finanziellen und personellen Ressourcen die Umsetzung des Wahlkampfes eher leichter als schwerer, da wir uns gemeinsam auf die wesentlichen Dinge fokussieren mussten. Ein gedrucktes Kurzwahlprogramm, ein Türhänger, kein Massen-Give-away, aber dafür viele Hunderte Mitglieder und Aktivist*innen, die mit unglaublichem Einsatz und Engagement die Botschaft »Zurück zu den Grünen« in den Dörfern und Städten verbreitet haben. Dazu haben wir selber plakatiert und eine enorme Kreativität entwickelt.

Dann kam Ibiza, und wir wussten in dieser letzten Wahlkampfwoche nicht, wie sich dieser größte Politskandal der Zweiten Republik auf die letzte Wahlkampfwoche auswirken sollte. Kaum jemand redete mehr über Klimaschutz, sondern nur mehr über vermeintliche Korruptionsanbahnung einer Regierungspartei, anstehende Neuwahlen und das Scheitern von Türkis-Blau.

Der Faktor »Neuwahlen im September« hat den Menschen Hoffnung gegeben und sie auch zu den Wahlurnen getrieben. Vermutlich hat eine Mischung aus »Jetzt braucht es die Grünen wirklich« und »Es braucht Veränderung« uns in dieser letzten Woche getragen und die 14,1 Prozent bei der Europawahl möglich gemacht. Unterm Strich lagen die Grünen zum ersten Mal über den letzten Umfragen, und niemand wusste so genau, wie dieses Ergebnis zustande kam.

Bereits am Wahlabend hatten wir die Debatte: »Soll Werner Kogler die Spitzenkandidatur für die Nationalratswahl machen oder nicht?« und »Was heißt das für sein Europamandat?«

In mehreren großen Runden mit Mitgliedern und Funktionär*innen der Bundesländer wurde ein Stimmungsbild eingeholt.

Am Ende gab es ein klares Signal, dass Werner Kogler die beste Wahl für die Spitzenkandidatur zur Nationalratswahl sei. In Kombination mit einer weiteren Öffnung der Partei und der Kandidatur von Leonore Gewessler, Sibylle Hamann und Alma Zadić wurde der Kreis der Erneuerung und Öffnung beim Bundeskongress im Juli geschlossen.

Die Frage nach der Kampagne und Strategie für die anstehende Nationalratswahl war eine ungleich schwierigere. Die Grünen hatten den ersten fulminanten Wahlsieg nach 2017 gefeiert, und es stand die Frage im Raum, ob das Motto »Zurück zu den Grünen« noch geeignet war. Auf Basis der Stimmung, die wir auf der Straße, in den sozialen Medien und durch eine Meinungsforschung eingeholt hatten, war jedoch schnell klar, dass es den Menschen ein zentrales Anliegen war, die Grünen wieder im Parlament zu haben. Aber es ging nicht nur um die Grünen als Partei, sondern vielmehr auch darum, dass die Grünen, die für glaubwürdige Politik in Sachen Klimaschutz, Transparenz und Kontrolle sowie soziale Gerechtigkeit standen, in den letzten anderthalb Jahren gefehlt hatten. Die wachsenden Ängste in Bezug auf eine drohende Klimakatastrophe, der Vertrauensverlust in eine bis dato intransparente und unsaubere Politik und das Bewusstsein darum, dass es eine starke grüne Kraft im Parlament braucht, waren der Boost für diese grüne Wahlbewegung. Diese hatte ja bereits durch die Europawahl Fahrt aufgenommen. Die Menschen wussten wieder, für was die Grünen stehen und wofür es sie im Parlament braucht.

Mit einem Budget von ca. 1,3 Millionen Euro war nicht daran zu denken, einen Wahlkampf in alter Manier zu machen. Wir mussten erneut neu denken und uns auf wesentliche Kampagnenbestandteile fokussieren. Einerseits hatten wir bereits aus der Europawahlkampagne viel Know-how im Bereich Online-Campaigning gesammelt, und andererseits konnten wir durch eine klar fokussierte Kampagnensprache und wenige einfache Werbemittel auf der Straße eine klare und glaubwürdige Botschaft senden. Werner Kogler spielte hier als Spitzenkandidat wieder eine zentrale Rolle, weil er als glaubwürdiger Kämpfer für Kontrolle, Gerechtigkeit und eine ökologische Wende bereits bekannt war. Sein bodenständiges und ehrliches Auftreten war nach anderthalb Jahren Türkis-Blau die richtige Antwort auf die aktuelle politische Situation in Österreich. Inhaltlich angriffig, klar und ehrlich in den Aussagen und den Kompromiss suchend auf der persönlichen Ebene. Er hat in den (zu) vielen TV-Konfrontationen eine Art der Politik greifbar gemacht, die die letzten anderthalb Jahre in Österreich gefehlt hat.

Online first, aber transparent
Wer wenig Geld hat, muss die politischen Botschaften sehr zielgerichtet verbreiten. Wir hatten keine Mittel für große flächendeckende Plakatkampagnen und TV-Werbespots. Wir hatten aber ein kleines, sehr kompetentes Social-Media-Team, das klare und emotionale Botschaften produziert und zielgerichtet beworben hat. Wer online sagt, sagt auch Microtargeting – trotzdem hatten und haben wir auch hier einen qualitativen Anspruch an unsere Arbeit. Wir haben uns nicht gescheut, hohe Datenschutzmaßstäbe anzuwenden, und haben uns auch über die Schulter blicken lassen, was unsere zielgruppenspezifische Werbung betrifft.

Die zielgruppenspezifische Onlinekommunikation ist in der Vergangenheit aufgrund von gezielter Desinformation immer mehr in Verruf geraten. Eine Partei, die Transparenz für die Parteikassen fordert und lebt, muss diese auch in allen anderen Bereichen leben.

Transparente Kassen
Nach dem blauen Ibiza-Skandal sowie einigen Spenden- und Spesenskandalen von Türkis-Blau spürte man deutlich den Wunsch nach mehr Transparenz in Sachen Parteienfinanzierung. Die Grünen stehen seit Jahrzehnten für genau diese transparente Politik, und

deswegen stand auch außer Frage, dass dieser Nationalratswahlkampf ebenso transparent angelegt werden muss wie schon der Europawahlkampf. Alle zwei Wochen wurden das aktuelle Budget, die Spendeneinnahmen und die aktuelle Wahlkampfabrechnung veröffentlicht. An dieser Stelle waren es nur die NEOS und die Grünen, die denselben Transparenzmaßstab bei den eigenen Parteikassen angelegt haben.

Ob das am Schluss zum Wahlerfolg der NEOS und der Grünen geführt hat, ist fraglich – trotzdem braucht es genau diese Schritte, um die Glaubwürdigkeit in die Politik wieder zu stärken.

Resümee
Nach der Wahl 2017 haben die Grünen einen schmerzhaften Prozess begonnen und die eigenen Fehler aufgearbeitet. Wir haben uns die richtigen Fragen gestellt und hatten am Anfang unserer Erneuerung noch nicht die richtigen Antworten. Diese Antworten sind dann Schritt für Schritt durch viele Diskussionen und Gespräche entstanden. Mit Mut, Einsatz, Herzblut und konsequentem Einsatz für die Beantwortung der wichtigsten Zukunftsfragen ist dieses historische Comeback gelungen. Alle politischen Ebenen der österreichischen Grünen haben an einem Strang gezogen, eine gemeinsam entwickelte Strategie bis ins letzte Detail mitgetragen und so diesen Wahlerfolg möglich gemacht.

Keine politische Bewegung ist davor gefeit, aus dem Parlament gewählt zu werden. Wenn der Wiedereinzug gelingt, gilt es jedoch, aus den Fehlern der Vergangenheit zu lernen und diese Learnings in To-dos für die Zukunft zu transformieren. Das Comeback der Grünen ist kein Selbstzweck. Die Menschen, die uns gewählt haben, erwarten jetzt, dass wir uns für eine gute Zukunft einsetzen und den politischen Diskurs in diesem Land mitgestalten. Dazu brauchen wir Einigkeit darüber, dass wir uns nicht immer einig sind, uns aber konstruktiv darüber austauschen, was es für die kommenden Generationen braucht, und das dann gemeinsam umsetzen. Dass es auch wieder schwierige Zeiten bei den Grünen geben wird, ist klar – die vielen Menschen, die dieses Comeback möglich gemacht haben und die grüne Ideen, Konzepte und Antworten weiterentwickeln werden, machen mich sehr zuversichtlich.

Eine anständige Alternative

NIKOLA DONIG

2017 kam Kurz und die NEOS wurden totgesagt. 2018 ging Strolz und die Prognosen waren skeptisch. 2019 galten ÖVP und Grüne als sichere Gewinner der Wahl und für NEOS schien kein Platz zum Wachsen. Warum die junge, liberale Bewegung ihre Mandate dennoch verdoppelte und es auch nach Türkis-Blau eine anständige Alternative braucht.

Nikola Donig ist seit 2016 NEOS-Generalsekretär und leitete zuvor die Kommunikation der pinken Bewegung im Nationalrat. Er fungierte als Wahlkampfleiter bei der Nationalratswahl 2017 und 2019 sowie bei der vergangenen Europawahl. Der 48-jährige frühere Journalist kennt Politik aus Oppositions- und Regierungsperspektive. Von 2006–2009 sprach er als Pressemann für den österreichischen EU-Ratsvorsitz in Brüssel sowie für mehrere ÖVP-Minister.

Als Abgabetermin für den vorliegenden Beitrag hatte mir der Verlag den 15. Oktober genannt – gut zwei Wochen nach dem Wahltag also und auf den Tag genau zwei Jahre nach der Nationalratswahl 2017. 730 Tage, die sehr viel anders verlaufen waren, als wohl die meisten Beobachter_innen erwartet hatten – für die heimische Innenpolitik im Allgemeinen und die NEOS im Besonderen.

Wer die Wahl 2019 analysieren will, beginnt aber nicht nur der zeitlichen Nähe wegen konsequenterweise im Herbst 2017. Um die Besonderheiten des heurigen Sommers zu verstehen, hilft es auch, sich vor Augen zu führen, wie viele größere Wahlen in den vergangenen zwei Jahren in Österreich abgehalten beziehungsweise ausgerufen wurden. Es sind stolze dreizehn Urnengänge! Bürger_innen, Politiker_innen und Medien befinden sich also seit Monaten in einem wahren Wahlmarathon – mit großer Sehnsucht nach dem Ziel.

Als unsere pinke Bewegung nach der Wahl 2017 zusammenkam, wussten wir: NEOS hatten trotz schwierigster Bedingungen und ungeachtet der Wechsel an den Spitzen von SPÖ und vor allem ÖVP ihre erste Bewährungsprobe auf nationaler Ebene bestanden. Vor dem Ergebnis stand ein Plus – das erste, das eine liberale Partei bei Nationalratswahlen in Österreich überhaupt je erreicht hatte. Und obwohl der Zuwachs überschaubar war, wuchs die Zufriedenheit von Tag zu Tag. Nicht zuletzt der Blick auf die Grünen erinnerte uns: Es hätte ganz anders kommen können – auch für uns. Und in noch einem Punkt waren wir uns einig: NEOS und unsere Unterstützer_innen sollten nie wieder um den Einzug ins Parlament zittern müssen. Dafür brauchte es freilich einen nächsten großen Schritt in der Entwicklung unserer nach wie vor blutjungen Start-up-Truppe.

Unter dem Namen »NEOS 2022« wurde begonnen, den Pfad bis zur nächsten planmäßigen Nationalratswahl auszustecken. Unsere weiterhin vergleichsweise knappen Mittel investierten wir gezielt in den Ausbau professioneller Strukturen in den Bundesländern, in unsere Kampagnenfähigkeit und in ein verbessertes Wissens- und Datenmanagement. Monatelang verging keine Sitzung, in der die Teilnehmer_innen nicht den gut ein Meter langen Ausdruck der »Wahltermine bis 2022« in Form einer Treppe präsentiert bekamen. Die Botschaft zum Bild war klar: »Jede Wahl – und sei sie noch so klein – ist eine Stufe, um gemeinsam zu wachsen. Jeder Antritt muss unsere Bewegung ein Stück größer und breiter machen.«

Eine wesentliche Basis für das gut 50-prozentige Plus bei der Nationalratswahl 2019 wurde dann auch bereits im Frühjahr 2018 gelegt: Der erfolgreiche Winterwahlkampf in Niederösterreich und der auf Anhieb gelungene Einzug in den Landtag mit drei Mandaten brachen im wahrsten Sinne des Wortes das Eis. Innerhalb von vier Monaten konnten die NEOS ihre Präsenz in den Länderparlamenten mehr als verdoppeln, und sie verfügten ab April über fünf Landtagsfraktionen. Wenige Wochen später wurde als krönender Abschluss in Salzburg mit Andrea Klambauer die erste pinke Landesrätin angelobt. Die ersten Stufen der Wachstumsleiter waren im Laufschritt genommen worden, nur in Kärnten waren wir gestolpert. Dass die Treppe bis zur nächsten Nationalratswahl sehr viel kürzer, dafür aber umso steiler ausfallen würde, wussten wir damals freilich noch nicht.

Führungswechsel
Was wir ebenfalls lange nicht wussten, war, dass sich Parteichef Matthias Strolz schon seit dem Jahreswechsel 2017/18 sehr konkret mit seinem Rückzug aus der Politik beschäftigte. Zwar hatten NEOS

im Parlament schnell ihren Platz als »Kontrollkraft, Reformmotor und Hüterin der Verfassung« – Letzteres allen voran in Person unserer über alle Parteigrenzen geschätzten Allianzpartnerin Irmgard Griss – gefunden, und die Abgeordneten füllten diese Rollen auch mit Verve und großem Erfolg aus. Doch die Oppositionsarbeit gegen Türkis-Blau zehrte offenbar ebenso am Vorsitzenden wie die Frage, wann die Organisation reif sei, einen ihrer Gründer zu verlieren. Matthias' Antwort darauf lautete: im Mai 2018.

Was folgte, war eine von ihm im engsten (Familien-)Kreis minutiös geplante, von der gesamten Organisation mit viel Kraft und Disziplin monatelang umgesetzte und von Beate Meinl-Reisinger als neuer Frontfrau bravourös gemeisterte Übergabe des NEOS-Cockpits. Skeptisch, ungläubig, aber schlussendlich doch vor allem beeindruckt verfolgten Mitbewerber_innen, Medien und politisch Interessierte den wohl reibungslosesten und vorbildlichsten politischen Personalwechsel in einer an Rücktritten wahrlich nicht armen Zeit. Matthias hatte als »Pilot seines Lebens« den Fallschirm genommen – das pinke Flugzeug jedoch musste seine Reiseflughöhe halten, besser noch in den Steigflug übergehen. Und die neue Frau Captain zog den Steuerknüppel gleich einmal kräftig und konsequent an.

Der Kurs, den Beate dabei von Beginn an verfolgte, war – neben dem schon erwähnten Aufbau der Länderstrukturen – die zweite wichtige Voraussetzung für die gelungene Wahlbewegung 2019. Schon mit der Sommerkampagne 2018 prägten die NEOS unter ihrer frisch gekürten Vorsitzenden Tonalität und Erscheinungsbild aller künftigen Auftritte. Der Slogan »Fight back with a Smile« zeichnete die kämpferische, selbstbewusste und gleichzeitig humorvolle Linie vor. Das Motto »Kritisch und konstruktiv« wiederum verband die Pflicht zu harter Oppositionsarbeit gegenüber einer rechtskonservativen – zeitweise rechtsnationalen – ÖVP-FPÖ-Koalition einerseits mit der Überzeugung, als liberale Bewegung der Mitte für sinnvolle Maßnahmen stets offen und gewinnbar zu sein, andererseits.

Die ausgewogene Doppelstrategie bewährte sich, und das schon lange vor der heißen Wahlkampfphase. Im April 2019 wies eine *profil*-Umfrage NEOS als die »beste Oppositionspartei« noch vor der SPÖ aus. Einige Wochen später, nach dem Platzen der Kurz-Strache-Regierung, zeigten Daten, dass Pink für die Bürger_innen aber auch in einer Regierung sehr gut vorstellbar war: 40 Prozent aller Befragten in einer Standardumfrage vom Juli und mehr als 80 Prozent aller deklarierten NEOS-Wähler_innen in einer unserer internen Erhebungen wollten die bisherige Oppositionskraft unter Beate Meinl-Reisinger jedenfalls in der nächsten Regierung sehen. Werte, die wir so bislang weder kannten noch erwartet hatten. Die Marktforscher_innen hatten den Kreativen für die Wahlkampagne eine reiche Tafel gedeckt!

Die Kenntnis über das Zutrauen der Bevölkerung in NEOS, grundsätzlich für alle demokratischen Aufgaben gerüstet und kompetent zu sein, verlieh Selbstvertrauen, den Spielraum in der Positionierung auch zu nutzen. So fanden auf den Wahlplakaten neben dem Porträt der Spitzenkandidatin oppositionslastige Forderungen à la »Postenschacher stoppen« und »Parteien 100 % transparent machen« ebenso ihren Platz wie das Versprechen »Umwelt und Menschen [zu] entlasten« oder die klare Führungsansage »Eine anständige Alternative [zu] bieten«. Eine stilistische und inhaltliche Breite, die sich später auch positiv im Ergebnis und der Struktur der Wähler_innen widerspiegeln sollte und bis heute – am Vorabend der Sondierungsgespräche – die flexible Rolle von NEOS definiert: Regierung oder Opposition, wir können beides!

Apropos widerspiegeln – auch der erfolgreiche Führungswechsel an der NEOS-Spitze spiegelte sich am Wahlabend noch einmal und wohl abschließend wider. Als gegen 22 Uhr Beate in einer bis zum letzten Platz gefüllten Säulenhalle im Wiener Volksgarten auf die Bühne stieg, war Matthias Strolz ihr erster Gratulant zum besten NEOS-Wahlergebnis bei Nationalratswahlen. Das Bild einer erfolgreichen Spitzenkandidatin und Parteichefin mit ihrem Vorgänger Hand in Hand – bei keiner anderen Partei war das an diesem Abend so möglich oder auch nur denkbar. Und ein Bild, das auch die letzten Zweifler endgültig verstummen ließ. Ja, sie kann es – und wie!

Auf dem Feld des Mitbewerbes
Es hätte keine Wahltagsbefragung gebraucht, um zu wissen: Beate Meinl-Reisinger – intern respekt- und liebevoll BMR abgekürzt – war für NEOS-Wähler_innen eines der wesentlichsten Wahlmotive. Ihre Art, Klartext zu reden, auch Unangenehmes anzusprechen, Lösungen zu suchen und anzupacken, prägte Look-and-feel der Kampagne, vom Plakat bis hin zu den TV-Auftritten. So war auch der Claim »Macht sonst keiner« weniger Resultat findiger Texter, sondern simpel einer der Sätze, die man regelmäßig hört, wenn man mit der NEOS-Chefin zusammenarbeitet.

Ebenfalls schon im Frühjahr gehört wurde BMRs dringender interner Auftrag, sich dem Thema Nummer eins, dem Klima- und Umweltthema, intensiv anzunehmen und eine von den Grünen klar unterscheidbare, eigenständige Linie auszuarbeiten. Gesucht wurde eine pragmatische Balance zwischen ökologischen und ökonomischen Fundamentalpositionen – Letztere hatten zuvor ja in Deutschland die FDP in teils arge Bedrängnis gebracht.

Gemeinsam mit dem Wirtschaftsforschungsinstitut Economica gelang es, im Klima- und Umweltbereich nicht nur solide mitzuhalten, sondern mit einer umfassenden »ökologischen Steuerrevolution« über weite Strecken die Diskussion führend zu bestimmen. Das mutige Bekenntnis zu einer stufenweise eingeführten CO_2-Abgabe, um »Umweltverschmutzung einen Preis zu geben«, wurde lebhaft und durchaus kontroversiell diskutiert. Auch wenn man die pinken Konzepte nicht immer teilte, eines mussten alle eingestehen: Derart solide und fundiert hatte keine andere Partei das Thema aufbereitet und berechnet.

Mit dem allerersten Sujet der Kampagne – überraschend und eilig auf Twitter präsentiert – untermauerten wir die Linie: »Umwelt und Wirtschaft verbinden. Macht sonst keiner.« Neben dem inhaltlichen Anspruch war damit auch ein wichtiges strategisches Ziel erreicht: NEOS hatten als Einzige einen Fuß auf dem Topthema eines der wichtigsten Mitbewerber, der Grünen. Das Risiko, umweltaffine Wähler_innen mangels Angebot zu verlieren, schien gebannt. Nun galt es, die eigenen Felder ebenso konsequent zu bestellen.

Macht sonst keiner

Der Blick auf die Datenlage und nicht zuletzt das Gefühl im Bauch sagten dem pinken Kampagnenteam Anfang August: Ja, das ist eine Klima-Wahl, aber es geht um mehr als das klassische Klima. Für NEOS galt es, in den kommenden Wochen auch das Gesellschafts-, das Wirtschafts- und vor allem das Bildungsklima erfolgreich zu Themen zu machen, wenn wir in unseren ureigensten Feldern aus eigener Kraft punkten wollten. Zusätzlich unterstützt wurde dieser Eindruck von einer aus unserer Sicht erstaunlichen inhaltlichen Leere des anlaufenden Wahlkampfes, die Raum für Sachfragen öffnete.

Aus unserer jungen Geschichte hatten wir gelernt, dass die Breite und Tiefe der zahlreichen NEOS-Konzepte in Kampagnenzeiten die Gefahr mit sich brachten, den Fokus zu vernachlässigen. Für die letzten Wochen des Wahlkampfs hatten wir daher neben den gesetzten Themen »Umwelt und Wirtschaft« sowie »Anstand und Transparenz« Ansagen zu einer raschen, steuerlichen Entlastung durch die »Abschaffung der kalten Progression« und einen Bildungsschwerpunkt mit »Einführung der Mittleren Reife« ausgearbeitet. Und wir hielten uns konsequent daran!

Die Programmpunkte fanden wenige Tage vor der Wahl Eingang in einen Brief der Spitzenkandidatin an die Österreicher_innen. Ort der Präsentation war der Ballhausplatz. Dort, wo vier Monate zuvor mit der Ibiza-Affäre der Anstand verloren gegangen war, umriss Beate als Kontrapunkt ihre konkreten Vorstellungen für die Zukunft.

Ebenso unmissverständlich fiel das finale Sujet der Kampagne aus. Darauf stand kurz und knapp: »Anständig regieren«. Klarer hatte noch keine Oppositionspartei in Österreich ihre Koalitionsbedingungen und -bereitschaft in einem Wahlkampf kundgetan. Und einmal mehr in diesen Wochen passte der Satz: »Macht sonst keiner.«

Der Vier-Punkte-Plan begleitet NEOS Vertreter_innen übrigens auch nach der Wahl zu allen wichtigen Terminen und wird auch dann auf dem Tisch liegen, wenn es um allfällige Kooperationen im Parlament oder in einer Regierung geht. Dass es sich bei den angeführten Maßnahmen ohne Ausnahme um Anliegen handelt, die die Österreicher_innen von einer neuen Bundesregierung in den ersten 100 Tagen erwarten, wie eine Umfrage aus dem Sommer zeigt, verleiht ihnen zusätzliches Gewicht.

Zurück zu den Wurzeln
Mit dem Schwerpunkt »Bildung über alles stellen« und den Versprechen »Kein Kind zurücklassen« beziehungsweise »Jedes Talent entfalten« waren NEOS im siebten Jahr unseres Bestehens und im dritten Nationalratswahlkampf wieder bei unseren Wurzeln angelangt. Dass wir dieses Feld auch ohne den »Parade-Flügelheber«

Strolz mit Beate als dreifacher Mutter gut und authentisch bestellen konnten, war ein zusätzlicher Beweis der gelungenen Übergabe und Bestätigung: NEOS können selber fliegen.

Wie kraftvoll es uns als kleiner Partei gelingen würde, mit der Bildung ein eigenes Thema zu platzieren, konnten wir selbst nicht abschätzen. Während des Wahlkampfes kamen die positiven Rückmeldungen vor allem von den eigenen Aktivist_innen, und wir wussten zudem, dass das Thema bei SPÖ- und Grün-Sympathisant_innen grundsätzlich positiv aufgenommen wurde. Die Medien hingegen reagierten verhalten, und auch bei den (zu) vielen TV-Debatten wurde die Bildung – leider einmal mehr – nur stiefmütterlich behandelt. Erst der Blick auf die spätere Wahltagsbefragung zeigte, dass wir mit unserer Überzeugung richtig gelegen hatten. Der Schwerpunkt Bildung hatte tatsächlich maßgeblich zur Mobilisierung unseres Potenzials beigetragen und lag als inhaltliches Wahlmotiv im NEOS-Segment gleichauf mit dem dominanten Thema Klima und Umwelt.

Noch erfreulicher war es, als sich kurz nach der Nationalratswahl in der Steiermark zahlreiche neue, interessierte Bürger_innen quer durch alle Schichten meldeten, um entweder ehrenamtlich in der pinken Bewegung tätig zu werden oder sich selbst als Kandidat_in für die kommende Landtagswahl zu bewerben. Häufigste Antwort auf die Frage, was denn gerade jetzt den Anstoß zum Engagement gegeben habe: »Weil ihr was für die Kinder macht. Euch ist die Bildung wichtig. Ihr wart die Einzigen, die das im Wahlkampf gesagt haben.«

In der Mitte der Gesellschaft
Dass NEOS am 29. September 2019 – exakt sechs Jahre nach unserem ersten Einzug in den Nationalrat – mit 8,1 Prozent und 15 Abgeordneten gleich um die Hälfte größer geworden sind, hat natürlich auch mit der Positionierung der anderen Parteien zu tun. Allen

voran jener der ÖVP, die im (erfolgreichen) Werben um abtrünnige FPÖ-Anhänger nicht erst am Wahltag ein gutes Stück nach rechts gerückt war. Der Weg dorthin und die damit gerade von NEOS immer wieder scharf kritisierten Konsequenzen für Gesellschaft und Rechtsstaat füllen eigene Bücher. Das meistgelesene dazu hat der ehemalige *Kurier*-Chefredakteur und spätere Herausgeber Helmut Brandstätter unter dem Titel *Kurz und Kickl* geschrieben.

Helmuts Eintreten für eine Politik von A bis Z – also von Anstand bis Zukunft – hat ihn nicht nur zu einem prominenten, sondern vor allem kompetenten und starken Partner der pinken Wahlbewegung und einem – in guter NEOS-Tradition – in Zukunft unabhängigen Abgeordneten in den Reihen unseres Parlamentsklubs gemacht. Er steht für eine Gruppe bürgerlich-liberaler, christlich-sozialer, weltoffener Menschen, die bei dieser Wahl eine neue politische Heimat in der Mitte der Gesellschaft gesucht und bei NEOS gefunden haben.

Wen die vollen Buchhandlungen bei Helmuts Lesungen und die gut 15 000 verkauften Exemplare seines Buches nicht beeindrucken, den überzeugen vielleicht die über 80 000 ehemaligen ÖVP-Wähler_innen, die laut Wählerstromanalyse (Sora) diesmal Pink gewählt haben. Sie stellen mehr als jede fünfte unserer Stimmen und sind mitverantwortlich dafür, dass das »Neue Österreich« von so vielen Bürger_innen in ländlichen Regionen, über 50 Jahre und außerhalb der klassischen Akademikerschichten gewählt wurde wie noch nie.

Ich erinnere mich an unsere meterlange Wahltreppe aus dem Herbst 2017. Ihre Reihenfolge ist zwar mittlerweile völlig durcheinandergeraten, aber der Satz von vor zwei Jahren stimmt mehr denn je: »Jede Wahl ist eine Stufe, um gemeinsam zu wachsen. Jeder Antritt muss unsere Bewegung ein Stück größer und breiter machen.«

Dank 387 124 Wähler_innen ist das diesmal eindrucksvoll gelungen. Auf zur nächsten Stufe!

David gegen Goliath

HERTA EMMER

Im Rückblick von Beginn weg chancenlos, hat sich die Liste Jetzt mit Minimalbudget und viel Aktionismus mit Würde geschlagen. Eine besondere Rolle spielte dabei die Plattform ZackZack. Offen bleibt, wer die Macht von Big-Data-Plattformen in Zukunft kontrolliert.

Herta Emmer wohnt und arbeitet in Wien und im Burgenland. 1991 Übernahme des Familienbetriebs Leidl & Emmer GmbH, 1992 und 1993 Geburt der Kinder, 2003 Abschluss des Studiums wirtschaftsberatende Berufe (berufsbegleitend FH Wiener Neustadt) und Wahl zur Landesgeschäftsführerin der Grünen Burgenland, seit 2010 Buchhändlerin (www.buchwelten.at), 2015 Gründung des Vereins Lesekultur ohne Grenzen, seit 2018 Unternehmensberaterin und Bundesgeschäftsführerin bei JETZT – Liste Pilz.

Mitten im Endspurt zur Europawahl explodiert eine innenpolitische Bombe: Das Ibiza-Video taucht im Netz auf. Mir war sofort klar, dass dieser Skandal die Kraft hat, die Regierung zu sprengen. Es dauerte dann noch eine Zeit, bis der Misstrauensantrag gegen den Kanzler, von uns angeregt und dann von der SPÖ nach langem Nachdenken und in weniger strategischer Form aufgenommen, dann aber gleich auf die ganze Kurz-Regierung Variante 2 (ohne FPÖ, dafür mit ÖVP-nahen »parteiunabhängigen Experten«) ausgedehnt wurde.

Trotzdem war schon am 17. Mai klar: Wir stellen uns auf Neuwahlen ein.

Das bedeutete für die noch keine zwei Jahre alte Partei eine Riesenherausforderung. Und Gefahr. Das Projekt Johannes Voggenhuber war nie hochgekommen, das heißt, wir wussten, dass wir mit extrem schlechten Karten starten würden. Noch schlechteren, als die Dissonanzen im Parlamentsklub ohnehin schon erwarten ließen. Bei der Europawahl wurde dann sichtbar, dass das Projekt Johannes Voggenhuber gescheitert war. Mit dieser Bürde gingen wir in den Nationalratswahlkampf.

Der Wahlkampf erwischte uns mitten in der Konsolidierungsphase. Länder waren zwar schon gegründet, aber Abläufe noch nicht in den Statuten festgelegt. Deshalb mussten wir für diesen Wahlkampf ein Sonderszenario entwickeln. Der offizielle Start dieses Prozesses gelang schon mit der AktivistInnen- und Mitgliederversammlung am 30. Mai 2019, keine zwei Wochen nach Ibiza.

Parallel entwickelte ein rasch eingesetztes Wahlkampfteam schon die grobe Werbelinie. Uns war vollkommen klar, dass wir mit einem Gesamtbudget von 300.000 Euro keinen Standardwahlkampf führen können. Deshalb mussten Kreativität und Aktionismus so viel besser und auffälliger sein. Das war die Herausforderung.

Die Umsetzung
Das Onlinemedium *ZackZack* wurde gegründet. Schon nach kurzer Vorbereitungszeit, am 16. Juni 2019, ging die Zeitung online. Ein Meisterstück. Ein populistisches Aufdeckerblatt links der Mitte. Wir erreichten mit *ZackZack* von Beginn an hohe Aufmerksamkeit in der politischen und Medienlandschaft. Unsere Leserzahlen stiegen von Woche zu Woche, und wir erreichten von Juni bis September 2019 mehr als 260 000 Menschen.

ZackZack wurde für drei Monate mit 150.000 Euro ausgestattet und strukturell völlig unabhängig von Parteistrukturen angelegt. Das ermöglichte den RedakteurInnen hohe Flexibilität und Geschwindigkeit.

Im digitalen Zeitalter wird das Thema »Zulassen« für Kreativprozesse noch viel stärker an Bedeutung gewinnen. Führung in der digitalen Welt kann nicht mehr im gewohnten Top-down-Prozess gelingen, wenn die Rahmenbedingungen heißen: wenig Kapital und höchste Wendigkeit. Dies bedeutet für alle Kleinparteien die Neuerfindung von Parteiarbeit als Bewegungsarbeit, wo Netzwerkgeschwindigkeit vor Wording-Maulkorberlässen stehen muss.

Gleichzeitig birgt diese neue Freiheit auch Gefahren, die da heißen »Kontrollverlust«, »Zutrauen«, »MitarbeiterInnenführung Neu«. Von der Push- zur relationalen Kommunikation. Diese neue Aufgabe ist uns gelungen. Wir konnten ein junges, rasch neu zusammengesetztes Team, das hoch motiviert arbeitete, den ganzen Wahlkampf halten und ausbauen. Das Erlebnis »Wahlkampf« ist für Quereinsteiger in die Politik überraschend und faszinierend zugleich. Die Dynamik, der tägliche Anspruch auf Anpassung an Aktualität bei gleichzeitigem Halten der Wahlstrategie ist in seiner Stresslastigkeit mit keiner anderen Kommunikationsleistung vergleichbar.

Der zweite Teil des Wahlkampfbudgets (150.000 Euro) sollte so effizient wie irgend möglich eingesetzt werden. Man vergleiche auch mit den Wahlkampfbudgets des Mitbewerbes. Somit war klar: keine Plakate (was auch Teil unserer Identität ist …), keine Werbegeschenke, nichts Gießkannenartiges.

Die Entscheidung fiel pro Onlinekommunikation. Wir konzentrierten uns zu zwei Drittel auf die Onlinepräsenz. Eine Kombination von Website (circa 135 000 Unique Users), Facebook (ca. 5 000 000 Impressionen, 1 400 000 erreichte Personen, 700 000 Interaktionen), Instagram und Co. musste so designt werden, dass wir im Netz sichtbar wurden. Microtargeting war unser Zauberwort. Dafür engagierten wir SpezialistInnen verschiedener Social-Media-Bereiche. Die Herausforderung spornte unsere jungen MitarbeiterInnen an. Wie kann David gegen Goliath reüssieren? Wendiger, schneller, auffälliger sein.

Unser Spitzenkandidat Peter Pilz hatte mit seiner Marke eine zusätzliche starke Wirkung im Internet. Er polarisiert stark, was jedoch für einen Nischenwahlkampf vorteilhaft ist, da die Polarisierung Aufmerksamkeit erregt. Sein Twitteraccount, gemeinsam mit seinem Facebook-Profil, erreichte in Spitzenzeiten 1 000 000 Aufrufe.

Die Bespielung der digitalen Medien und die dadurch geforderte Modernität wurden bevorzugt budgetiert. Das stellte uns vor die Situation, die analoge Welt mit dem Minibudget von 50.000 Euro österreichweit zu bespielen. Dieser Betrag spielt sich im homöopathischen Bereich ab. Wenn Sie diesen Betrag mit den eingesetzten Mitteln der anderen Parteien vergleichen, wird schnell klar, dass »David gegen Goliath« ein durchaus sehr berechtigter Vergleich ist.

Deshalb galt auch, und gerade im Straßenwahlkampf: kreativer sein. Wir planten die Wahlstarttour mit einem Tourbus, der als unsere wandelnde Plakatfläche durch Österreich fuhr. Durch diese Lösung war es uns möglich, mit allen SpitzenkandidatInnen ganz Österreich zu bereisen – bei Einhaltung eines geringen Budgets.

Unsere Transparenzarena, ein Parcours durch die »Grauslichkeiten« der Altregierung, sollte aktionistisch Aufmerksamkeit erregen und in der Bevölkerung das Bewusstsein schaffen, wie sehr Korruption und Freunderlwirtschaft einem Staatsgefüge schaden. Wir tanzten an öffentlichen Plätzen den Kriminaltango, wir spielten »Going to Ibiza«, wir druckten Schmiergeldschecks.

Natürlich war es ein Kampf des kleinen gallischen Dorfes »JETZT« gegen die Römer »Altparteien«. Aus heutiger Sicht waren wir von Beginn an chancenlos, haben uns jedoch mit Würde geschlagen.

Conclusio: Im Wahlkampf 2019 gab es ein großes Interesse der österreichischen Journalistinnen und Journalisten, möglichst alles zu unternehmen, um Österreich vor einer zweiten Auflage der Ibiza-Koalition zu bewahren. Die Entscheidung der Medien fiel auf eine Wunschkoalition Schwarztürkis-Grün.

Jedem Beobachter war ab Ende Mai klar, dass diese Einigung stattgefunden haben musste. Selbst der ORF erfand eine neue Erklärung (Umfragedaten wurden als Begründung herangezogen), dass eine nicht im Nationalrat vertretene Partei an allen Studiokonfrontationen teilnehmen darf. (Was wir aus demokratiepolitischer Sicht begrüßen, es war jedoch 2019 erstmals der Fall.)

Im September gingen dann die Live-Konfrontationen in allen Fernsehkanälen los. Ein Overkill an Diskussionsformaten, Streitgesprächen, Zweierkonfrontationen, Speeddatings, Publikumsbefragungen, ÜberraschungskandidatInnen und natürlich etlichen Elefantenrunden zeigte uns erstmals, was »intensiv« im Intensivwahlkampf bedeutet. Die SpitzenkandidatInnen waren de facto für einen Straßenwahlkampf nicht mehr einsetzbar, da sie von einem Studio zum nächsten eilten.

Wir haben aber erkannt, dass Information zu Parteien sehr wohl über das Internet läuft, Wahlentscheidungen aber aufgrund vieler weiterer Parameter getroffen werden. Vor allem die veröffentlichten Umfragedaten waren für uns negativ, da das Argument der »verlorenen« Stimme seitens der Konkurrenz intensiv promotet wurde und uns sehr geschadet hat. Dies konnten wir durch unsere Themen und Performance nicht mehr ausgleichen.

Die Rolle der Medien
Wahlsieger eins sind jedenfalls die Fernsehanstalten und die Onlineplattformen. Die Fernsehanstalten, weil sie Meinung machen in einer noch nie dagewesenen Intensität. Durch das neu erweiterte Format von »SpezialistInnen-Interpretationsrunden« ersparen sie den ZuseherInnen das eigene Denken. Man hört sich einfach nach den Diskussionsrunden die SpezialistInnen an, und diese erklären einem dann, was man gesehen hat und wer gewonnen/verloren hat. Hier passiert massive Beeinflussung. Leicht ist man als politischer Bewerber ab- und/oder hochgeschrieben.

Über diese Medienmacht wird man in Anbetracht der Besitzverhältnisse der Medienhäuser und der tendenziösen Berichterstattung noch aus demokratiepolitischer Sicht und auch aus der Sicht von Kartellbildungen diskutieren müssen.

Die sozialen Medienbetreiber sind Wahlsieger zwei. Vorab natürlich bei den Einnahmen, weil wir 2019 zum ersten Mal gesehen haben, welche Beträge in die Schlünde der Internetkonzerne geworfen wurden. Hier muss auch einmal über Besteuerung von Gewinnen dieser Unternehmen gesprochen werden. Damit wenigstens etwas Geld in Österreichs Budget zurückfließt.

Und weiters bei deren Beeinflussungsmacht in Bezug auf Werbeschaltungen, als Verkäufer von BIGDATA und in Anbetracht der Informationen, die sie von den politischen Parteien und ihrer Targeting-Strategien lernen.

Conclusio
Die alten Parteien haben nach wie vor Unsummen in Plakate, Werbegeschenke und teure Auftritte gesteckt. Auch das gilt es zu hinterfragen. Und vor allem in den Agenturen und Wahlwerbeberatungen. Wenn die Hauptentscheidungen über Gewinn oder Niederlage in den Redaktionen der Zeitungen und Medienhäuser liegen sowie Aufmerksamkeit in der finanziellen Ausstattung für Werbung in Facebook und Co. generiert wird, dann wird der Reichere gewinnen. Deshalb brauchen wir nach dieser Wahl eine offene Diskussion zu diesem Thema. Das wird Aufgabe des Parlamentes sein, das verantwortlich für die politische Kultur in diesem Land ist. Fraglich ist nur, ob es ein diesbezügliches Interesse gibt.

Die Wahlsieger und Geldgeber werden den neuen Trend – Wer zahlt, schafft an – wohl nicht kritisieren.

Einmal Ibiza und zurück

BARBARA TÓTH

FPÖ wie ÖVP hatten bei dieser Wahl mit Skandalen zu kämpfen. Dabei zeigte sich, dass nicht der Skandal alleine, sondern seine Interpretation entscheidend ist. Ein Überblick über die Ibiza- und die ÖVP-Files-Affäre, ihrer Skandalisierer, versuchte Gegenskandale und neue Akteure.

Die an Affären und Skandalen ohnehin nicht arme jüngere politische Geschichte Österreichs ist seit dem Nationalratswahlkampf 2019 an zwei großen (und einigen kleineren) Skandalen reicher. Der eine trägt den Namen der Baleareninsel »Ibiza« und war eine FPÖ-Affäre, der andere wurde von seinen Aufdeckern, dem Magazin *Falter*, für das ich arbeite, »ÖVP-Files« getauft und betrifft, wie der Name schon sagt, die ÖVP.

Prägend für den Verlauf beider Skandale ist, dass das Skandalisierte und die Frage, wer warum den Skandal an die Öffentlichkeit gebracht hat, wer also Skandalisierer war, zeitgleich, mitunter sogar prophylaktisch, öffentlich thematisiert wurden und von FPÖ und ÖVP zum Gegenskandal stilisiert wurden. Das ist für Skandale, die in Wahlkampfzeiten fallen, nicht untypisch, wie ein Blick weit zurück etwa auf die Waldheim-Affäre des Jahres 1986 oder, weniger weit zurück, auf die Silberstein-Affäre des Jahres 2017 zeigt.

Relativ neu ist aber das Auftreten neuer Onlineakteure, sei es in Form von zum Teil anonymen Twitteraccounts, sei es in Form von Personen zuzuordnenden Rechercheportalen oder Blogs, die im Skandalgeschehen Aufdecker-, Informations- und Deutungshoheit beanspruchen und damit die klassischen, journalistischen »Aufdecker« herausfordern.

Für jene Medien, die bei der Aufdeckung des Ibiza-Skandals führend waren wie der *Spiegel*, die *Süddeutsche Zeitung* und der *Falter*, hieß es im Jahr 2019, nicht mehr nur zu berichten, sondern auch laufend die eigene Rolle zu erklären, mitunter auch zu verteidigen und sich Fragen zu stellen wie: Warum schreibt ihr nicht über die Hintergründe beider Skandale? Wieso legt ihr eure Quellen nicht offen? Berichtet ihr noch, oder seid ihr schon politischer Akteur? Nicht einfacher wird diese Aufgabe, wenn ein Skandal wie der Ibiza-Skandal schon kurze Zeit später als Buch, in Form von Lesungen und Theaterinszenierungen zum Teil der Polit- und Popkultur wird. Das Ringen um Deutungshoheit, um Narrative war sicherlich prägend für den Ibiza-Skandal, in abgeschwächter Form auch für den ÖVP-Files-Skandal.

Dieser Beitrag soll beide Skandale – und als Nebenschauplätze auch den ÖVP-Schredder-Skandal sowie Heinz-Christian Straches Spesenskandal – in ihrer Essenz (wenn auch nicht abschließend, dafür ist es zu früh) in den soeben aufgerissenen Kontexten darstellen. Also den Skandal an sich, die Rolle der Aufdecker und die Skandalisierung inklusive Gegenskandalisierung.

Der Ibiza-Skandal
Am 17. Mai 2019 um 18 Uhr veröffentlichten die *Süddeutsche Zeitung* und der *Spiegel* zeitgleich ein Video, das den damaligen FPÖ-Chef Heinz-Christian Strache und seinen Freund und politischen Weggefährten, den damaligen FPÖ-Klubobmann Johann Gudenus, zeigt, wie sie in einer Villa auf Ibiza am 24. Juli 2017 mit einer mutmaßlichen Oligarchennichte und ihrem Begleiter versuchen, ins Geschäft zu kommen. Der *Falter*, der von beiden Medien als Österreichpartner für die Recherchen verpflichtet wurde, folgte 15 Minuten später.

Das Setting war eine Falle. Die Oligarchennichte war eine Schauspielerin, ihr Begleiter ein Sicherheitsexperte, die Legende, die sie sich für diesen Abend zurechtgelegt hatten, war folgende: Die Oligarchennichte wolle ihr Vermögen in Österreich investieren und suche nach politischen Verbündeten. Strache zeigt sich bereit, ihr zu helfen, und lotet einen ganzen Abend lang aus, was für ihn als Provision drinnen wäre. Es geht darum, die *Kronen Zeitung* zu kontrollieren, ihr große Bauvorhaben zuzuschanzen und dafür der Strabag – dem Konzern im Eigentum des NEOS-Förderers

Hans Peter Haselsteiner – zu schaden oder Geschäfte mit österreichischem Trinkwasser zu machen.

Strache zeigt sich im Video nicht nur als potenziell korrumpierbarer Politiker, der diverse Gegengeschäfte verspricht und erklärt, wie man in Österreich Parteien Geld zuschanzen kann, ohne dass es öffentlich wird. Im Fall der FPÖ etwa über einen gemeinnützigen Verein im FPÖ-nahen Umfeld.

Er zeigt sich auch als Sicherheitsrisiko. Er plaudert unbefangen über politische Gegner, unterstellt ihnen strafbare Handlungen, er prahlt mit seinen angeblich einflussreichen Freunden und gibt tiefe Einblicke in seine Gedankenwelt als Rechtspopulist, für den Ungarn und Russland die großen Vorbilder sind.

Dass Strache, Gudenus und dessen Frau Tajana im Video wie Karikaturen der schmierigen Rechtspopulisten selbst aussehen, wie sie da am Sofa knotzen, rauchend, vor sich geleerte Champagner- und Wodkaflaschen, Red-Bull-Dosen, Kaviar und Sushi im Bauch, machte das Video über Nacht nicht nur zu einem Beweismittel für die politische und persönliche Fehlbarkeit des FPÖ-Chefs, sondern auch zur popkulturellen, politischen Bild- und Video-Ikone.

Die Folgen des Videos sind beispiellos. Am nächsten Tag, einem Samstag, verkündet Strache vormittags seinen Rücktritt als Vizekanzler und FPÖ-Chef. Am Abend tritt Kanzler und ÖVP-Chef Sebastian Kurz vor die Presse und gibt bekannt, dass er die FPÖ für nicht mehr regierungsfähig halte und deshalb neu wählen lassen will. Ob Kurz die Ibiza-Affäre von Anfang an zum Sprung in Neuwahlen nutzen wollte oder auch mit einer »gesäuberten« FPÖ weiterregiert hätte, ist strittig. Strache behauptet, dass Kurz ihm zuerst zugesichert hätte, die Koalition nicht aufzukündigen und mit seinem Nachfolger, Norbert Hofer, weiterzuregieren, dann aber verlangt habe, dass FPÖ-Innenminister Herbert Kickl zurücktritt. Kurz argumentiert, dass mit Kickl als Innenminister eine Aufarbeitung der Ibiza-Affäre nicht möglich wäre, weil er befangen sei. Wer wann was am Samstag, dem 18. Mai, verlangt hat, können nur jene vier Personen klären, die an den Gesprächen beteiligt waren: Kurz, Strache, Kickl und Kurz' wichtigster Berater Stefan Steiner. Auch innerhalb der ÖVP war die Stimmung nicht einheitlich für oder gegen Neuwahlen, immerhin bereits die zweiten binnen zwei Jahren, und beide von Kurz ausgelöst.

Zum endgültigen Bruch der Koalition kam es jedenfalls, als Kurz Bundespräsident Alexander Van der Bellen die Entlassung Kickls vorschlug. Daraufhin trat die FPÖ-Ministerriege geschlossen zurück. Kurz bildete daraufhin ein Übergangskabinett mit Experten, das im Parlament jedoch einem Misstrauensantrag der SPÖ, der von der FPÖ unterstützt wurde, nicht standhielt. Daraufhin setzte Van der Bellen eine parteiübergreifende Expertenregierung unter Führung der Höchstrichterin Brigitte Bierlein ein, die die Regierungsgeschäfte bis zur Bildung einer neuen Regierung nach den für den 29. September 2019 angesetzten Neuwahlen führte.

Ein Skandal, der zum Bruch einer Regierung und Neuwahlen führt: Das ist in der Geschichte der Zweiten Republik einmalig. Unter diesen Umständen ist es nachvollziehbar, dass das Interesse an den Hintergründen des Ibiza-Videos von Anfang an groß war. Dass es ausgerechnet zwei deutsche Medien waren, die es veröffentlichten, mag dazu beigetragen haben. In und nach österreichischen Wahlkämpfen tauchte das Narrativ von der »Einmischung von außen« immer wieder auf, etwa in der Waldheim-Affäre. Als 14 Staaten der Europäischen Union die erste ÖVP-FPÖ-Regierung unter Kanzler Wolfgang Schüssel (ÖVP) im Jahr 2000 mit »Sanktionen« belegten, nutzte Schüssel das Momentum, um einen »nationalen Schulterschluss« zu fordern.

Dazu kommt – als Metadebatte – das relativ neue Phänomen der Manipulation und Beeinflussung von Wahlkämpfen durch ausländische Akteure, mitunter durch gefälschte Informationen, wie etwa im amerikanischen Präsidentschaftswahlkampf 2016 durch russische Hacker zugunsten Donald Trumps oder im französischen Präsidentschaftswahlkampf 2017 gegen Emmanuel Macron.»Das Gerücht lag schon länger in der Luft, dass über das Ausland wahlbeeinflussendes Dirty Campaigning oder geheimdienstlich gesteuerte Aktionen zu befürchten sind«, lauteten die ersten beiden Sätze, mit denen Strache seinen Rücktritt einleitete.

Auf rhetorischer Ebene leitete Strache damit eine Täter-Opfer-Umkehr ein. Aus ihm, dem Täter, der auf Ibiza sein Land ausverkauft hätte, wurde das Opfer einer internationalen Verschwörung. Diese Strategie verfing sich massiv, wie die fast 45 000 Vorzugsstimmen für Strache bei den EU-Wahlen eine Woche nach Platzen des Ibiza-Skandals zeigten. Auch Kurz nutzte dieses Momentum, sich als Märtyrer und Opfer zu präsentieren. Aus dem Kanzler einer türkis-blauen Regierung, der der FPÖ trotz »Einzelfällen« und trotz massiver Sicherheitsbedenken im Zuge der Affäre rund um das Bundesamt für Verfassungsschutz die Stange gehalten hatte, wurde der von SPÖ und FPÖ gestürzte »Kanzler der Herzen«, den es am Wahltag zurückzugewinnen gelte (»das Parlament hat bestimmt, das Volk wird entscheiden«).

Die Aufdecker – *SZ*, *Spiegel* und *Falter* – hielten in allen Darstellungen und Kommentaren am journalistischen Grundsatz fest, sich an Spekulationen über die Quellen des Ibiza-Videos nicht zu beteiligen. Das geböten das Redaktionsgeheimnis und der Quellenschutz, darüber hinaus lenke es von der Essenz des Ibiza-Skandals ab und verstärke nur das Opfer-Narrativ Straches. So haben es im Übrigen auch die beiden Medien, die den Silberstein-Skandal im Nationalratswahlkampf 2017 aufdeckten, *profil* und *Presse*, gehandhabt. In ihrem Buch zum Ibiza-Skandal beschreiben Frederik Obermaier und Bastian Obermayer zwar ausführlich, wie umständlich die Anbahnung mit den Informanten war und wie genau sie das Video auf seine Echtheit prüfen, über die Personen, die ihnen das Video antrugen, zeigten und schließlich überließen, erfahren die Leser nichts.

Österreichische und deutsche Medien begannen freilich zu recherchieren und versuchten, die mutmaßlichen »Hintermänner« zu rekonstruieren, wie es dann durchgängig hieß. Das Personentableau, das sie präsentierten, wies zum einen ins persönliche Umfeld Straches, zum anderen in die Wiener Halbwelt. Die genaue Aufstellung wird erst nach Abschluss der Ermittlungen und allfälliger Prozesse klar sein. Drei Behörden ermitteln, offenbar nicht frei von gegenseitigem Misstrauen: Die Staatsanwaltschaft Wien kümmert sich um die Hintermänner, die Wirtschafts- und Korruptionsstaatsanwaltschaft um die Inhalte des Videos. Zugearbeitet wird ihnen von der Soko Ibiza, die vom Innenministerium beschickt wird.

In den Fokus der Ermittlungen geriet Straches langjähriger Bodyguard Oliver R., ein ausgebildeter Polizist und ehemaliger FPÖ-Bezirksfunktionär, der von 2006 bis zum Platzen des Ibiza-Skandals als Sicherheitsmann, Leibwächter und Fahrer des Parteichefs diente. Weiters der Wiener Anwalt Ramin M., der von Johann Gudenus beschuldigt wird, einer der Drahtzieher der Affäre zu sein. Nach Medienberichten hat er das Video verschiedenen Personen in Wien schon zuvor angeboten. M.s Anwalt Richard Soyer erklärte die Motivation seines Mandanten folgendermaßen: »Es handelte sich um ein zivilgesellschaftlich motiviertes Projekt, bei dem investigativ-journalistische Wege beschritten wurden.« Der angebliche Freund der Oligarchennichte ist der Wiener Detektiv Julian H., die Identität des »Lockvogels«, der angeblichen Oligarchennichte, ist nicht bekannt. Die *SZ*-Aufdecker schildern in ihrem Buch, dass sie die Frau getroffen haben und sich versichern konnten, dass sie an jenem Abend in Ibiza freiwillig die Rolle der »schoarfen« Russin gespielt habe, dafür kein Geld bekommen hat und außerdem überrascht war, wie einfach es war, die beiden FPÖ-Politiker hereinzulegen.

Neben klassischen Medien versuchten nach Platzen des Ibiza-Skandals auch Onlineplattformen, die Aufdeckerrolle zu übernehmen. Am auffälligsten war dabei das Portal »EU-Infothek« des Novomatic-nahen Unternehmers Gert Schmidt. Es war Schmidt, der vier Tage nach Veröffentlichung des Ibiza-Videos als Erster Johann Gudenus' Version der Causa online stellte. Mit einem Mal waren er und Strache Opfer eines mutmaßlichen Komplottes. Spionage, Rotlicht, Drogen – aus der Staatsaffäre wurde unter Schmidts Regie eine Posse der Wiener Halbwelt. Es war Schmidt, der als Erster den Wiener Anwalt Ramin M. und Julian H. mit vollen Namen als mutmaßliche »Drahtzieher« hinter dem Video nannte. Zufall oder nicht, Strache nennt im Ibiza-Video den Novomatic-Konzern als potenzielle Parteispender.

Beobachtern war auch nicht entgangen, dass kurz vor der Veröffentlichung der Strache-Videos das Twitterkonto »Kurzschluss14« angelegt wurde und das deutsche Künstlerkollektiv »Zentrum für Politische Schönheit« sogleich ein Follower wurde. Auf dem Account wurden am Tag nach Platzen der Affäre weitere, bis dato unbekannte Teile des sechsstündigen Videos verbreitet, darunter Fotos mutmaßlicher Kokainlinien, die offenbar in der Villa auf Ibiza aufgenommen wurden.

Das Thema Kokainkonsum in Wien, das Strache auf Ibiza im Gespräch mit der vermeintlichen Oligarchin erwähnt und dabei einen bekannten, mit Sebastian Kurz befreundeten Gastronomen nennt, versuchte auch die Plattform »Zoom« zu skandalisieren, die vom IT-Techniker Florian Schweitzer verantwortet wird. Er arbeitete früher für Greenpeace und das Liberale Forum, dann für den fraktionslosen EU-Parlamentarier Martin Ehrenhauser. Und dann startete auch noch das Online-Boulevardmagazin der Liste Jetzt, *ZackZack*, das sich vor allem an Kurz abarbeitete.

Desinformation und Information liegen bei diesen Portalen nahe beieinander, die Motive der Betreiber sind unklar, in Summe konnte man schnell den Überblick verlieren oder sich in der einen oder anderen Verschwörungstheorie versteigen, wenn man die Berichterstattung über die Hintergründe der Ibiza-Affäre verfolgen wollte. Gut möglich, dass das auch Sinn und Zweck der Sache ist.

Ein gutes Beispiel dafür, wie die Strategie des Gegenskandalisierens, die bei Ibiza funktionierte, scheitern muss, weil ein Skandal zu kurzfristig ausbricht, ist der Strache-Spesenskandal, eine Art Spin-off der Ibiza-Affäre, der in der Woche vor dem Wahltag öffentlich wurde. Dass Strache sich von der FPÖ seine Wohnung mitfinanzieren ließ, dass er ein Spesenkonto hatte und dass seine Frau ein FPÖ-Gehalt für ihren Job als Social-Media-Beauftragte bezog, schadete ihm mehr als sein Verhalten auf Ibiza. Ob diese »Goodies« der Partei an ihren Chef missbraucht wurden oder nicht, konnte bis zum Wahltag nicht aufgeklärt werden, hängen blieb, der Vertreter des kleinen Mannes lebt auf zu großem Fuß.

Intermezzo: die Schredder-Affäre und gefälschte E-Mails
Timing und Framing ist alles im Umgang mit Skandalen, das zeigte die ÖVP nicht nur nach dem Auftauchen ihrer internen Buchungs- und Personalunterlagen in der Öffentlichkeit, bekannt als ÖVP-Files, sondern schon davor, bei der sogenannten E-Mail-Affäre und der »Schredder-Affäre«.

In beiden Affären ging es – aus der Sicht der ÖVP – darum, den Verdacht aus der Welt zu räumen, sie könnte schon früher vom Ibiza-Video gewusst haben. Das hätte den Ibiza-Skandal von einem blauen zu einem türkis-blauen Skandal gemacht.

Ganz abwegig war dieser Verdacht nicht, schließlich war bald nach Platzen des Ibiza-Skandals bekannt, dass das Video schon

2017 am »Markt« gewesen war und über Mittelsleute auch anderen Parteien erfolglos angeboten worden war.

Am 16. Juni gab Sebastian Kurz überraschend eine Pressekonferenz, in der er von angeblich gefälschten E-Mails berichtete, die belegen sollten, dass er und sein Vertrauter Gernot Blümel schon früher über das Ibiza-Video im Detail Bescheid wussten. Als Anlass gab er Recherchen eines österreichischen Mediums an, im Nachhinein stellte es sich als Gerd Schmidts Onlineportal »EU-Infothek« dar. Die Pressekonferenz mutete einigermaßen skurril an, weil bis dahin kein anderes Medium diese E-Mails kannte oder wahrgenommen hatte. Sie stellten sich nach Ende des Wahlkampfes dann auch tatsächlich als gefälscht heraus.

Sich prophylaktisch gegen Angriffe wehren, als Opfer definieren – diesem Muster folgte auch ein Auftritt Kurz' in einer Diskussionssendung von Servus TV, bei der er en passant fallen ließ, er rechne sogar mit Deep-Fake-Angriffen auf seine Person. Schließlich könne man ja bereits Fotos und Filme faken. »Die Botschaft an die Seinen: Was immer in den nächsten Wochen bis zur Wahl auch auftauchen mag – fürchtet euch nicht, alles gefakt. Dieser Schutzschirm, den Kurz aufspannt, wird wohl seine Funktion erfüllen, die türkise Gemeinde weiter zusammenhalten und etwaige neue Skandale und Affären abprallen lassen«, kommentierte das der *Standard*.

Mitte Juli wurde bekannt, dass ein Mitarbeiter Sebastian Kurz' sechs Tage nach Platzen der Ibiza-Affäre fünf Festplatten und einen Druckerserver unter falschem Namen bei der Firma Reisswolf vernichten ließ. Weil er dabei vergaß zu zahlen, forschte das Unternehmen nach und stieß auf seinen wahren Namen. Arno M. war in Kurz' Kabinett dafür zuständig, den Kanzler auf Facebook, Instagram und Twitter mit Fotos und Postings zu inszenieren. Reisswolf stellte eine Betrugsanzeige, die in Ermittlungen im Auftrag der Korruptionsstaatsanwaltschaft bei der Soko Ibiza mündete.

Der *Falter* recherchierte die Geschichte. Unmittelbar nachdem er die ÖVP damit konfrontiert hatte, »wurden die Infos an den *Kurier* durchgestochen, in der Hoffnung, dass die Story abgemildert mit ÖVP-Spin erscheint (Motto: »Wir haben die Daten vor Silberstein gerettet«)«, schrieb *Falter*-Chefredakteur Florian Klenk. Der ÖVP-Spin lautete: Das alles sei ein »üblicher Standardvorgang«, außerdem sei man schon einmal Opfer eines Datenklaus geworden. Neben der bewährten Täter-Opfer-Umkehr bestätigte die ÖVP damit im Nachhinein, dass jene im Jahr 2017 aus dem engsten Umfeld Kurz' geleakten Strategiepapiere mit dem Titel »Projekt Ballhausplatz« authentisch sind. Lange Zeit hat sie sie als teilweise gefälscht oder manipuliert dargestellt.

Auch bei der Schredder-Affäre war ein Zusammenhang mit der Ibiza-Affäre zumindest nicht auszuschließen, wie Justizminister Clemens Jabloner in einer parlamentarischen Anfragebeantwortung schrieb, was die ÖVP als »unglaubliche Sauerei« und »Schmutzkübel« ansah. Wegen des Verdachtes der Beweismittelunterschlagung gab es bei dem Kurz-Mitarbeiter, der mittlerweile aus dem Kanzleramt in die ÖVP-Zentrale gewechselt war, eine Hausdurchsuchung. Am Ende erhärtete sich dieser Verdacht nicht, der Mitarbeiter muss sich wegen Betruges verantworten.

Die ÖVP-Files

Am 2. September, knapp vier Wochen vor dem Wahltag, veröffentlichte der *Falter* die ÖVP-Files. Der Wochenzeitschrift waren anonym große Mengen an internen Dateien aus der ÖVP-Buchhaltung und -Personalabteilung zugespielt worden. Mit einem Mal waren die Türkisen eine »gläserne Partei wider Willen« (*Die Presse*). Aus der Fülle an Daten, davon viele personenbezogen und nicht für die Öffentlichkeit bestimmt, filterte der *Falter* jene heraus, die von öffentlicher Relevanz waren. Er legte dar, wie Großspender am Rechnungshof vorbei ihre Zuwendungen stückelten, wie Kurz, als er die ÖVP übernommen hatte, seinen ersten Wahlkampf 2017 von Anfang an mit 13 Millionen statt der erlaubten 7 plante und dafür die ohnehin verschuldete Partei erneut Kredite aufnehmen musste beziehungsweise sich Darlehen ihrer Bünde geben lassen musste. Für beinahe mehr Resonanz sorgten – wie auch im Fall des Ibiza-Skandals – personalisierte, griffigere Details, wie die Ausgaben, die Kurz für Make-up und Grooming der ÖVP verrechnete, oder der gut dotierte Beratervertrag für den Kurz-Vertrauten Stefan Steiner.

Bevor der *Falter* die ÖVP-Files publizierte, war auch schon eine Liste von Parteispendern via anonymen Absender im digitalen Briefkasten des *Standard* gelandet. Der Veröffentlichung durch die Tageszeitung war die ÖVP zuvorgekommen, indem man die Spenderdaten selbst via Aussendung veröffentlichte.

Auch auf die ÖVP-Files reagierte die ÖVP in bereits bewährter Form. Zuerst wurden die Informationen, die der *Falter* der Partei vorgelegt hatte, als »möglicherweise gefälscht« oder manipuliert dargestellt, dann startete sie einen Gegenskandal, in dem sie sich zum Opfer eines Hackerangriffs erklärte, im Zuge dessen warf sie dem *Falter* auch Fälschung vor und brachte eine Klage auf Unterlassung ein, allerdings ohne Fristsetzung. Die Gerichte entscheiden also erst nach den Wahlen, ob Wertungen des *Falters* wie zum Beispiel, dass die ÖVP bewusst die Öffentlichkeit über ihre Wahlkampfausgaben täusche, zulässig waren oder nicht. Zum Pressegespräch, das drei Tage nach Veröffentlichung der *Falter*-Leaks stattfand, bei dem sie den Hackerangriff mithilfe des IT-Sicherheitsexperten Avi Kravitz von CyberTrap darstellte, wurde der *Falter* nicht eingeladen. Als eine Redakteurin, die von der Veranstaltung erfahren hatte, vor Ort um Einlass bat, wurde sie abgewiesen (die Redakteurin war in dem Fall ich).

Die ÖVP versuchte, die ihnen unangenehmen ÖVP-Files als Hackerattacke zu framen und damit von deren Inhalt abzulenken. Die Unterlagen, die der *Falter* publizierte, wurden als »teils echt«, »teils gefälscht« dargestellt, aber es wurde konkret nicht weiter darauf eingegangen. Aus welcher Quelle die Daten, die dem *Falter* zugespielt wurden, stammten und mit welchen Motiven und unter welchen Umständen sie generiert wurden, sollte zum Thema werden, nicht die Daten selber. Kurz unterstellte dem Hacker, politische Wahlbeeinflussung zu machen – vergleichbar mit Angriffen auf die Kampagne des französischen Staatspräsidenten Emmanuel Macron oder auf den vergangenen US-Wahlkampf.

Interessant war, wie unterschiedlich die Medien über die ÖVP-Files berichteten. In Deutschland wurde vor allem über die aufgedeckten Fakten berichtet, in Österreich wurden eher die Aufdeckung selbst, die möglichen Motive, die Seriosität der Quelle und die Bedeutung für den Wahlkampf zum Thema gemacht. Von »Medienkrieg« und dem *Falter* als »Opposition« war da die Rede. Der *Spiegel* schrieb hingegen, dass die wiederkehrenden Skandale, Ibiza, die Schredder-Affäre, die ÖVP-Parteispenden, Österreich wie eine Bananenrepublik aussehen ließen und dass die vom *Falter* veröffentlichten Dokumente »aus dem Inneren der ÖVP das Bild vom smarten Parteiretter beschädigen«. Die *Süddeutsche Zeitung* wies unter dem Titel »Eine Partei, die über ihre Verhältnisse lebt« auf die Brisanz der Sache vor allem für die ÖVP hin, die »im Falle einer Überschreitung des Kostenlimits als Wiederholungstäter dasteht«. Sie berichtet, wie die Volkspartei den Gesetzesverstoß von 2017 »auch erst mit erheblicher Verspätung eingeräumt und als unvorhergesehen entschuldigt« hat. Beide Medien nennen die anonyme Quelle, lassen die Herkunft der Daten aber beiseite.

Zusammengefasst wird die Nationalratswahl 2019 als Skandalwahl in die politische Zeitgeschichte eingehen. Der Ibiza-Skandal war ihr Auslöser, Affären wie die Schredder- oder die gefälschte E-Mail-Affäre folgten. Leaks und/oder Hacks sind Phänomene, auf die sich Parteien in Wahlkampfzeiten mittlerweile eingestellt haben, das zeigt der souveräne Umgang der ÖVP mit den für sie extrem unangenehmen, aber am Wahltag letztlich nahezu folgenlosen ÖVP-Files. Für die kommenden Wahlauseinandersetzungen heißt das für Parteien, dass Themen wie IT-Sicherheit, Deep Fakes und digitale Wahlkampfbeeinflussung noch wichtiger werden und ohne Krisen-PR ohnehin nichts geht. Für die recherchierenden Journalisten stellt sich die Herausforderung zu berichten, ohne in die politische Arena hineingezogen zu werden, also die eigene Rolle laufend selbst zu monitoren, kommentieren und korrigieren, im Grunde also selbst Krisen-PR zu betreiben. Das Auftreten neuer, nicht journalistischer Akteure macht das nicht einfacher.

Die größte Herausforderung wird aber sein, Skandale in ihrer demokratiepolitischen Essenz wirken zu lassen, als gesellschaftspolitisches Korrektiv – und nicht als Trägerrakete für Verschwörungstheorien, Opfermythen und Gegenskandale.

Tja

CLAUS PÁNDI

Claus Pándi, 1966 in Wien geboren, lebt und
arbeitet in Salzburg.

WHODUNIT IST BOULEVARD. Diese drei Worte schleudert mir der Schriftsteller Daniel Wisser am Mittwoch vor den Nationalratswahlen am frühen Morgen (7.10 Uhr) ins Gesicht. Wisser, den ich persönlich nicht kenne, schleudert mir seine Beleidigung natürlich nicht direkt ins Gesicht, sondern über Twitter, wie es im Zeitalter der Schreihälse zur Gewohnheit der liberalen Elite und ihrer Gegenspieler geworden ist. Dabei kann Wisser zärtliche Texte schreiben. Twitter weckt in der sanftesten Seele den Berserker. Auf Twitter kollidieren die *vor* Twitter noch komfortabel voneinander getrennten gesellschaftlichen Echokammern. Ein digitaler Distinktionsexzess, in dessen Sog auch politische Parteien in die Höhe getrieben werden.

Wissers wütendes **WHODUNIT IST BOULEVARD** war eine Abwehrreaktion auf meinen (zuvor auf Twitter angebrachten) Hinweis, dass nicht klar sei, wer das Ibiza-Video in Auftrag gegeben, es angefertigt und auf den Markt der Öffentlichkeit gebracht habe. Wisser verwehrt sich gegen den Wunsch nach völliger Aufklärung. *Der wahre Skandal daran liegt ohnehin offen.* Das schiebt Wisser als seine Erklärung nach. Man brauche nicht zu wissen, weil er oder wer ohnehin weiß? Das ist mehr als problematisch. *Es gibt bekannte Bekannte, Dinge, von denen wir wissen, dass wir sie wissen; es gibt bekannte Unbekannte, das heißt, es gibt Dinge, von denen wir wissen, dass wir sie nicht wissen* ... und so weiter und so fort – einige kennen die verstümmelte Version sicher aus der Rumsfeld-Doku *The Unknown Known*. Wer die gesamte, also die richtige Version lesen will, soll bitte bei Žižek nachschlagen (das nur als Empfehlung an die politisch aktive/einflussreiche Generation, die sich möglicherweise der Gewissheit angenähert hat, dass man nichts wissen müsse, weil sich alles googeln lasse).

Wenn wir nicht wissen, wer das Ibiza-Video produziert hat, wissen wir nur einen Teil darüber. **WHODUNIT** wäre tatsächlich egal, wenn die gesamte in der Finca abgezogene Chose – eine zu diesem Setting passende – undurchsichtige Nummer im Halbweltmilieu wäre oder war. Was aber, wenn Leute mit politischen Interessen oder direktem politischen Einfluss hinter dem Fall stecken? Dann ändert das nichts an der freiheitlichen Größenwahngroteske (ist ohnehin klar, wird aber vorsichtshalber ausgeschildert), es bleiben allerdings größere Fragen offen: Wer hat WANN WAS gewusst und es WESHALB zugelassen, dass diese Personen 17 Monate lang die Republik mitregiert haben, und WER wollte WARUM dann doch ein Ende (oder bloß eine Unterbrechung?) der Irrsinnsnummer? Das ist nicht nur eine Frage der Wahrheit, sondern auch der notwendigen Hygiene. Nur: Wer im aktuellen politischen Umfeld nach der Wahrheit sucht, wird sein Ziel – wie es bei Virginia Woolf heißt – *in einer ziemlich erschöpften und chaotischen Verfassung erreichen.* Hilfreich bleibt vorläufig allein der Zweifel.

Wie aber soll das Staatsschiff vorankommen, wenn es nur an der Spitze des Eisberges vorbeimanövriert wird, um dann bei nächster Gelegenheit gegen die gewaltigen Ausläufer des unter Wasser schwimmenden Eisberges zu donnern? Und damit wären wir gleich bei einem ersten Problem der Nachwahllage: Wir kennen jetzt Sieger und Verlierer, wir haben mögliche Koalitionsvarianten und Erwartungen an die Regierung, aber wir wissen nicht, was gespielt wird – und von wem.

Wie im Ibiza-Video auf sinistre Weise mit einer vermeintlichen russischen Oligarchin über den Kauf der »*Krone*« geredet wurde, hat meine Kollegen und mich berührt, weil es an mehr rührt als an der »*Krone*«: Es offenbart in seiner gesamten moralischen Verkommenheit die genuine Illiberalität einer Regierungspartei. Die Szenen aus der Finca über die Lust an der Macht über Medien und einer Medienmacht als politischer Macht haben einen breiteren Bewusstseinsprozess über die Fantasien in der Politik in Gang gesetzt. Dass diese Machtfantasien in der Politik mehr als bloß unter der Oberfläche existent sind, ist vielen in der Branche nach einigen Erfahrungen mit einigen Parteien schon vor dem Ibiza-Video bekannt gewesen. Die verschwitzte Tölpelhaftigkeit der freiheitlichen Protagonisten hat die Vision einer paradoxen Medienwelt der eingeschränkten Möglichkeiten in einer multimedialen Zukunft der vielen Möglichkeiten verstärkt. Dass das noch dazu bei der »*Krone*« in einer aus bekannten Umständen besonders heiklen Phase auf die Fernsehschirme gedonnert ist, hat das Unbehagen noch einmal verstärkt.

Es ist freilich von einer tiefen psychologischen Wirkung auf unser Selbstbewusstsein in einer für die wirtschaftliche Lage der Medien nicht einfachen Zeit: Wenn uns eine politische Partei so unbedingt haben im Sinne von **besitzen** will, müssen wir etwas können und tun oder bewirken, was einerseits andere haben wollen und andererseits manche nicht haben wollen: dass wir es tun, wie wir es tun.

Unsere Unabhängigkeit ist das Unbehagen der anderen. Das weckt, je nach Mentalität oder geistiger Verfasstheit, Abwehrreaktionen oder aggressive Begehrlichkeiten. Begehrlichkeiten, die existenzgefährdend sein können – eine Existenzgefährdung, die weit über einzelne Medien oder überhaupt über **die** Medien hinausreicht.

Hier liegt auch das Misstrauen gegen jene begründet, die in einer Art regieren wollen, die der Liebe zur Freiheit zutiefst widerstrebt. Allerdings schrumpft seit Jahren das Bedürfnis nach liberalen Demokratien, die von manchen bereits als Wegbereiter der illiberalen Gesellschaften identifiziert werden. Umso gründlicher muss an dieser Stelle überlegt werden, wer dieses Land regieren soll. Die FPÖ habe ich öffentlich schon VOR Ibiza für regierungsunfähig erklärt. Eine Feststellung, die mir von einigen Seiten – auch von Journalisten in einer ORF III-Diskussionsrunde – erhebliche Kritik eingetragen hat. Deren Argument: Wer regierungsfähig ist, entscheide noch immer der Wähler, so die volksservile Auslegung.

Dieser Denkrichtung folgend, dürften Journalisten letztlich nur dann etwas für so oder anders befinden, wenn es vom Wähler approbiert worden ist! Dabei wäre es doch ganz einfach: Die Wähler wählen, wen sie wollen. Ihre Freiheit. Die Freiheit des Journalisten bleibt davon aber vorerst wohl unberührt. Es hätte keines Videos aus Ibiza bedurft, um zu erkennen, in welcher Verfassung die FPÖ ist. Die geheimen Aufzeichnungen von Ibiza sind lediglich der bewegt-bildliche Beleg der durch die Regierungsbeteiligung immer breiter und deutlicher spürbar gewordenen Perfidie. So funktioniert das Video auch gut ohne Ton: Wer es sieht, sieht, mit wem er es zu tun hat. Und einige hätten es wissen müssen. Wissen müssen? Es lag offen sichtbar vor uns.

Zur Lage der Nation ohne Koalition: Die FPÖ ist nicht regierungsfähig. Die SPÖ wäre grundsätzlich regierungsfähig. Nur derzeit eben nicht. Wie lange dieses *derzeit* dauert, kann keiner vorhersagen. Pilz ist weg, NEOS sind zu klein. Bleiben ÖVP und Grüne. Mögen manche nicht – und das ist einigen nicht zu verdenken. Das hinter mehr oder weniger vorgehaltenen türkisen Händen geflüsterte Schmähwort über die Grünen, die seien doch alle *Kommunisten*, ist freilich frecher Unfug und mag auf einen türkisen Schamkonflikt mit dem teilweise intellektuellen Habitus der Grünen in Zusammenhang stehen. Jedenfalls ist einer, der die Grünen über einen langen Zeitraum geprägt hat, heute nicht nur Bundespräsident, sondern auch Universitätsprofessor für Volkswirtschaft. Seine ehemalige Nachfolgerin bei den Grünen ist Juristin und arbeitet heute bei einem Konzern, der zwar nicht sonderlich sympathisch ist, aber kaum unter Kommunismusverdacht steht. Der aktuelle Chef der Grünen hat Volkswirtschaft studiert, und der ehemalige grüne Investigativabgeordnete, der *JETZT* aus dem Parlament gefallen ist, mag zwar linkspopulistische Tendenzen haben, aber er hat ebenfalls Volkswirtschaft studiert. Kurzum: In der grünen Bewegung steckt ökonomische Expertise. Eine Expertise, die – ihrem politischen Vorgehen entsprechend – von der türkisen Führung in neben-, nach- und vorgelagerte Institutionen und Agenturen ausgelagert wurde. Der Zugriff ist damit nicht nur möglich, es wird davon wohl auch Gebrauch gemacht. Die Veränderung, die sie meinen, wird also aus dem Halbdunkel gesteuert. Eine vergleichbar halb verdeckte, effiziente und prozessorientierte Arbeit ist vielen Bundesgrünen eher wesensfremd; die Kommunikationsbereitschaft der Grünen außerhalb ihres politischen Biotops ist das Gegenteil der Message Control, sondern mehr die teilweise, auch durch Dünkel erzeugte Messageverweigerung. Die Grünen verstehen sich entstehungsgeschichtlich als die auf der richtigen Seite Stehenden. Der Möglichkeit, dass die Perspektive der anderen inhaltliche/emotionale Berechtigung haben könnte, nähern sich die Grünen vorzugsweise im Krebsgang an. Allerdings gibt es mehr und mehr aus dem Hintergrund tretende Persönlichkeiten: einen telegenen Unternehmensberater oder von Banken angeheuerte (im grünen Biotop teilsozialisierte) Manager.

Es gibt für einige Interessengruppen nachvollziehbare Gründe, die Grünen nicht als Vizekanzlerpartei zu wollen. Aber diese Regierungsentscheidung ist auch eine Frage der Alternativen. Und wer hätte da eine?

An dieser Stelle könnte meine Geschichte zu Ende sein.

Da nehme ich vorher noch den Hölderlin her und strebe die *Flughöhe des Adlers* an. Aber wie hoch muss die Flughöhe sein, um den richtigen Überblick zu bekommen?

Zuerst kracht da aber noch der »*Der Spiegel*« herein. Dort erklärt in der Ausgabe nach der Nationalratswahl eine Art David Copperfield der türkisen Wahlkampfmaschine, dass Politik genauso vermarktet werden kann wie Winterreifen, weil: *Es geht ja immer um Menschen, wir ticken immer auf eine gewisse Art und Weise.* Da nehmen wir erleichtert zur Kenntnis, dass es immerhin *um Menschen* geht. Da wäre einmal einiges zum aktuellen Politikverständnis in einem Halbsatz verdichtet.

Und die SPÖ? Da gibt es vorerst nichts. Also nicht einmal diesen Halbsatz.

Politik im klassischen Verständnis ist da freilich nicht zu erwarten. Wir halten bei der Gestaltung von Gesellschaft nach Nützlichkeit. Methodisch funktioniert das zurzeit. An dieser Stelle wäre gut zu wissen: **WHODUNIT?** (Wie konnte es so weit kommen?)

Das ist nicht das Ende der Geschichte. Diese Geschichte hat erst begonnen. Die Flughöhe des Adlers ist noch nicht erreicht. Da gilt es flotter zu flattern. Die türkise Bewegung ist eine schnell lernende Maschine. Beim nächsten Mal geht alles schneller und konsequenter.

Wahlkampffinanzierung im Schatten der Wahl 2017

HUBERT SICKINGER

Noch während des Wahlkampfs wurde die Finanzierung desselben zum Thema. Es ging um Großspenden, Parteischulden und das Einhalten des Sieben-Millionen-Limits. Eine wirksame Reform der Parteienfinanzierung steht trotzdem nach wie vor aus.

Hubert Sickinger ist Politologe mit Forschungsschwerpunkt das politische System Österreich und vergleichende Politikforschung – insbesondere zu den Themen Parteienforschung, Politikfinanzierung und Korruptionsforschung.

Die Wahlkampffinanzierung 2019 selbst war rückblickend wenig spektakulär: Die Schulden aus den Kampagnen 2017 (und früher) ließen den Parteien wenig Spielraum für einen erneuten »Kampagnen-Overkill«, eine starke Überschreitung des Sieben-Millionen-Limits wäre nach einer Gesetzesänderung nun sehr teuer. Umso mehr stellten aber die Finanzierung der Kampagnen 2017 und seitherige Großspenden Themen im Wahlkampf dar.

»Ibiza« und die Folgen
Dass die Wahlkampf- und Parteienfinanzierung ein ungewöhnlich prominentes Thema während des Nationalratswahlkampfes 2019 bildete, ging ursächlich auf den Anlass für die vorgezogene Neuwahl zurück: Am 17. Mai 2019 veröffentlichten *Süddeutsche Zeitung*, *Der Spiegel* und *Falter* Ausschnitte eines im Juli 2017 auf der Ferieninsel Ibiza heimlich aufgenommenen Videos, in dem der FPÖ-Parteiobmann und spätere Vizekanzler Heinz-Christian Strache und der spätere geschäftsführende Klubobmann der FPÖ im Nationalrat Johann Gudenus gegenüber einer angeblichen russischen Oligarchennichte ihre Bereitschaft zu illegaler Parteienfinanzierung, korruptiven Auftragsvergaben und ihr fragwürdiges Verständnis von Medienfreiheit offenbarten. Strache sprach darin von sehr bekannten reichen Persönlichkeiten und Unternehmen, die geheim (»am Rechnungshof vorbei«) Beträge zwischen einer halben und zwei Millionen Euro an die FPÖ – aber formell an einen »gemeinnützigen Verein« – spenden würden.[68] Tatsächlich wurden in den Wochen nach der Publikation mehrere FPÖ-nahe Vereine entdeckt, für die FPÖ-Politiker mehr als eine Dreiviertelmillion

---

68 Frederik Obermaier und Bastian Obermayer: Die Ibiza-Affäre. Innenansichten eines Skandals. Köln 2019, S. 79 ff.; in einer unveröffentlichten Passage des Videos unterstellte Strache dieselben Praktiken zuvor auch ÖVP und SPÖ: ebd., S. 36.

Euro an Spenden eingeworben hatten.[69] Ein derartiger Umweg ergibt dann einen Sinn, wenn der Empfänger damit Ausgaben tätigt, die der Partei zugutekommen und dieser Ausgaben ersparen. Etwa Ausgaben für einen Wahlkampf – welche zwar als Sachspenden zu deklarieren wären, aber beim geltenden Kontrollsystem kaum nachweisbar wären und daher von der Partei nicht in ihren Rechenschaftsbericht aufgenommen werden.

Es folgten das Ende der ÖVP-FPÖ-Koalition, ein erfolgreiches Misstrauensvotum und ein Nationalrat mit wechselnden politischen Mehrheiten, die Anfang Juli angesichts der nahenden Nationalratswahl zu einer Änderung des Parteiengesetzes gegen die Interessen der ÖVP (mit Kollateralschaden bei NEOS) führten. Zum Verständnis der konkreten Änderungen ist ein Rückblick auf die Nationalratswahl 2017[70] notwendig: Bereits Ende Oktober 2018 wurde bekannt, dass die ÖVP die zulässigen Wahlwerbungskosten von sieben Millionen Euro um nahezu sechs Millionen überschritten hatte, die FPÖ um 3,7 Millionen und die SPÖ um »nur« 383.430 Euro. Die ÖVP war eindeutig »Wiederholungstäterin« – sie hatte bereits 2013 mit 11.272.498 Euro das Limit eklatant gesprengt und die Sieben-Millionen-Grenze sogar bei zwei Landtagswahlen (Niederösterreich 2013 und Oberösterreich 2015) nicht eingehalten. Die Zahlen für 2017 wurden zwar erst mit der Publikation der Rechenschaftsberichte am 12. Juli 2019 durch den Rechnungshof (also erst nach der PartG-Novelle) auch »offiziell« bekannt, die APA hatte die Zahlen allerdings zu dem Zeitpunkt, an dem die

---

69 Clemens Neuhold u. a.: »Die Schatzmeister«. In: profil 35/25. August 2019, S. 18–21. Sie beziffern die bekannt gewordenen Spenden an die (durch einen sehr kleinen FPÖ-Funktionärskreis verbundenen) Vereine Austria in Motion, Wirtschaft für Österreich, Patria Austria und ISP mit 866.196 Euro. Laut Stellungnahmen der FPÖ seien allerdings davon keine Geldflüsse an die Partei feststellbar beziehungsweise liege bei den drei erstgenannten Vereinen das Geld im Wesentlichen noch auf den Vereinskonten.
70 Vgl. dazu Hubert Sickinger: »Wahlkampffinanzierung«. In: Thomas Hofer und Barbara Tóth (Hrsg.): Wahl 2017. Loser, Leaks & Leadership. Wien 2017, S. 219–239.

Rechenschaftsberichte spätestens beim Rechnungshof eingelangt sein mussten, bei den Bundesparteien erfragt.[71] Wenn man bedenkt, dass der Wahlkampf 2017 tatsächlich bereits ab Mitte Mai (auch mit Inseraten und bald auch Plakatwerbung) und nicht erst 82 Tage vor dem Wahltag begann und bereits der triumphal inszenierte ÖVP-Parteitag Anfang Juli mit der Wahl von Sebastian Kurz zum ÖVP-Obmann den eigentlichen ÖVP-Wahlkampfauftakt darstellte, müssen zu den 14 Millionen noch einige weitere Millionen dazugerechnet werden. Darüber hinaus hatte die ÖVP im Sommer 2017 (mit damals deklarierten Einnahmen von 2,1 Millionen Euro zwischen Anfang Juli und dem Wahltag) in einer groß inszenierten Spendensammelaktion demonstriert, dass sie auch auf beträchtliche Großspenden aufbauen konnte – SPÖ und FPÖ bezweifelten (wie sich kurz darauf herausstellte: zu Recht), dass die damals veröffentlichten Spendeneinnahmen ein vollständiges Bild boten.

Zentrale Befürchtung von SPÖ und FPÖ war somit ein großer finanzieller Vorsprung der ÖVP: Angesichts der bekannten Umfragen hatte die ÖVP weitere Stimmenzuwächse (somit auch höhere Parteienförderung in den Folgejahren) zu erwarten, SPÖ und FPÖ hingegen sahen schmerzlichen Stimmenverlusten und niedrigeren Förderungen nach der Wahl entgegen. Um einen neuerlichen »Overkill« der ÖVP zu unterbinden, enthielt die Anfang Juli mit den Stimmen von SPÖ, FPÖ und Jetzt beschlossene Änderung des Parteiengesetzes[72] folgende Kernpunkte:
- Die vorgesehenen Geldbußen für die Überschreitung der Obergrenze der Wahlwerbungskosten von sieben Millionen wurden markant erhöht: Bei Überschreitungen bis zu 10 Prozent, 25 Prozent, 50 Prozent beziehungsweise darüber beträgt die

---

71 Die ÖVP gab für den Wahlkampf 2017 fast doppelt so viel aus wie erlaubt, APA/derstandard.at, 29.10.2018.
72 BGBl. I 2019/55.

Sanktion nun bis zu 15 Prozent, 25 Prozent, 100 Prozent beziehungsweise 150 Prozent des jeweiligen Überschreitungsbetrags. Zum Vergleich: Bislang lag die maximale Geldbuße bei einer Überschreitung bis zu 25 Prozent bei maximal 10 Prozent, bei darüber hinausgehenden Überschreitungen bei bis zu 20 Prozent. Am Beispiel der ÖVP: Für die Überschreitung von 2017 hatte sie nur eine maximale Geldbuße von 1.016.860 Euro zu befürchten (und gut drei Viertel davon von vornherein in ihre interne Kalkulation der Wahlkampfkosten aufgenommen); nach der neuen Regelung hätte die Geldbuße hingegen bis zu 5,8 Millionen betragen (und wäre bei einer notorischen »Wiederholungstäterin« wohl auch tatsächlich nahe dieser Obergrenze festgelegt worden). Die Diskussion über die Möglichkeit, nicht in die Wahlwerbungskosten einzurechnende Ausgaben in spendenfinanzierte »Personenkomitees« auszulagern, wurde dadurch beendet, dass diese nun ausdrücklich registrierungspflichtig und mit ihren Ausgaben und Einnahmen der Partei zuzurechnen sind.

- Seit 9. Juli (dem Inkrafttreten der PartG-Novelle) gilt eine doppelte Obergrenze für Spenden. Bisher gab es kein allgemeines Limit für Spenden; wenn eine Spende im Einzelfall höher als 50.000 Euro war, musste sie allerdings unverzüglich dem Rechnungshof gemeldet werden, der sie veröffentlichte. Durch mehrere Spenden unterhalb dieser Schwelle konnte diese zeitnahe Veröffentlichung allerdings problemlos unterlaufen werden. Nun aber wurden Spenden mit maximal 7.500 Euro pro Spender und Rechnungsjahr gedeckelt, und zugleich wurde eine Gesamtobergrenze von 375.000 Euro an Spenden pro Partei für den Rest des Jahres 2019 (beziehungsweise ab 2020 750.000 Euro für ein ganzes Jahr) festgelegt; die Schwelle für die unverzügliche Meldepflicht wurde auf 2.501 Euro abgesenkt.

Der gravierende »Schönheitsfehler« an dieser Reform war, dass die durch das Ibiza-Video in den Blickpunkt der Öffentlichkeit gerückten Umgehungspraktiken gerade nicht berücksichtigt wurden.[73] Eine gerichtliche Strafbarkeit für vorsätzliche Spendenverschleierung auf Geber- und Empfängerseite war zu diesem Zeitpunkt nicht konsensfähig. SPÖ und FPÖ waren auch vehement gegen eine direkte Prüfung ihrer Finanzen durch den Rechnungshof (und auch die ÖVP war trotz zuletzt erklärter »Diskussionsbereitschaft« über diese Forderung ebenfalls dagegen): Der Rechnungshof würde sicherlich kritischer als die Wirtschaftsprüfer (welche den Rechenschaftsbericht testieren) hinterfragen, ob Parteien tatsächlich alle wahlkampfbezogenen Ausgaben in ihre deklarierten Wahlwerbungskosten eingerechnet haben oder solche teilweise als laufende Routinekosten umgedeutet hatten. Er könnte auch eher aufdecken, ob Mitarbeiter der Partei tatsächlich beispielsweise über die Parlamentsklubs bezahlt werden oder ob sich bestimmte öffentlich sichtbare Aktivitäten tatsächlich in den Rechnungen der Parteien abbilden.[74]

Leaks und finanzielle »Vergangenheitsbewältigung«
Wie sehr diese Novellierung ein »Volltreffer« war, zeigte sich bereits wenige Wochen später: Dem *Standard* wurde eine Liste mit Großspendern der ÖVP aus den Jahren 2017–2019 zugespielt; als die ÖVP davon Wind bekam, veröffentlichte sie diese Informationen von sich aus. Daraus ging hervor, dass nicht der KTM-Manager

---

73 Vgl. zum Kontroll- und Sanktionensystem u. a. Hubert Sickinger: Politisches Geld. Parteienfinanzierung und öffentliche Kontrolle in Österreich. Wien 2013, S. 53–58.
74 Der Verfasser hat gemeinsam mit Mathias Huter, Marion Breitschopf und Florian Skrabal am 21.10.2019 eine ausführliche Problemanalyse zur Regelung der Politikfinanzierung veröffentlicht: Hubert Sickinger et al.: Parteienfinanzierung, Abgeordneteneinkünfte, Medientransparenz, Lobbygesetzgebung, Informationsfreiheit: Eine kritische Bilanz aus zivilgesellschaftlicher Perspektive und Forderungen an den neu gewählten Nationalrat und die künftige Bundesregierung. Abrufbar u.a. unter: https://www.hubertsickinger.at/2019/10/21/transparenzpaket-2/.

Stefan Pierer mit den während des Wahlkampfes 2017 veröffentlichten 436.563 Euro der größte ÖVP-Spender war: Der Unternehmer (und Porr-Großaktionär) Klaus Ortner hatte über seine IGO-Unternehmensgruppe – gestückelt in Teilbeträge unter 50.000 Euro und aufgeteilt auf drei Unternehmen – ebenfalls bereits 2017 428.000 Euro und bis Mitte 2019 insgesamt 924.000 Euro gespendet. Knapp übertroffen wurde Ortner noch von der Milliardärin Heidi Goëss-Horten, die ab 2018 monatlich 49.000 Euro und insgesamt 2018/19 931.000 Euro an die ÖVP überwiesen hatte.[75] Das Versprechen von Sebastian Kurz für völlige Transparenz der Parteispenden im Nationalratswahlkampf 2017 erwies sich somit nachträglich als hohl. Die Spenden aus 2017 (mehr als 3,6 Millionen) wären erst im Sommer 2019 im Rechenschaftsbericht bekannt geworden, die Großspenden 2018 und 2019 erst 2020 beziehungsweise 2021 – lange vor der nächsten regulären Nationalratswahl, nun aber unverhofft mitten im Nationalratswahlkampf. Und die Veröffentlichung der Rechenschaftsberichte der Parteien am 12. Juli brachte eine weitere Enthüllung: Den Hauptanteil an der Finanzierung des ÖVP-Wahlkampfes 2017 hatten Kredite in Höhe von 15 Millionen Euro ausgemacht – die ÖVP war daher, anders als von den Konkurrentinnen befürchtet, 2019 mitnichten eine Partei, die »in Geld schwamm«, sondern hoch verschuldet. Dieser Befund trifft (mit einer zwar niedrigeren Schuldenhöhe, aber markant schlechteren Perspektiven für die kommende Gesetzgebungsperiode) allerdings auch auf die SPÖ zu.

»Vergangenheitsbewältigung« zu 2017 blieb weiterhin ein Thema: Die ÖVP kritisierte (zu Recht), dass zwar ihre Teilorganisationen in die Begrenzung der Wahlwerbungskosten fallen, wichtige SPÖ-Organisationen allerdings nicht: Die Fraktion Sozialdemokratischer

---

75 Zahlen nach Nina Horaczek u. a.: »Hey, Big Spender«. In: Falter 35/2019, S. 11–13 und dem Rechenschaftsbericht der ÖVP für 2017.

GewerkschafterInnen und der SPÖ-Pensionistenverband hatten 2012 formal ihren Status als »nahestehende Organisation« der SPÖ abgelegt (um eine Offenlegung ihrer Spenden und Sponsorings zu vermeiden), übten ihren innerparteilichen Einfluss durch zwischengeschaltete Vereine aber weiter aus. Zur Wahlkampffinanzierung 2017 nannte das Nachrichtenmagazin *profil* Ende Juni seitens der FSG bestätigte Zahlen: Die FSG hatte (über den Verein »GewerkschafterInnen in der SPÖ«) für ihre Kampagne zum Nationalratswahlkampf 2017 307.000 Euro ausgegeben.[76] Dass diese Mittel (wie vom FSG-Bundesgeschäftsführer behauptet) in die Wahlkampfkosten der SPÖ eingerechnet worden seien, ist bei Vorfeldorganisationen von Parteien aber gerade nicht anzunehmen (da § 4 PartG ausdrücklich nur Ausgaben der Partei selbst und ihrer KandidatInnen erfasst). Auch für 2019 wurden 300.000 Euro an Kampagnenkosten angegeben – mit der sehr heiklen Frage, ob dies als (unzulässig hohe) Spende an die SPÖ beziehungsweise deren KandidatInnen zu qualifizieren ist.[77] Die ÖVP nutzte dies, um diese »Vereinskonstruktionen« der SPÖ argumentativ in die Nähe des Ibiza-Videos zu rücken.

In der ersten Septemberhälfte stand allerdings erneut die ÖVP-Finanzierung im Fokus des Interesses: Der *Falter* veröffentlichte eine dreiteilige Serie, in der auf Basis ihr zugespielter Buchhaltungsunterlagen der ÖVP belegt wurde, dass 2017 die Überschreitung des Wahlwerbungskostenlimits in diesem Ausmaß von vornherein geplant wurde – und eine Aufstellung, die nahelegte, dass 2019 die Einhaltung der Sieben-Millionen-Grenze nur unter kreativer Nichteinrechnung von Teilen der tatsächlichen Kosten (u. a. durch

---

76 Rosemarie Schweiger und Jakob Winter: »SPÖ-Gewerkschafter: 307.000 Euro für Wahlkampf 2017«. In: profil 27/2019.
77 Gerald John: »Umstrittene Hilfe für den SPÖ-Wahlkampf«. In: Der Standard, 26. September 2019.

Umdeklarierung von Teilen der Sommertour von Sebastian Kurz, einem wichtigen Teilstück des ÖVP-Wahlkampfes, als jedes Jahr anfallende und somit nicht zusätzlich wahlkampfbedingte Kosten) gelingen würde.[78] Die ÖVP reagierte mit dem Vorwurf der Veröffentlichung gefälschter Unterlagen, stellte sich als Opfer eines gezielten Hackerangriffes dar und klagte schließlich auf Unterlassung – allerdings wegen behaupteten »Wertungsexzesses«, nicht wegen behaupteter falscher Zahlen.

Diesmal kein finanzieller »Overkill«?
Möglicherweise wird der Wahlkampf 2019 tatsächlich der erste Wahlkampf seit Inkrafttreten des Parteiengesetzes 2012 sein, in dem die gesetzliche Obergrenze weitgehend eingehalten wurde – zumindest auf dem Papier der offiziellen Wahlkampfabrechnungen zwischen Stichtag (9. Juli) und Wahltag. Dafür sprechen zunächst der hohe Schuldenstand von ÖVP und SPÖ und die nun durchaus abschreckenden Sanktionen. Die ÖVP etwa stellte die 2017 und noch bei der Europawahl im Mai 2018 prominent propagierten Vorzugsstimmenaktionen ihrer KandidatInnen diesmal ein. Die Grünen (die 2017 5,2 Millionen ausgegeben hatten, aber dennoch aus dem Nationalrat gefallen waren) hatten 2019 ein Wahlkampfbudget von nur 1.265.000 Euro zur Verfügung, NEOS bezifferten ihres mit 1.828.948 Euro (Stand jeweils: 18. bzw. 17.9.2019). Traditionelle Werbemittel wurden diesmal tatsächlich nur maßvoll eingesetzt: Laut Berechnungen von Focus (anhand der Listenpreise) gaben die großen Parteien für kommerzielle Außenwerbung (Großplakatflächen und City Lights) und Inserate in den letzten drei Monaten 2019 signifikant weniger – zwischen knapp mehr als die Hälfte (SPÖ) und weniger als 30 Prozent (ÖVP und FPÖ) – als 2017 aus. Die Grünen verzichteten überhaupt weitgehend auf derartige Werbemittel.

---
78 Nina Horaczek u. a.: »Die geheime Buchhaltung der Liste Kurz«. In: Falter 36/2019, S. 11–14.

Allerdings gibt es spätestens ab Mitte des Jahrzehntes deutliche Verschiebungen in Richtung Werbung auf Social Media. 2019 haben die Plattformen wie Facebook und Google (Youtube) politische Werbung deutlich transparenter als bisher gemacht: In den letzten 90 Tagen vor der Wahl gaben die Bundesparteien demnach rund eine Million Euro für Facebook-Werbung aus. Die SPÖ investierte am meisten, da sie bislang auf diesem Terrain gegenüber FPÖ und ÖVP weit abgeschlagen war, nämlich unter anderem 255.000 Euro in die FB-Seite von Pamela Rendi-Wagner und 114.000 Euro in die SPÖ-Parteiseite. Die FPÖ investierte ca. 184.000 Euro in die Bewerbung des Auftrittes von Norbert Hofer, rund 58.000 Euro in die FPÖ-Parteiseite und 49.000 Euro in die Bewerbung der Seite von Herbert Kickl. Die Grünen gaben 138.000 Euro für die Seiten ihrer Partei und des Spitzenkandidaten Werner Kogler aus, die ÖVP 138.000 Euro für Sebastian Kurz und die Fanpage »Wir für Kurz«. NEOS investierten ca. 97.000 Euro für Parteichefin Beate Meinl-Reisinger und den Parteiaccount.[79] Auf Google lagen die Grünen zwischen dem Stichtag (11. Juli) und dem Wahltag nach Berechnung der Rechercheplattform Addendum mit 177.200 Euro deutlich vor der FPÖ (155.950) und SPÖ (30.300); ÖVP und NEOS investierten hier nur niedrige vierstellige Beträge.[80]

Eine Lehre aus den Wahlkämpfen 2013 und 2017 ist allerdings, dass traditionelle Werbeträger und auch Ausgaben für Social-Media-/Onlinewerbung teilweise nicht einmal die Hälfte der tatsächlichen Werbeausgaben darstellen (besonders deutlich sichtbar war und

---

79 Vgl. Ingrid Brodnig: »Außer Spesen nichts gewesen«. In: profil 41/2019, S. 76; Zahlen geringfügig korrigiert nach: Facebook Ad Library Report – Austria, Juli bis September 2019. Daneben wurden in kleinerem Umfang auch andere Seiten von Politikern – auch durch Landesparteiorganisationen und KandidatInnen – beworben.
80 Gerald Gartner u. a.: »Niemand bezahlt so viel an Facebook wie die SPÖ«. addendum.org, 23.09.2019 (Update 2.10.2019). Auf: https://www.addendum.org/news/facebook-werbung-spoe/.

ist dies bei der ÖVP): Großveranstaltungen, Werbetouren, die Produktion von Werbemitteln, die Kosten zugekaufter Kampagne-Dienstleistungen (Agenturen, Online-Campaigning), zusätzliches Personal und Logistik stellen ebenso bedeutsame Ausgabeposten dar. Und während die Kosten für Werbeschaltungen mittlerweile für Facebook und Google transparent sind, sind dies etwa die Produktionskosten für Online-Content (Videos, Personal für die Betreuung der Social-Media-Auftritte) für Außenstehende bislang nicht. Nach wie vor ist bemerkenswert, dass nur die kleineren Parteien (NEOS, Grüne) vor der Wahl ihre Wahlkampfkosten vergleichsweise detailliert offenlegen, die drei großen Parteien hingegen nicht – obwohl dies für die Öffentlichkeit eine durchaus relevante Information darstellen würde.

250 Jahre korruptes Österreich

OLIVER RATHKOLB

Das »Ibiza-Video« zeigt: In globalen wirtschaftlichen Aufbruchszeiten, aber auch in Wirtschaftskrisen mit Spekulationspotenzial war die Anfälligkeit für politische Korruption immer schon sehr hoch.

Oliver Rathkolb, Univ.-Prof. am Institut für Zeitgeschichte der Universität Wien und Institutsvorstand, Autor, Herausgeber und Mitherausgeber zahlreicher Publikationen zu Themen der österreichischen Zeit-, Kultur- und Mediengeschichte. Er ist Vorsitzender des internationalen wissenschaftlichen Beirats des Hauses der Europäischen Geschichte (Europäisches Parlament, Brüssel) und des wissenschaftlichen Beirats des Hauses der Geschichte Österreich sowie Mitglied des wissenschaftlichen Beirats des Jüdischen Museums Wien.

Ein Grundproblem der Analyse und damit auch der Verhinderung von politischer Korruption liegt darin begründet, dass weder die Gesellschaft noch die diversen Wissenschaften sich auf eine klare Definition einigen können.

Selbst Transparency International, eine NGO, die sich der Bekämpfung von Korruption verschrieben hat, operiert mit einer weichen Definition: »Der Missbrauch von anvertrauter Macht zum privaten Nutzen oder Vorteil und das Abzweigen öffentlicher Ressourcen zur persönlichen Bereicherung sind zwar in allen Kulturen und Gesellschaften dieser Erde inakzeptabel. Allerdings existieren in unterschiedlichen Ländern und Regionen verschiedene Normen und Traditionen in Bezug auf die Überreichung und Annahme von Geschenken. Welche Handlungen als illegitim oder illegal und somit als Korruption angesehen werden, kann daher von Kultur zu Kultur stark variieren« (vgl. auf: https://www.ti-austria.at/worum-es-geht/korruptions-grundwissen/definition-von-korruption/).

Für diesen Beitrag möchte ich auf der Basis dieser Definition von »Missbrauch anvertrauter Macht« mit Fokus auf zwei Grundvoraussetzungen von politischer Korruption sowohl in der ersten Turboglobalisierung ab 1850 als auch in wirtschaftlichen Krisenzeiten der Ersten Republik und dem Wiederaufbau nach 1945 sowie der Ära Kreisky – also kurz vor der zweiten Turboglobalisierung – hinweisen:

1. Versuche, seitens privater, aber teilweise auch staatlicher Unternehmen durch direkte materielle Zuwendungen öffentliche Geschäfte und amtliche Handlungen zu wechselseitigem Nutzen für beide Akteure oder Akteursgruppen (wie politische Akteure und ganze Parteien) zu beeinflussen und zum Schaden der Öffentlichkeit und des Steuerzahlers Geschäfte abzuwickeln beziehungsweise nützliche Geschäftsgrundlagen durch gesetzliche

Rahmenbedingungen zu schaffen, die aber nicht im öffentlichen Interesse liegen.
2. Moderne Korruption seit der Gründerzeit um 1870 »lebt« auch davon, mit allen Mitteln zu versuchen, die »vierte Macht« im Staat, die Medien, auszuschalten beziehungsweise zu kontrollieren, da immer Journalisten und Journalistinnen in unabhängigen Zeitungen über Korruptionsfälle ausführlich – da letztlich auflagensteigernd – berichten und weiter dazu recherchieren werden.

Es gibt zwei bestimmende Faktoren in der Analyse von politischer Korruption in Österreich, die beide von Öffentlichkeit (heute Transparency genannt) bestimmt werden: vom Standpunkt des öffentlichen Interesses aus und vor dem Hintergrund der öffentlichen unabhängigen Berichterstattung.

Schon 1872 berichtete der deutsche Journalist und Autor Wilhelm Angerstein über »Die Corruption in Oesterreich: Ein Beitrag zur Charakteristik der österreichischen Verhältnisse« und fokussierte vor allem auf die Praxis in der Gründerzeit zur Printmedien-Beeinflussung. Entweder kauften die damaligen Banken Zeitungen (so zum Beispiel die *Neue Freie Presse*) oder Unternehmen offerierten Journalisten bei Aktieneinführungen an der Börse Aktienanteile, wobei sie zu einem günstigen niedrigen Einstiegspreis meist sehr große Gewinne machen konnten.

Der wüste Börsenkapitalismus explodierte bekanntlich 1873, aber sogar der ehemalige deutschliberale Reichsrathspräsident und 1848er-Revolutionär Karl Giskra musste als Innenminister ebenso wie der Handelsminister Hans Banhans zurücktreten. Bei einem Prozess gegen den Generaldirektor der Lemberg-Czernowitzer-Bahn, Victor Ritter Ofenheim von Ponteuxin, stellte sich heraus, dass beide großzügige Zuwendungen erhalten hatten. Beide hatten zwar politische Macht verloren, wurden aber nie angeklagt, und Ofenheim wurde freigesprochen.

Dieser Prozess bot übrigens Karl Lueger, aber auch den antisemitischen Deutschnationalen Georg Ritter von Schönerer viele Gelegenheiten, die »alten Liberalen« und die »Verfassungspartei« als »Judenpartei« zu diskreditieren; so war beispielsweise Ofenheim jüdischer Herkunft gewesen. Aber alle Akteure blieben Teil des Gründerzeitbooms, und Giskra starb als geehrtes Mitglied des Verwaltungsrates und Oberkurator des Vereins der Ersten Oesterreichischen Sparkasse und war in den Verwaltungsräten mehrerer anderer Banken und Unternehmen vertreten. Übrigens hatte er ein wertvolles Grundstück von Ofenheim in der Schellinggasse 14 in Wien in Toplage hinter dem Ring erworben.

Obwohl die Justiz versucht hatte – sicherlich mit höchster politischer Rückendeckung –, durch zumindest einen großen Schauprozess ein Warnsignal zur Verhinderung von politischer Korruption in diesen wirtschaftlich turbulenten Zeiten der ersten Globalisierung zu geben, wurde das Thema rasch wieder politisch zugedeckt.

Die beiden neuen Massenparteien, die Christlichsozialen um Karl Lueger und die Sozialdemokraten um Victor Adler, hielten das Thema aber in der Öffentlichkeit am Kochen, ohne dass es wirklich tief greifende Reformen gab.

So wurde zwischen 1911 und 1913 nur eine Verurteilung wegen Missbrauchs der Amtsgewalt bekannt, 1915 und 1916 gab es bereits zehn Urteile, und zwischen 1920 und 1922 stieg die Zahl der Verurteilungen auf 118 an. Die Zahl der Verurteilungen wegen Amtsbestechung hingegen stieg auf 238 in den Jahren 1921 bis 1923 gegenüber zehn in den Jahren 1915 und 1916. Symbolisch dafür stand der Prozess gegen den Leiter des Präsidialbüros der Salzburger Landesregierung, Eduard Rambousek. Verurteilt wurden aber nur zwei untergebene Beamte wegen Schleichhandels – in Zeiten der Lebensmittel- und Holzrationierung ein häufiges Delikt.

Die Zwischenkriegszeit war geprägt von einer fast unübersehbaren permanenten Auseinandersetzung mit dem Thema Korruption, wobei die schlechte wirtschaftliche Lage und diverse Spekulationsgeschäfte hier die Voraussetzungen verstärkten. Ähnlich wie um 1870 wurde intensiv um die Einflussnahme auf Zeitungen gerungen. Ein signifikanter Akteur war Rudolf Sieghart, ein ehemaliger hoher Beamter aus der Monarchie, der bereits versuchte, das Abstimmungsverhalten von Reichsrathsabgeordneten mittels eines Dispositionsfonds, gespeist aus Gebühren für Titel- und Adelserhebungen, zu beeinflussen. Als Gouverneur der Boden-Credit-Anstalt (BCA) übernahm er mit einem Konsortium den Steyrermühl-Konzern und damit auch das renommierte *Neue Wiener Tagblatt*. Sieghart leitete die BCA fast durchgehend bis auf drei Jahre zwischen 1910 und deren Zahlungsunfähigkeit 1929; sogar in Vorstandssitzungen thematisierte er offen Zahlungen an Journalisten zur freundlicheren Berichterstattung über die Bank.

Aber auch einflussreiche Privatunternehmer wie Louis Rothschild nutzten die direkte Parteienfinanzierung, um entsprechende Netzwerke in diesen Krisenzeiten aufzubauen. Rothschild bediente sich des Großspekulanten Camillo Castiglioni. So hat der Wirtschaftshistoriker Roman Sandgruber in seinem aktuellen Buch »Rothschild: Glanz und Untergang des Wiener Welthauses« (Molden Verlag, 2018) Zahlungen von insgesamt mindestens fünf Millionen Schilling durch Louis Rothschild an verschiedene christlich-soziale und deutschnationale Politiker, unter anderem an den Landwirtschaftsminister und späteren Bundeskanzler Engelbert Dollfuß, und einige Journalisten nachgewiesen. In diesem Zusammenhang hatte sich der ehemalige Bundeskanzler und Landeshauptmann von Niederösterreich Karl Buresch, der ebenfalls in das Castiglioni-Netzwerk verstrickt war – wie jüngste Forschungen dokumentierten –, umgebracht. Der Hintergrund dürften die gescheiterten Währungsspekulationen gegen den französischen Franc durch den Börsenspekulanten und Bankier Sigmund Bosel für die Österreichische Postsparkasse gewesen sein. Bosel schuldete ihr 100 Millionen Schilling.

Aber auch staatliche Unternehmen wie die Bundesbahnen Österreich (BBÖ) hatten geheime Konten bei einer Privatbank angelegt, die nur den Generaldirektoren bekannt waren und aus Provisionen durch Preisnachlässe bei Kohlelieferungen gespeist wurden – insgesamt 1,29 Millionen Schilling. Damit wurde der Jockey-Klub in Wien im Umfeld der Industriellenvereinigung genauso gefördert wie die Bundestheater oder Salzburger Festspiele. Aber auch der BBÖ-Vorstand erhielt Geldmittel aus diesem Fonds.

Die Sozialdemokraten fielen in dieser Zeit eher durch Kleinkorruption auf, sodass zwei Nationalratsabgeordnete aus der Partei ausgeschlossen wurden, da sie Organisationsgelder missbraucht hatten oder überhöhte Spesenabrechnungen gelegt hatten beziehungsweise in Finanzspekulationen verwickelt waren. Auch in diversen Unternehmen, die den Gewerkschaften beziehungsweise Genossenschaften oder der Stadt Wien gehörten beziehungsweise dieser nahestanden, gab es finanzielle Probleme und Gerichtsverfahren. Im Falle der Hammerbrotwerke in Wien beziehungsweise Schwechat konnte nur durch einen von Bosel vermittelten Kredit über 800.000 Holländische Gulden zumindest einige Zeit das Unternehmen gehalten werden – hier gab es keine Berührungsängste. 1922 hatte überdies Bosel ein Steuerverfahren zur Einstellung gebracht, nachdem er 300 Millionen an das Wiener Polizeispital gespendet hatte.

Bis heute fehlt eine Gesamtgeschichte der Korruption in Österreich, trotz der vielen (meist veralteten) Einzelstudien zu Skandalen wie jene um Emmerich Békessy, Viktor Wutte, Sigmund Bosel, Camillo Castiglioni, Peter Westen, Georg Strafella, Wilhelm Berliner oder Jakob Ahrer. Auffallend ist, dass nur ein Politiker, der christlichsoziale ehemalige Finanzminister Ahrer, medial verurteilt wurde.

Dass das nationalsozialistische Regime, das sich immer zum Hüter gegen die Korruption der Parlamentsparteien und der Unternehmen aufgeschwungen hatte, zu einem der korruptesten der Menschheitsgeschichte gehörte, wird leider öffentlich kaum wahrgenommen. So raubten zigtausende Österreicherinnen und Österreicher in den »wilden Arisierungen« nach dem »Anschluss« an das Deutsche Reich 1938 Vermögenswerte ihrer Nachbarn, Bekannten, Freunde und Kollegen in einem Ausmaß, dass sogar Gauleiter Josef Bürckel eingriff und standrechtliche Erschießungen androhte. Das Vermögen sollte zugunsten des Deutschen Reiches und der Kriegsrüstung geraubt werden. Selbst im Zweiten Weltkrieg hielt die systemimmanente Korruption an – Adolf Hitler, Hermann Göring, Baldur von Schirach beschlagnahmten einfach Kunstwerke von Juden und Jüdinnen oder übten Druck für billige Käufe aus. In den Reichswerken Hermann Göring, aber auch in den Steyr-Werken und in der Papierfabrik Lenzing flogen Korruptionsnetzwerke auf, die rationierte Lebensmittel ebenso verschoben hatten wie auch Begünstigungen wie Frontfreistellung etc. angeboten hatten. Selbst der Linzer Oberbürgermeister Sepp Wolkerstorfer wurde kurzfristig verhaftet, kam aber mit einer kleinen Geldstrafe davon. Noch nach 1945 trug er immer ein Bild von Adolf Hitler und ihm selbst aus dem Jahre 1938 in der Geldtasche. Er war politisch bestens vernetzt und hochkorrupt. Die gleichgeschaltete Presse in der NS-Zeit berichtete aber nur fallweise über die »kleinen« Fälle, wie etwa Schwarzschlachten seitens der Bauern, die aber extrem hart – bis zur Todesstrafe – geahndet wurden, und wenn es gegen korrupte Juden ging.

Aber auch die Nachkriegszeit bot aufgrund der zahlreichen ökonomischen Transformationen wieder Korruptionsmöglichkeiten. Schon 1946 wurde ein ehemaliges Gründungsmitglied der Österreichischen Volkspartei und der ehemalige Kopf der konservativen Widerstandsgruppe 05 sowie Unterstaatssekretär im Staatsamt für Inneres, Raoul Bumballa, von der Wirtschaftspolizei wegen Verletzung des Bedarfsdeckungsgesetzes kurz vor Weihnachten 1946 verhaftet, aber nach wenigen Wochen, am 21. Jänner 1947, wieder freigelassen. Bis heute ist unklar, ob nicht Bumballa hier bewusst wegen illegaler großer Textilvorräte (32 000 Meter Stoff) angezeigt wurde, um ihn nach seinem Austritt aus der ÖVP noch 1945 an einer Rückkehr in die politische Arena zu hindern.

Während 1946 Polizei und Justiz schnell mit Untersuchungshaft reagierten, wurde der erste Fall eines parlamentarischen Untersuchungsausschusses rund um Spekulationen mit amerikanischen Marshallplangeldern durch Josef Joham nie auf Polizei- oder Justizebene ausgetragen: Josef Joham war ein Kartellbruder von Julius Raab, kurz auch ÖVP-Parteikassier und nach 1945 Generaldirektor der verstaatlichten Creditanstalt-Bankverein (CA-BV), obwohl er während der NS-Zeit dort in leitender Funktion gearbeitet hatte. Joham hatte aber schon 1943 unter dem Decknamen »630« begonnen, Informationen über Rüstungsbetriebe an den US-Geheimdienst OSS (Office of Strategic Services) in der Schweiz weiterzugeben und sich so einen Nachkriegspersilschein – unter Lebensgefahr – erkämpft. Unter massivem US-amerikanischem Druck und auch durch die SPÖ befeuert, wurde am 23. November 1949 ein parlamentarischer Untersuchungsausschuss eingesetzt, um die dubiosen Geschäftspraktiken der beiden verstaatlichten Banken CA-BV (ÖVP-nah) und Länderbank (SPÖ-nah) zu überprüfen. Das zentrale Thema waren Spekulationen mit amerikanischen Marshallplangeldern und damit verbundenen Zinsspekulationen. Joham hatte zur Abwicklung sowohl in New York eine private Gesellschaft errichtet als auch eine Schweizer »Außenstelle« verwendet. Bundeskanzler Leopold Figl scheiterte mit einem Antrag zur Ablösung Johams im Ministerrat, weil sich einige Minister gegen ihn stellten. Joham kam erst der vierten Vorladung zum Untersuchungsausschuss nach und konnte sich an kaum etwas erinnern oder versteckte sich hinter dem Bankgeheimnis. Selbst eine negative Geschichte über Joham im *Time Magazine* am 18. August 1952 beeindruckte die ÖVP nicht.

Lange Geschichte, kurzes Ende: Joham blieb bis zu seinem Tod 1959 Generaldirektor der CA-BV, und der österreichische Steuerzahler zahlte die US-Forderungen aus den Spekulationsgeschäften Johams auf Weisung von Bundeskanzler Raab zurück, da die Auszahlung der ERP-Mittel, der Marshallplankredite, ausgesetzt worden war.

Josef Joham war auch in Presseangelegenheiten ein wichtiger Berater Julius Raabs. So wurde Fritz Molden, der seit 1953 Herausgeber von *Die Presse* und der *Wochenpresse* war, im Zuge der kritischen Berichterstattung über zwei ÖVP-Korruptionsskandale – die Affäre Fritz Polcar und Parteispenden des Stahlbankrotteurs Johann Haselgruber – von Joham unter Druck gesetzt, diese kritische Berichterstattung aufzugeben. Falls Molden nicht nachgebe, würden laufende Zeitungskredite bald in Rechnung gestellt und neue Kredite von den ÖVP-nahen Banken verweigert werden.

Gerade aufgrund der Dominanz der beiden parteinahen verstaatlichten Banken CA-BV und Länderbank waren Zeitungsneugründungen nur mit Unterstützungen einer der beiden Parteien, ÖVP oder SPÖ, möglich. Dass dies die Aufdeckung von Korruptionsfällen behindern konnte, zeigt der Versuch von Bundeskanzler Julius Raab, dem starken Mann der ÖVP, die Berichterstattung über den Obmann der Wiener ÖVP, Fritz Polcar, zu verhindern.

Aber damals war die Presselandschaft noch vielfältig. So thematisierte der *Wiener Kurier*, der von der US-Besatzungsadministration herausgegeben wurde, ab August 1950 den »Fall Krauland«. Der Bundesminister für Vermögenssicherung und Wirtschaftsplanung Peter Krauland hatte bei der Vergabe von öffentlichen Verwaltungen beziehungsweise bei Rückstellungen von Vermögen, das die Nationalsozialisten geraubt hatten, ein System entwickelt, in dem Pachteinnahmen an die ÖVP beziehungsweise auch an ihn selbst flossen. Erst im Herbst 1951 wurde Krauland verhaftet und 1954 nach einem Prozess aufgrund eines Amnestiegesetzes aus 1950 freigesprochen.

Auch Bundeskanzler Leopold Figl wusste nach den Prozessunterlagen zumindest von einigen dieser Firmenprovisionen. Es wurden auch Provisionszahlungen an die SPÖ von Krauland behauptet.

Der Obmann der Wiener ÖVP, Fritz Polcar, war auch bereits in die Affäre Krauland als Parteispendenempfänger verwickelt gewesen. Er hatte ein subtiles System von Parteispenden aufgebaut. Selbst bei einer Filmproduktion, dessen Vertrag mir vorliegt, wurde eine Provision für die ÖVP Wien festgeschrieben. Bereits 1957 wurde heftig über etwaige Provisionszahlungen an die ÖVP aus Ostgeschäften im Zuge der Staatsvertragsablöselieferungen berichtet. Als aber der Schrott- und Altwarengroßhändler Johann Haselgruber 1958 in Konkurs ging, stellte sich heraus, dass er an die ÖVP ein Darlehen von insgesamt 22,5 Millionen Schilling gegeben hatte. Haselgruber hatte für sein Stahlwerkprojekt in St. Andrä-Wördern Kredite in Höhe von insgesamt 165 Millionen Schilling von der Girozentrale bekommen, die ebenfalls unter ÖVP-Einfluss stand. Zurückgezahlt wurde jedoch trotz anderslautender erster Aussagen seitens der ÖVP nichts. Nur auf Druck von Raab, der langsam die negativen Schlagzeilen für politisch gefährlich einstufte, wurde Polcars politische Karriere als Wiener ÖVP-Obmann und Nationalratsabgeordneter beendet. Wegen anderer Betrugsdelikte wurde er 1968 zu einem Jahr schweren Kerkers verurteilt.

Ein zweiter Korruptionsfall, der nach dem System von Josef Joham abgewickelt wurde, ereignete sich im Umfeld der niederösterreichischen Elektrizitätswirtschaft. Der Obmann des niederösterreichischen ÖAAB und stellvertretende Landeshauptmann Viktor Müllner hatte als Generaldirektor der Landeselektrizitätsgeschäften NEWAG und NIOGAS seit den 1950er-Jahren Gelder offiziell zu einem niedrigen Zinssatz veranlagt, tatsächlich höhere Zinsen kassiert und ca. 40 Millionen Schilling an die ÖVP und den ÖAAB transferiert. Ende Dezember 1966 wurde Müllner nach einem Jahr öffentlicher Diskussionen verhaftet und im Mai 1968 zu vier Jahren schweren Kerkers wegen Amtsmissbrauchs und Untreue verurteilt – zusätzlich auch zur Zahlung von 20 Millionen Schilling Schadenersatz.

Ob diese Verurteilung, nach der Müllner auch aus der ÖVP ausgeschlossen wurde, wirklich die Wahlniederlage von Josef Klaus 1970 beeinflusste, bleibt offen – sicherlich hat das Urteil die Landtagswahlen ab 1967 zugunsten der SPÖ etwas beeinflusst und zu dem Gewinn eines Mandates geführt.

Die SPÖ wiederum war 1966 auch für die Auseinandersetzung um den ehemaligen ÖGB-Präsidenten und Innenminister Franz Olah abgestraft worden. Olah hatte bereits 1961 ohne Wissen und Zustimmung des Fraktionspräsidiums des ÖGB einen Kredit in Höhe von 4,1 Millionen Schilling der der SPÖ nahestehenden Tageszeitung *Express* zur Verfügung gestellt. Dieser Kredit wurde zwar mit Zinsen zurückgezahlt, aber Olah behielt 500.000 Schilling unter seiner geheimen Kontrolle. 1962 subventionierte Olah mit Gewerkschaftsgeldern in Höhe von einer Million Schilling die FPÖ, da der Industriellenverband die Zahlungen an die FPÖ eingestellt hatte. Ziel war die Sicherung der politischen Unterstützung der SPÖ durch die FPÖ bei einer möglichen künftigen Koalition.

1965 wurde Olah wegen seines eigenmächtigen Missbrauches von Gewerkschaftsgeldern aus der SPÖ ausgeschlossen, gründete mit der Demokratischen Fortschrittlichen Partei eine eigene Partei, möglicherweise mit Mitteln, die er noch illegal abgehoben hatte. Olah war sehr beliebt in der SPÖ-Mitgliederbewegung und konnte der SPÖ 1966 drei Prozent Wählerstimmen abziehen, die eine Niederlage erlitt. Die ÖVP konnte mit 48,35 Prozent der Stimmen – aufgrund des Wahlrechtssystems – eine absolute Mandatsmehrheit erringen und erstmals in der Geschichte Österreichs seit 1919 eine Alleinregierung bilden. Franz Olah erreichte bei der Wiener Wahl drei Mandate, wurde aber 1969 zu einem Jahr schweren Kerkers verurteilt und verlor daher sein Mandat. Olah wurde aber nicht wegen des Kredites zur Gründung der *Kronen Zeitung* bei der Zentralsparkasse der Stadt Wien verurteilt, für den ein stiller Partner als »Sicherstellung im Hintergrund« fungiert hatte und der bereits abgezahlt war, sondern wegen nicht autorisierter Verwendung von 1.225.628 Schilling und 64 Groschen für sein Lieblingsprojekt im Kalten Krieg: Ausrüstung einer antikommunistischen Schnelleingreiftruppe, de facto eine Privatarmee, die jeder Kontrolle durch die staatlichen Instanzen entzogen war. Selbstredend, dass auch CIA-Finanzmittel in dieses Projekt geflossen sind.

Trotzdem soll die Finanzierung der *Kronen Zeitung* hier kurz angeschnitten werden: Franz Olah hatte erkannt, dass die Zeit der Parteizeitungen vorbei war, und wollte bei den neuen Boulevardmedien seinen Einfluss sichern. Die Zeitungsgründer Hans Dichand und Kurt Falk erhielten durch Vermittlung des ÖGB-Präsidenten Olah einen Kredit bei der Zentralsparkasse der Gemeinde Wien in Höhe von 12 Millionen Schilling. Im Businessplan der *Kronen Zeitung* waren insgesamt zehn Millionen Schilling an Betriebskapital vorgesehen – tatsächlich wurden es 14 Millionen –, der erste Reingewinn sollte nach drei bis vier Jahren erzielt werden. Es wurde aber bereits 1962 die Gewinnzone erreicht. Olahs unsichtbare Hand hatte das notwendige Kapital »besichert«, ohne dass es eine klassische Garantieerklärung oder entsprechende Besicherung dafür gegeben hätte – und schon gar keinen Beschluss des ÖGB. Einen stillen Partner in Frankfurt, der sich dann als der österreichische Kaufmann Ferdinand Karpik herausstellte, hatte er als Geldgeber und Eigentümer von 50 Prozent der Anteile an der letzten großen und gewagtesten Zeitungsgründung der Nachkriegszeit ebenfalls aufgetrieben. Noch vor dem Prozess gegen Franz Olah, den der ÖGB wegen angeblicher Veruntreuung von Gewerkschaftsgeldern – auch im Zusammenhang mit dem Kredit für die Gründung der *Kronen Zeitung* – angestrengt hatte, verkaufte Karpik 1966 seine Anteile um 15 Millionen Schilling.

Rückblickend gesehen, handelte es sich wohl um das größte Luftgeschäft bei einer Zeitungsgründung der Zweiten Republik; im Fall eines Misserfolges wären die Sicherstellungen für die Bank nicht liquidierbar gewesen.

Bemerkenswert bei den Korruptionsfällen und Prozessen der 1970er-Jahre ist es, dass sie alle im Umfeld von Großbauprojekten stattfanden und alle in Wien, obwohl in der Ära Kreisky umfassende Infrastrukturgroßprojekte in ganz Österreich durchgeführt wurden (zum Beispiel Arlbergtunnel, Brückenbauten, Schulbauten etc.). Das Großprojekt AKH war aber offensichtlich nach großen Planungsproblemen seit 1955 nicht nur von den Kosten her explodiert (von 15 Milliarden Schilling (1,09 Mrd. Euro) Mitte der 1970er-Jahre auf 36,7 Milliarden Schilling (ca. 2,67 Mrd. Euro) im Jahr 1980). Der Direktor der Allgemeinen Krankenhaus Planungs- und Errichtungs AG (AKPE) Adolf Winter, ein ehemaliger Gruppenleiter der MA 17 der Stadt Wien, war innerhalb der SPÖ durchaus vernetzt und gründete bereits zwischen 1972 und 1974 Briefkastenfirmen in Liechtenstein, wo Firmen im Zuge des AKH-Baus insgesamt 40 Millionen Schilling (2,9 Mio. Euro) an Schmiergeldern transferierten. Letztlich wurden aber nur zwölf Manager mit Winter gemeinsam angeklagt und zu Freiheitsstrafen zwischen zweieinhalb und elf Jahren verurteilt. Letztlich kostete das AKH bei der Fertigstellung 1994 43 Milliarden Schilling (3,12 Mrd. Euro). Als der Journalist Alfred Worm die Affäre aufgedeckt hatte, wurde auch immer wieder die Steuerberatungskanzlei Consultatio, die Hannes

Androsch gehörte, beziehungsweise er selbst als Finanzminister mit diesem Skandal in Verbindung gebracht. Beweise wurden keine gefunden. Auch der Präsident der Industriellenvereinigung Fritz Mayer wurde in seiner Funktion als Generaldirektor der ITT-Austria GmbH in Untersuchungshaft genommen. Fünf Jahre später wurde er aber rehabilitiert. Adolf Winter gehörte auch dem Club 45 an, in dem sich der der SPÖ nahestehende Spitzenpolitiker und Manager im Demel auf Initiative des Eigentümers, Industriedesigners und Waffennarren Udo Proksch trafen. Im Minderheitenbericht der ÖVP zum AKH-Untersuchungsausschuss wurde auch auf Beratungsaufträge an die Neue Heimat, eine Baufirma, die dem deutschen Gewerkschaftsbund gehörte, hingewiesen. Die Neue Heimat ihrerseits investierte rund 50 Millionen Schilling zur Rettung des Vorwärts-Verlages, ohne klar ersichtliche Gegenleistung, so der ÖVP-Bericht.

Udo Proksch sollte letztlich der Anlass sein, dass erstmals SPÖ-Spitzenpolitiker angeklagt und auch verurteilt wurden. Proksch wurde nach Zeitungsberichten in der *Wochenpresse* 1985 wegen Betrugsverdacht verhaftet, da er verdächtigt wurde, 1977 die Sprengung eines Schiffes im Indischen Ozean veranlasst zu haben, bei der sechs Matrosen ums Leben kamen. An Bord hatte sich statt einer Udo Proksch und einem Partner gehörenden teuren Uranerz-Aufbereitungsanlage nur Schrott befunden, Proksch wollte aber die hohe Versicherungsprämie kassieren. Außenminister Leopold Gratz und Innenminister Karl Blecha intervenierten für Proksch, den sie gut kannten, was dazu führte, dass er aus der Untersuchungshaft entlassen wurde. Proksch entzog sich zuerst durch Flucht einem Verfahren, wurde aber 1989 verhaftet und 1992 wegen sechsfachen Mordes und sechsfachen Mordversuches zu lebenslanger Haft verurteilt. Auch sein »Geschäftspartner« Hans Peter Daimler wurde in Deutschland wegen Beihilfe zum Mord und Mordversuch in jeweils sechs Fällen 1997 zu 14 Jahren Haft verurteilt. Gratz musste als Außenminister zurücktreten und wurde 1993 wegen falscher Zeugenaussage im Zuge des Lucona-Verfahrens mit 450.000 Schilling (32.703 Euro) Strafe belegt.

Die verstaatlichte Industrie in Österreich geriet ebenfalls in die Korruptionsschlagzeilen. Vor allem die VOEST konnte sich nicht rasch genug an die neuen Rahmenbedingungen anpassen, und Manager versuchten durch Spekulationsgewinne, die Verluste zu reduzieren. Versuche wie jene der VOEST-Handelsfirma Intertrading, mittels Spekulationsgewinnen aus Erdöltermingeschäften sowie aus Stahl- und Maschinenhandel die Bilanzen des Linzer Stahlriesen zu verbessern, scheiterten ebenso wie neutralitätsrechtlich verbotene Waffengeschäfte der staatlichen Firma Noricum in der Kanzlerschaft von Fred Sinowatz. Innenminister Karl Blecha wurde 1993 rechtskräftig bedingt zu neun Monaten wegen Beweismittelfälschung und Urkundenunterdrückung im Zusammenhang mit der Noricum-Affäre verurteilt.

Aus der Geschichte nichts gelernt?
Ein Vergleich zwischen den Korruptionsfällen seit Ende des 19. Jahrhunderts zeigt, dass gerade in globalen wirtschaftlichen Aufbruchzeiten, aber auch in Wirtschaftskrisen mit Spekulationspotenzial die Anfälligkeit für politische Korruption sehr hoch ist. Ebenso wie vor 1900 stand in der beginnenden Globalisierung ab den 1970er-Jahren die persönliche Bereicherung im Zentrum der Versuchung für Politiker und Manager. Die Zwischenkriegszeit hingegen ist vor allem durch direkte oder indirekte Parteispenden geprägt – derartige Nachwehen finden sich aber bis herauf zu dem Ibiza-Video 2019. Durch die Parteienfinanzierung und eine entsprechende Gesetzgebung bei den Parteispenden konnten – im Vergleich zur Zwischenkriegszeit – derartige Korruptionsfälle wie Ende der 1950er-Jahre und in den 1960er-Jahren verhindert werden.

Politische Korruption ist nicht mit Strafgesetzen allein einzudämmen, sondern es bedarf entsprechender Transparenz bei öffentlichen Aufträgen ebenso wie bei den Versuchen, Medien direkt oder indirekt zu beeinflussen. Wenn man das Ibiza-Video Revue passieren lässt, wird man das Gefühl nicht los, wir stecken demokratiepolitisch nach wie vor in der Gründerzeit, als ganze Zeitungsverlage von Wirtschaftsunternehmen und Banken aufgekauft wurden, um sie zu kontrollieren bis hin zur Bestechung einzelner Journalisten.

Wer die »vierte Macht« im Staate nicht unabhängig arbeiten lässt – und dazu gehört auch die trendige »message control« –, fördert wieder Rahmenbedingungen, die massive Korruption ermöglichen. Letztlich hilft nur umfassende Transparenz – auch bei den Parteifinanzen und Parteispenden –, um vielleicht doch eines Tages die neuerliche und fast vorhersagbare Rückkehr der politischen Korruption zu verhindern.

In diesem Sinne zahlt sich die Investition aus Steuergeld in die Parteienförderung, aber auch in unabhängige Medien und einen unabhängigen Rundfunk aus.

Literatur

Bruckmüller, Ernst (Hrsg.): *Korruption in Österreich. Historische Streiflichter.* Wien 2011.

Dell-Osbel, Martina: *Der Einfluss der EU auf ausgewählte Politikbereiche Österreichs.* Masterarbeit, Universität Wien 2013.

Gehler, Michael und Hubert Sickinger: *Politische Affären und Skandale in Österreich. Von Mayerling bis Waldheim.* Wien, Innsbruck, Bozen 2007.

Kastner, Barbara: *Die journalistische Korruptionskontrolle in Österreich unter den strukturellen Bedingungen des Medienwandels.* Diplomarbeit, Universität Wien 2008.

Schmidt, Walter Hannes: *Politische Korruption.* Diplomarbeit, Universität Wien 2009.

Stockhammer, Andreas: *Politische Korruption in Österreich.* Diplomarbeit, Universität Wien 2011.

Thurnher, Ingrid: *Auf den Spuren des Udo Proksch.* Wien 2011.

Kettenreaktionen

FRANZ SOMMER

Aus demoskopischer Sicht war die Nationalratswahl 2019 eine der spektakulärsten der Zweiten Republik. Was die Wählerschaft bewegte – und was sie eher kalt ließ.

Dr. Franz Sommer, geboren 1960 in Güssing, ist Mitbegründer der »ARGE WAHLEN« und des Institutes für Marktforschung und Regionalumfragen und seit 1983 als selbstständiger Politikforscher tätig. Arbeitsschwerpunkte: Wahlforschung/Wahlverhalten/Wahlrecht (Track Polling, Wahltagsbefragung, Wahlhochrechnung, wahlstatistische/wahlarithmetische Analysen etc.).

Der Nationalratswahl vom 29. September 2019 gingen Entwicklungen und Entscheidungen voraus, die es in der Geschichte der Zweiten Republik noch nie gegeben hat: Unmittelbar nach der Veröffentlichung des »Ibiza-Videos« kam es zu einer beispiellosen innenpolitischen Kettenreaktion: Rücktritt von Heinz-Christian Strache als Vizekanzler und Parteiobmann der FPÖ, Entscheidung von Kanzler Sebastian Kurz, die Koalitionsregierung mit der FPÖ zu beenden und Neuwahlen anzustreben, Entlassung von Innenminister Herbert Kickl, Rückzug der freiheitlichen Regierungsmitglieder aus der Bundesregierung, Misstrauensantrag gegen die von Bundeskanzler Kurz geführte Übergangsregierung (auch gegen die erst vom Bundespräsidenten neu angelobten Regierungsmitglieder) und Abwahl dieser Übergangsregierung im Parlament.

Während die Abwahl von Bundeskanzler Kurz und seiner Übergangsregierung im Nationalrat eine klare Mehrheit fand (drei Fraktionen – SPÖ, FPÖ und Liste Jetzt – stimmten geschlossen für den Misstrauensantrag), war die Bevölkerung mehrheitlich gegen diese Entscheidung – auch erhebliche Teile der FPÖ- und SPÖ-Wähler. Daran hat sich auch während des Wahlkampfes kaum etwas geändert. Selbst unmittelbar vor der Wahl stimmten noch 55 Prozent der Befragten der Aussage »Kurz hätte die Übergangsregierung bis zu den Neuwahlen im Herbst weiterführen sollen« zu. Jeder zweite FPÖ-Wähler und immerhin jeder fünfte SPÖ-Wähler teilte in einer repräsentativen Wahltagsbefragung diese Position.

Noch viel deutlicher ausgeprägt war die negative retrospektive Bewertung des Misstrauensvotums gegen Bundeskanzler Kurz unter deklarierten SPÖ-Abwanderern zur ÖVP (87 %) und deklarierten FPÖ-Abwanderern zur ÖVP (96 %). Das Unverständnis über die

Abwahl war vor allem für ehemalige FPÖ-, aber auch für ehemalige SPÖ-Wähler ein Motiv, ihrer bei der Nationalratswahl 2017 präferierten Partei den Rücken zu kehren und der ÖVP beziehungsweise Sebastian Kurz die Stimme zu geben.

Tab. 1: **Retrospektive Bewertung des Misstrauensvotums gegen Bundeskanzler Sebastian Kurz und Wahlverhalten**
Frageversionen: »*Ende Mai haben SPÖ, FPÖ und die Liste Jetzt die Übergangsregierung im Nationalrat durch ein Misstrauensvotum abgewählt. Wie sehen Sie die Abwahl von Sebastian Kurz im Rückblick? War es richtig, Sebastian Kurz als Bundeskanzler abzuwählen, oder hätte Sebastian Kurz die Übergangsregierung bis zu den Neuwahlen im Herbst weiterführen sollen?*«
»*Was meinen Sie: War es von der SPÖ mit Blick auf die öffentliche Stimmungslage eine kluge Vorgangsweise, Sebastian Kurz als Bundeskanzler zu stürzen, oder hat die SPÖ mit der Abwahl von Sebastian Kurz einen Fehler begangen?*«

Zustimmung in Prozent der Befragten	Befragte insgesamt	SPÖ-Wähler	FPÖ-Wähler	von SPÖ zu ÖVP	von FPÖ zu ÖVP
Kurz hätte die Übergangsregierung bis zu den Neuwahlen im Herbst weiterführen sollen.	55	19	53	87	96
Die SPÖ hat mit der Abwahl von Sebastian Kurz einen Fehler begangen.	60	26	62	62	96

Quelle: Wahltagsbefragung 26.–28.9.2019, repräsentativ für österreichische Wahlberechtigte ab 16 Jahren, Recall-Gewichtung auf die NRW 2017, 1600 Onlineinterviews, Demox Research.

Allein die Ankündigung, dass die SPÖ einen Misstrauensantrag gegen Bundeskanzler Sebastian Kurz unterstützen beziehungsweise selbst einbringen wird, hat wenige Tage danach bei der Europawahl zu einem sehr starken Mobilisierungsschub zugunsten der ÖVP geführt. Noch wenige Tage zuvor signalisierten die Umfragen lediglich einen Vorsprung der ÖVP von drei bis fünf Prozentpunkten vor der SPÖ, plötzlich waren es dann deutlich über zehn Prozentpunkte.

Ein Blick auf die in den Wochen vor und nach der Abwahl demoskopisch erhobenen Parteipräferenzen legt den Schluss nahe, dass die vorverlegte Nationalratswahl bereits Ende Mai/Anfang Juni entschieden war. SPÖ und FPÖ sind in dieser Zeit in der Wählergunst massiv eingebrochen und haben sich danach nicht mehr erholt. Für die ÖVP dagegen zeigte die Trendkurve steil nach oben. Sie konnte ihren Vorsprung in den Umfragen gegenüber der SPÖ innerhalb weniger Tage von 8 auf 16 Prozentpunkte ausbauen.

Eine noch größere Rolle als die Abwahl spielte für den SPÖ-Absturz in den Umfragen allerdings der massive Aufwärtstrend für die Grünen, die bei der Nationalratswahl 2017 an der Vier-Prozent-Hürde scheiterten, aber bei der Europawahl mit einem Wähleranteil von 14,1 Prozent alle Erwartungen übertreffen konnten. Rückblickend betrachtet, waren mit dem Ergebnis der Europawahl vom 26. Mai 2019 die groben Konturen des Nationalratswahlergebnisses vom 29. September 2019 bereits vorgezeichnet: Rekordvorsprung für die ÖVP, fulminantes Comeback für die Grünen, moderate Zuwächse für die NEOS, massive Stimmenverluste für SPÖ und FPÖ. Außerdem ist die Wahrscheinlichkeit, dass die Liste Jetzt noch einmal den Sprung ins Parlament schafft, mit der Europawahl in Richtung null gesunken.

Tab. 2: Parteipräferenzen der Befragten Dezember 2017 bis September 2019:
Hochschätzung der deklarierten Wahlabsichten Nationalratswahlen, Wahlergebnis in Prozent der gültigen Stimmen

Erhebungszeitraum	ÖVP in %	SPÖ in %	FPÖ in %	Grüne in %	NEOS in %	Liste Jetzt in %	andere in %
Dezember 2017	32	28	25	4	6	3	2
Juni 2018	33	27	24	5	8	1	2
Dezember 2018	34	27	23	5	8	1	2
Anfang Mai 2019	34	26	22	7	8	1	2
Mitte Juni 2019	38	22	20	11	7	1	1
Ende Sept. 2019	35	23	19	12	8	2	1
Wahlergebnis NRW 29. September 2019	37,5	21,2	16,2	13,9	8,1	1,9	1,2

Quelle: Bundesweite Onlineumfragen, repräsentativ für die Wahlberechtigten ab 16 Jahren, pro Messpunkt 2000 Interviews (»rollierende Kumulierung«), Institute: GFK Austria 2017–2018, Demox Research 2019.

Die Parteipräferenzen veränderten sich ab dem Frühsommer nur unwesentlich. Nach einem markanten Anstieg der ÖVP in der Wählergunst unmittelbar nach der Abwahl des Bundeskanzlers lag die Partei mit ihrem Spitzenkandidaten Sebastian Kurz selbst in den vorsichtigen Hochschätzungen, die von einer möglichen Überdeklaration der ÖVP-Präferenten in den Umfragen ausgingen, mit rund 35 Prozent deutlich über ihrem 2017er-Ergebnis (31,5 %).

Dabei sah sich die ÖVP über Wochen hindurch immer wieder mit Vorwürfen konfrontiert (Schredder-Affäre, Wahlkampfkostenüberschreitung), aber messbare Auswirkungen hatten die Negativschlagzeilen auf die robuste Wählerschaft der ÖVP offensichtlich nicht.

Und in den letzten Tagen vor der Wahl nahm die Zahl der deklarierten ÖVP-Zuwanderer sogar wieder zu. Im Vergleich zu Ende August/Anfang September sind die Wahlabsichten für die ÖVP unter den Deklarierten (Befragte, die sicher zur Wahl gehen wollten und auf die Wahlabsichtsfrage eine Partei angegeben haben) von 36 auf 38 Prozent angestiegen. Die SPÖ konnte den Abwärtstrend bei 22 Prozent stoppen, die FPÖ ist dagegen von 17,5 auf 15,5 Prozent zurückgefallen, die Liste Jetzt (Pilz) konnte sich von ein auf 2 Prozent steigern – Tendenzen, die durch das Wahlergebnis weitgehend bestätigt wurden.

Aber nicht bei allen Parteien waren die nur auf Basis der Deklarierten berechneten Wahlabsichten zutreffend: Die Werte für die NEOS lagen – anders als in der Hochschätzung – mit knapp zehn Prozent eindeutig zu hoch. Auch der zuletzt gemessene Rückgang bei den Grünen (von knapp 14 auf rund 12,5 %) bestätigte sich im Wahlergebnis nicht. Die oft formulierte Annahme, dass die Grünen in Umfragen immer besser abschneiden als bei Wahlen, ist sowohl für die Europawahl als auch für die Nationalratswahl widerlegt worden.

Tab. 3: **Track Polling vor der Nationalratswahl 29. September 2019: Wahlabsichten nur auf der Basis der Befragten, die bei der Wahlabsichtsfrage ÖVP/SPÖ/FPÖ/GRÜNE/NEOS/Liste Jetzt angeben**

Wahlabsicht NRW zum Befragungszeitpunkt	Mitte August bis Anfang September in %	Ende September in %	Veränd. +– in %
Wahlabsicht ÖVP	36,2	38,2	+2,0
Wahlabsicht SPÖ	22,4	22,0	–0,4
Wahlabsicht FPÖ	17,5	15,5	–2,0
Wahlabsicht GRÜNE	13,8	12,3	–1,5

Wahlabsicht NEOS	8,9	9,9	+1,0
Wahlabsicht Jetzt (Pilz)	1,2	2,1	+0,9
GESAMT	100,0	100,0	

Quelle: Bundesweite Telefonumfragen, repräsentativ für die Wahlberechtigten ab 16 Jahren, »rollierende Kumulierung«, jeweils 1200 Interviews. Institut: Demox Research.

Von den insgesamt 23 Nationalratswahlen seit 1945 war die Nationalratswahl vom 29. September 2019 eine der spektakulärsten. Die wahlpolitischen Stärkeverhältnisse der Parteien haben sich dramatisch verschoben. Der Abstand zwischen der stärksten und der zweitstärksten Partei war noch nie so groß wie bei dieser Wahl: Mit einem Wähleranteil von 37,5 Prozent liegt die ÖVP jetzt 16,3 Prozentpunkte vor der SPÖ (21,2 %). Damit hat die ÖVP den bisherigen Rekordvorsprung der SPÖ (Nationalratswahl 1990: +10,7 Prozentpunkte) deutlich übertroffen.

Bei den 23 Nationalratswahlen seit 1945 ging die SPÖ 15-mal und die ÖVP 8-mal als stimmenstärkste Partei hervor. Ab den 70er-Jahren war die SPÖ über drei Jahrzehnte hindurch immer stimmenstärkste Partei. 2002 stieg die ÖVP mit Wolfgang Schüssel erstmals seit 1966 wieder zur stimmenstärksten Partei auf (Vorsprung gegenüber der SPÖ: +5,8 Prozentpunkte), verlor den Platz eins nach vier Jahren jedoch wieder an die SPÖ.

Bei der vorgezogenen Nationalratswahl 2017 gelang der ÖVP mit Sebastian Kurz als Spitzenkandidaten neuerlich der Sprung auf Platz eins (Vorsprung gegenüber der SPÖ: 4,5 Prozentpunkte), bei der ebenfalls vorgezogenen Nationalratswahl 2019 errang die ÖVP mit Sebastian Kurz – vor allem auch aus wahlhistorischer Sicht – einen außergewöhnlichen Wahlerfolg, der aufgrund des Rekordvorsprunges von 16,3 Prozentpunkten gegenüber der SPÖ sogar den Erdrutschsieg von Wolfgang Schüssel bei der Nationalratswahl 2002 in den Schatten stellt.

Tab. 4: **Nationalratswahlen 1945–2019: Vorsprung der stimmenstärksten Partei gegenüber der zweitstärksten Partei (in Prozent der gültigen Stimmen)**

Wahljahr	ÖVP in %	SPÖ in %	Abstand in %
Nationalratswahlen 2019	37,5	21,2	ÖVP +16,3
Nationalratswahlen 1990	32,1	42,8	SPÖ +10,7
Nationalratswahlen 1995	28,3	38,1	SPÖ +9,8
Nationalratswahlen 1979	41,9	51,0	SPÖ +9,1
Nationalratswahlen 1975	42,9	50,4	SPÖ +7,5
Nationalratswahlen 1994	27,7	34,9	SPÖ +7,2
Nationalratswahlen 1971	43,1	50,0	SPÖ +6,9
Nationalratswahlen 1999	26,9	33,1	SPÖ +6,2
Nationalratswahlen 2002	42,3	36,5	ÖVP +5,8
Nationalratswahlen 1966	48,3	42,6	ÖVP +5,7

Das Ergebnis der Europawahl vom 26. Mai war eine verlässliche Indikation für den Ausgang der Nationalratswahl. Jeweils im Vergleich zur Nationalratswahl 2017 haben sich die Trends der Europawahl 2019 bei der Nationalratswahl 2019 im Wesentlichen wiederholt. Die einzige nennenswerte Abweichung betrifft die ÖVP und die SPÖ: Die ÖVP hat bei der Nationalratswahl um rund drei Prozentpunkte besser, die SPÖ um rund drei Prozentpunkte schlechter abgeschnitten als bei der Europawahl.

Aber nicht nur die wahlpolitischen Stärkeverhältnisse zwischen den Parteien waren sehr ähnlich, auch die Gewinne/Verluste der Parteien in ländlichen Gemeinden, in Kleinstädten und in städtischen Zentren zeigen nahezu die gleichen Muster. Bei den Grünen sind die Anteilsgewinne bei der Europawahl und bei der Nationalratswahl nahezu identisch. Die ÖVP gewinnt bei der Nationalratswahl generell stärker als bei der Europawahl, die SPÖ verliert bei der Nationalratswahl generell stärker als bei der Europawahl – jeweils im Vergleich zur Nationalratswahl 2017.

Die Gewinne der ÖVP fallen in Landgemeinden um mehrere Prozentpunkte höher aus als in den Städten. Gleichzeitig verliert die SPÖ in den Städten stärker als in den Landgemeinden. Der Erklärungshintergrund dafür ist einfach: Die Wählerdynamik in Richtung Grüne und NEOS ist im städtisch-urbanen Bereich viel stärker ausgeprägt als am »flachen Land«. Dieser Effekt trifft auch die ÖVP: Ihre Gewinne fallen in den Städten daher generell um ein paar Prozentpunkte schwächer aus als im Durchschnitt.

Allerdings gibt es auch in den Städten markante Abweichungen. Auffallend stark streuen die Wiener Bezirksergebnisse: Während die ÖVP in den früher als »bürgerlich« etikettierten Bezirken (1, 4, 6, 7, 8, 9, 13, 18, 19) stagniert beziehungsweise sogar Verluste hinnehmen muss, erzielt sie in den traditionellen »Arbeiterbezirken« (10, 11) und in den Bezirken 20, 21, 22 und 23 Wähleranteilsgewinne, die weit über dem Durchschnittsergebnis der Stadt Wien liegen.

Die SPÖ verliert in jenen Bezirken und Wahlkreisen am stärksten, in denen sie bei der Nationalratswahl 2017 überdurchschnittlich viele taktisch motivierte Grünen-Wähler gewinnen konnte. Auch ohne demoskopisches Mikroskop ist zu sehen, dass diese Wähler – übrigens gemeinsam mit vielen ehemaligen Liste Pilz-Wählern – wieder zu ihrer Partei (den Grünen) zurückkehren.

Tab. 5: Gewinne/Verluste der Parteien bei der Nationalratswahl 2019 in ländlichen Gemeinden, in Kleinstädten und städtischen Zentren

Stadt/Land	EPW 2019 – NRW 2017 in %	NRW 2019 – NRW 2017 in %
Landgemeinden	ÖVP +6,1 %	ÖVP +8,5 %
Klein- und Mittelstädte	ÖVP +4,2 %	ÖVP +7,1 %
Wien und Landeshauptstädte	ÖVP +0,9 %	ÖVP +3,7 %
Landgemeinden	SPÖ –2,3 %	SPÖ –4,2 %
Klein- und Mittelstädte	SPÖ –3,0 %	SPÖ –4,9 %
Wien und Landeshauptstädte	SPÖ –5,0 %	SPÖ –7,0 %
Landgemeinden	Grüne +6,9 %	Grüne +6,4 %
Klein- und Mittelstädte	Grüne +9,3 %	Grüne +8,8 %
Wien und Landeshauptstädte	Grüne +14,7 %	Grüne +14,0 %

Quelle: Wahlstatistische Querschnittanalyse, ARGE WAHLEN.

Der Wählerstrom von der SPÖ zu den Grünen (206 000 Stimmen) zählt zu den stärksten Wählerströmen. Auch der Wählerstrom von der Liste Pilz zu den Grünen (111 000 Stimmen) liegt im Spitzenfeld. Die meisten ÖVP-Zuwanderer sind Wähler, die bei der Nationalratswahl 2017 ihre Stimme noch der FPÖ gegeben haben (267 000 Stimmen). 89 000 ÖVP-Zuwanderer kommen laut Wählerstromanalyse von der SPÖ. Stimmen verliert die ÖVP an die Grünen (67 000), an die NEOS (51 000) und an die Nichtwähler (55 000).

Tab. 6: WÄHLERWANDERUNGEN Nationalratswahlen 2019 – Nationalratswahlen 2017: Gewinne/Verluste der Parteien

Zentrale Wählerströme NRW 2019 – NRW 2017	Wählerwanderungen in absoluten Stimmen (saldiert)
ÖVP gewinnt von der FPÖ	267 000
GRÜNE gewinnen von der SPÖ	206 000
FPÖ verliert an die Nichtwähler	124 000
GRÜNE gewinnen von der Liste Pilz	111 000
SPÖ verliert an die Nichtwähler	94 000
ÖVP gewinnt von der SPÖ	89 000
GRÜNE gewinnen von der ÖVP	67 000
ÖVP verliert an die Nichtwähler	55 000
NEOS gewinnen von der SPÖ	55 000
NEOS gewinnen von der ÖVP	51 000
GRÜNE gewinnen von den NEOS	40 000

Quelle: Institut für Wahl-, Sozial- und Methodenforschung.

Der Trend zur Briefwahl ist ungebrochen: Seit der Nationalratswahl 2013 ist die Zahl der ausgestellten Wahlkarten kontinuierlich angestiegen – von knapp 670 000 auf zuletzt über 1 070 000. Der Anteil an gültigen Briefwahlstimmen (gemessen an gültigen Stimmen insgesamt) hat sich seit der Nationalratswahl 2013 von 12 auf 20 Prozent erhöht.

Das Ergebnis der Briefwahl unterscheidet sich gravierend vom Ergebnis der Urnenwahl. Der Grund dafür: Briefwähler setzen sich hinsichtlich verschiedener Merkmale strukturell anders zusammen als Urnenwähler. Eine zunehmende Rolle spielt dabei die Frage, wo die Briefwähler und Urnenwähler leben. Da die Inanspruchnahme von Wahlkarten im städtisch-urbanen Raum stärker zunimmt als in ländlich-peripheren Regionen, nehmen auch die strukturell bedingten Abweichungen im Wahlverhalten zu.

Es gibt Effekte, die bis jetzt bei jeder Wahl aufgetreten sind: Die FPÖ schneidet bei Briefwählern immer wesentlich schlechter ab als bei Urnenwählern (FPÖ-Urnenwahl NRW 2019: 17,3 %, FPÖ-Briefwahl NRW 2019: 11,8 %). Bei den Grünen ist es erfahrungsgemäß genau umgekehrt: Während sie bei den Briefwählern 20,1 Prozent der gültigen Stimmen erzielen konnten, lag der Wähleranteil der Grünen bei den Urnenwählern lediglich bei 12,4 Prozent. In etwas abgeschwächter Form stellen sich die Relationen auch bei den NEOS sehr ähnlich dar (NEOS-Urnenwahl NRW 2019: 7,4 %, NEOS-Briefwahl NRW 2019: 11,1 %).

Es gibt aber auch Effekte, die relativ neu sind: Bei der Nationalratswahl 2017 hat die ÖVP bei Briefwählern annähernd gleich gut abgeschnitten wie bei Urnenwählern. Bei der Nationalratswahl 2019 war das nicht mehr der Fall (ÖVP-Urnenwahl NRW 2019: 38,4 %, ÖVP-Briefwahl NRW 2019: 33,8 %). Ein Grund dafür ist, dass sich die Struktur der ÖVP-Wähler verschoben hat.

Am erfolgreichsten war die ÖVP in der Wählerrekrutierung in den letzten Jahren in ländlichen Regionen, bei Wählern mit niedriger Schulbildung und niedrigem Einkommen. Auch in anderen Wählersegmenten verzeichnet die ÖVP im Vergleich zu 2013 durchaus Zuwächse, nur fallen diese signifikant schwächer aus als in den genannten Gruppen.

Tab. 7: **Nationalratswahlen 29. September 2019: Abweichung der Ergebnisse Urnenwahl – Briefwahl**

Parteien/Listen	NRW 2019 Urnenwahl in %	NRW 2019 Briefwahl in %	Abweichung +– in %
ÖVP	38,4	33,8	–4,6
SPÖ	21,5	19,7	–1,8
FPÖ	17,3	11,8	–5,5
GRÜNE	12,4	20,1	+7,7
NEOS	7,4	11,1	+3,7
Sonstige	3,0	3,5	+0,5

Die Einflussfaktoren der Nationalratswahl 2019
Die Hauptgründe für den Ausgang dieser spektakulären Wahl lassen sich ziemlich klar umreißen:

- Die Zufriedenheit mit der Arbeit der ÖVP/FPÖ-Koalitionsregierung unter Bundeskanzler Kurz. Die Bevölkerung hatte überwiegend den Eindruck, dass die Regierung gut und effizient arbeitet, kaum streitet und mehr weiterbringt als frühere Regierungen. Auch retrospektiv bewerten die Befragten die ÖVP/FPÖ-Koalitionsregierung unverändert sehr positiv: 58 Prozent der Befragten waren mit ihrer Arbeit zufrieden, 40 Prozent unzufrieden. Solche Werte wird eine neue Koalitionsregierung (wie auch immer sie am Ende der Verhandlungen aussehen mag) auf absehbare Zeit wohl nicht erreichen.

Tab. 8: **Retrospektive Zufriedenheit mit der Arbeit der ÖVP/ FPÖ-Koalition**
Frageversion: »*Wie zufrieden beziehungsweise unzufrieden waren Sie – rückblickend betrachtet – mit der Arbeit der ÖVP/FPÖ-Koalitionsregierung unter Bundeskanzler Sebastian Kurz?*«

in % der Befragten	zufrieden	unzufrieden
Wähler (insgesamt)	58	40
ÖVP-Wähler	**94**	4
FPÖ-Wähler	**94**	6
SPÖ-Wähler	15	**84**
NEOS-Wähler	37	**60**
Grünen-Wähler	12	**84**

- Die enorme Strahlkraft von Sebastian Kurz auf eine Wählerschaft, die mittlerweile weit über die traditionelle ÖVP-Wählerbasis hinausreicht. Auch wenn seine Kritiker die Art und Weise, wie Sebastian Kurz mit seinen Wählern kommuniziert, belächeln und die Nase rümpfen: Er ist damit extrem erfolgreich, er erschließt für seine Partei völlig neue Wählerschichten, die mit der ÖVP bisher wenig bis nichts anfangen konnten. Man könnte es auch viel brutaler formulieren: Seinen Mitbewerbern ist es nicht gelungen, in der direkten Konfrontation mit Sebastian Kurz eine gute Figur zu machen.
- Befragte, die den Spitzenkandidaten/die Spitzenkandidatin für das wichtigste Kriterium der Wahlentscheidung halten, haben nach eigenen Angaben zu 75 Prozent ÖVP gewählt.

Tab. 9: **Kriterien der Wahlentscheidung**
Frageversion: »*Welcher der folgenden Punkte war für Ihre Wahlentscheidung am 29. September persönlich am wichtigsten?*«

in % wählten:	ÖVP	SPÖ	FPÖ	NEOS	Grüne
die Spitzenkandidaten/Spitzenkandidatinnen der Parteien (20 %)	75	9	6	3	6
die Positionen der Parteien bei Themen und Sachfragen (58 %)	30	23	17	9	18
welche Koalition nach der Wahl regieren wird (18 %)	23	31	23	9	11

- Wahlentscheidende Wählergruppen reagierten auf die Abwahl mit Unverständnis. Sie sahen in der Abwahl des Kanzlers und der gesamten Bundesregierung vor allem ein parteitaktisch motiviertes Manöver. Die Abwahl erfolgte durch drei Fraktionen, die zum Zeitpunkt der Abwahl im Nationalrat noch über eine Mehrheit verfügten, bei den vorgezogenen Nationalratswahlen aber insgesamt 40 Mandate verloren haben.
- Anders als vor der Nationalratswahl 2017 gab es eine aufgefächerte Themenlandschaft, der Klimaschutz ist 2019 zum Topthema aufgestiegen und hat den Wiederaufstieg der Grünen zumindest begünstigt. Als Wahlmotiv wird das Thema Klimawandel allerdings auch ein wenig überschätzt. Die folgende Tabelle zeigt, dass einzelne Wählergruppen ganz unterschiedliche thematische Prioritäten aufweisen.

Tab. 10: **Wahlverhalten in Abhängigkeit von thematischen Prioritäten**
Frageversion: »*Welche der folgenden Themen beschäftigt Sie zurzeit am meisten? Über welche dieser Themen machen Sie sich am meisten Sorgen?*« (maximal drei Nennungen)

Wähler, die sich über diese Probleme Sorgen machen, wählten:	ÖVP	SPÖ	FPÖ	NEOS	Grüne
die Folgen des Klimawandels (40 %)	29	27	3	10	28
die Probleme mit Flüchtlingen/Asylanten (31 %)	46	9	37	4	4
die Finanzierung der Pflege im Alter (29 %)	43	26	7	7	13
die zu niedrigen Einkommen/Pensionen (27 %)	35	28	14	6	13
die hohe Steuer- und Abgabenbelastung (26 %)	43	20	15	10	10
die hohen Miet- und Wohnungspreise (23 %)	28	31	10	9	19
die Probleme in unseren Schulen und Klassen (20 %)	39	13	15	15	16
die Verbreitung eines radikalen Islam (19 %)	44	12	36	4	1
die Probleme mit der ärztlichen Versorgung (18 %)	35	33	10	7	13
die steigende Kriminalität und Terrorgefahr (17 %)	43	13	39	4	1
die steigenden Preise und die sinkende Kaufkraft (17 %)	39	25	14	7	11
der Ibiza-Video-Skandal (8 %)	27	34	1	11	23

Quelle: *Wahltagsbefragung 26.–28.9.2019, repräsentativ für österreichische Wahlberechtigte ab 16 Jahren, Recall-Gewichtung auf die NRW 2017, 1600 Onlineinterviews, Demox Research.*

- Zumindest für ÖVP- und FPÖ-Wähler hatten die Themen Asyl und Zuwanderung, obwohl sie in der medialen Berichterstattung kaum mehr vorkamen, nach wie vor ein hohes Mobilisierungspotenzial. 63 Prozent der befragten ÖVP-Wähler stimmten beispielsweise der Aussage »Die Folgen der Flüchtlingskrise sorgen weiterhin für ernste Probleme« zu. Und 68 Prozent der Befragten insgesamt glauben, dass es »jederzeit wieder zu einem Anstieg der Flüchtlingszahlen kommen kann«.

Tab. 11: **Wahlverhalten vor dem Hintergrund von Einstellungen zur Flüchtlingskrise**
Frageversionen: »*Hat Österreich die Folgen der Flüchtlingskrise mittlerweile unter Kontrolle, oder sorgen die Folgen der Flüchtlingskrise weiterhin für ernste Probleme?*«
»*Ist die Gefahr eines unkontrollierten Zustroms von Flüchtlingen nach Österreich mittlerweile gebannt, oder könnte es jederzeit wieder zu einem problematischen Anstieg der Flüchtlingsströme nach Österreich kommen?*«
»*Können wir noch mehr Flüchtlinge und Asylanten aufnehmen, als wir bisher schon aufgenommen haben, oder sind unsere Möglichkeiten, weitere Flüchtlinge aufzunehmen, bereits erschöpft?*«

in % wählten	gesamt	ÖVP	SPÖ	FPÖ	NEOS	Grüne
Flüchtlingskrise						
Österreich hat Folgen der Flüchtlingskrise unter Kontrolle	42	32	60	11	62	7
Folgen der Flüchtlingskrise sorgen weiterhin für ernste Probleme	**53**	**63**	36	**86**	34	8
						16
Zustrom von Flüchtlingen						
Gefahr eines unkontrollierten Zustroms gebannt	26	18	39	6	43	50
könnte jederzeit wieder zu einem Anstieg der Flüchtlingszahlen kommen	**68**	**79**	53	**91**	50	37
Aufnahmebereitschaft						
können weitere Flüchtlinge aufnehmen	29	17	44	4	48	**63**
Möglichkeiten sind bereits erschöpft	**63**	**76**	46	**94**	44	22

- Das »Ibiza-Video«, eigentlicher Auslöser der Neuwahl, hat mit einer extrem kurzen Diffundierungszeit (18 Stunden nach der Erstveröffentlichung waren nahezu 90 Prozent der Befragten über den Inhalt und die daraus resultierenden Konsequenzen informiert) in der öffentlichen Diskussion eine extrem starke Resonanz gefunden, aber in der Wählergunst ist die FPÖ zunächst nur um rund zwei Prozentpunkte zurückgegangen.
- Ungleich mehr Wirkung auf die FPÖ-Wählerschaft hatten Spesenvorwürfe gegen den langjährigen FPÖ-Chef Strache. In mehreren Boulevardmedien wurden die Vorwürfe (er soll Privatausgaben über Scheinbelege der Wiener Landespartei verrechnet haben, es steht der Verdacht der Untreue im Raum) martialisch aufbereitet. Es war offensichtlich ein gut vorbereiteter, sozusagen in letzter Sekunde abgesetzter »Torpedo«, der die FPÖ in den letzten Tagen vor der Wahl getroffen und damit ihre nicht unrealistische Chance auf knapp 20 Prozent der Stimmen zunichtegemacht hat.

Weltrekordverdächtiger TV-Wahlkampf

SUSANNE SCHNABL, WOLFGANG WAGNER

So oft, so lange und so viel war von den Spitzenkandidaten der Parteien in der Geschichte des österreichischen Fernsehens noch nie zu sehen. Demokratiepolitisches Service oder medialer Overkill?

Susanne Schnabl moderiert den »Report« seit 2012 und führt in der Sendung die Liveinterviews mit Politikern. Seit 2002 für den ORF tätig, arbeitete sie zunächst in der Hörfunk-Innenpolitikredaktion, wechselte 2010 in die Innenpolitikredaktion der »Zeit im Bild«, war Fragestellerin in der ORF-»Pressestunde« und moderierte 2016 die »Sommergespräche« mit den Parteiobleuten. Schnabl erhielt für ihre Arbeit unter anderem den Robert-Hochner-Preis sowie den österreichischen Staatspreis für Bildungsjournalismus.

Wolfgang Wagner ist Sendungsverantwortlicher des ORF-Politikmagazins »Report«. Er hat Jus studiert (nicht abgeschlossen), im Innenpolitikressort der »Zeit im Bild« gearbeitet, war Korrespondent in Berlin, danach Planer und Chef vom Dienst der »ZIB 2«. Er leitete diese Sendung von 2007 bis Juni 2018, war außerdem stellvertretender Chefredakteur. Wagner war von 2004–2013 für Planung und Abwicklung der Wahlsendungen im ORF 2 verantwortlich.

Beate Meinl-Reisinger startete ihre Wahlkampftour durch die TV-Studios am 22. August bei ServusTV mit diesem Stoßseufzer: »Schade, dass nicht alle Sendungen aus einem Studio kommen, denn sonst könnte ich dort mit einem Feldbett einziehen.« Am Wahlabend, dem 29. September, durfte sich die dreifache Mutter wenigstens darüber freuen, dass ihre TV-Auftritte in der Wahltagsbefragung von SORA/Isa für den ORF als eines der wichtigsten Wahlmotive für die NEOS genannt wurden.

So viel Fernsehwahlkampf gab es noch nie: 340 Stunden insgesamt, bei den ORF-Sendern und bei den Privaten Puls 4, ATV, ServusTV und oe24, beginnend mit den Sommergesprächen bei Puls 4 am 19. Juni bis zum Wahltag. Im September lief beinahe täglich auf irgendeinem Sender ein Wahlformat. Die SpitzenkandidatInnen diskutierten in 6 »Elefantenrunden«[81] und in 30 Zweierkonfrontationen miteinander – eine Verdoppelung in etwas mehr als einem Jahrzehnt, verglichen mit der Wahl 2008. Weltrekordverdächtig, meint Jakob Moritz-Eberl, Kommunikationswissenschaftler an der Universität Wien:

»Die Fülle an TV-Duellen ist international einzigartig. In Deutschland zum Beispiel gibt es überhaupt erst seit 2002 ein Kanzlerduell, und in Großbritannien muss vor jeder Wahl ausgehandelt werden, ob es Konfrontationen gibt.«

War die »hohe Zahl an TV-Duellen« also »inflationär« und führte »de facto zu einer Art Käfighaltung der Kandidaten vor den Kameras«, wie der Österreich-Korrespondent der *Süddeutschen Zeitung*, Peter Münch, in seinem Newsletter schrieb? In der heimischen Printszene gingen die Meinungen auseinander, sogar die Redaktionen waren gespalten.

---

81 Gezählt wurden jene, bei denen tatsächlich die Spitzenkandidaten der Parteien anwesend waren.

In der *Presse* schrieb Dietmar Neuwirth: »TV-Duelle, ja bitte«, denn man »lerne sie [die Politiker] authentisch kennen wie sonst kaum«. Sein Kollege Oliver Pink hielt mit »Weniger ist mehr« dagegen, weil ihn die ständige Wiederholung der »Botschaften an den Wähler« nervte. Im *Standard* schrieb Kolumnistin Barbara Coudenhove-Kalergi vom »Overkill«, während ein paar Tage später Sebastian Fellner seinen Kommentar »Je mehr TV, desto besser« betitelte.

Und das Publikum, die potenziellen Wählerinnen und Wähler? *Heute* und *profil* gaben bei Unique Research eine Umfrage in Auftrag (505 Befragte, max. Schwankungsbreite 4,5 %), bei der 5 Prozent sagten, sie hätten fast alle TV-Duelle gesehen, 19 Prozent einen Großteil, 31 Prozent einen kleinen Teil – 43 Prozent gaben an, gar keines gesehen zu haben. Wie schlug sich das in den Quoten der Sender im September nieder? Die größten Zuwächse hatte ORF 2, aber auch Servus TV, oe24 und Puls 4 profitierten. Die »Elefantenrunde« in ORF 2 am 26. September war mit 1,15 Millionen Zuschauern die meistgesehene Sendung des Wahlkampfes, die »Duelle« an den ersten drei Mittwochen im September verfolgten auf ORF 2 im Schnitt zwischen 730 000 und 800 000 Menschen, mit einer Spitze über einer Million bei Kurz versus Rendi-Wagner. Diese Paarung liegt in der Puls-4-Quotenbilanz mit im Schnitt 221 000 Zusehern knapp hinter Kurz-Hofer (225 000). Die gemeinsam von ATV, Puls 4 und Servus TV veranstaltete »Elefantenrunde« erreichte – alle drei Sender zusammengerechnet – einen Schnitt von 543 000 Sehern. Der ORF bilanzierte in einer Aussendung die Nutzung aller heimischen Wahlkampfformate mit dem Satz: »75 von 100 Minuten wurden im ORF gesehen.«

1970 gab es noch keine elektronische Quotenmessung, als der ORF – laut dem emeritierten Universitätsprofessor für Politikwissenschaft Fritz Plasser als erster europäischer Sender – eine Studiodiskussion zwischen einem amtierenden Regierungschef, Kanzler Josef Klaus, und seinem Herausforderer, Bruno Kreisky, veranstaltete. 1994 wurde das damals schon traditionelle »Kanzlerduell« auf Initiative des Informationsintendanten Johannes Kunz, für den das »ein demokratiepolitisches Service am Publikum« ist, in eine Reihe von »Konfrontationen« aller Spitzenkandidaten eingebettet. Das führte zum Duell Haider-Vranitzky, bei dem der FPÖ-Chef dem Kanzler das legendäre »Taferl« mit den skandalösen Bezügen des AK-Direktors präsentierte. Bei den nächsten drei Nationalratswahlen gingen die Kanzler Klima und Schüssel nicht mehr in alle Konfrontationen, sondern ließen sich vertreten. Erst ab 2008 hieß es wieder jede(r) gegen jede(n), weil der amtierende Kanzler Alfred Gusenbauer nicht mehr antrat und SPÖ-Spitzenkandidat Werner Faymann fast jede Gelegenheit wahrnahm, um seine Medienpräsenz zu steigern. Ein TV-Wahlkampf ohne Kanzler – die einzige Parallele zum heurigen Jahr, das an Intensität das Jahr 2008 um ein Vielfaches übertrifft. Es gab ab Juni Liveinterviews – kürzer in »Report« und »ZIB 2«, länger im »Sommergespräch«, der »Pressestunde«, »Puls 4 – Österreich wählt«, »Puls 4 Wahlarena«, »Servus TV – Talk im Hangar-7 spezial«, »oe24 – Fellner live« (oft nicht live). Dazu ausführliche Interviews der SpitzenkandidatInnen für das ORF-1-Format »Mein Wahlometer«, »ATV – Im Fokus«, »ATV – Reality Check«, »Kurier – SchauTV«. Und die Grenzen zu den Onlineangeboten sind fließend – von Interviews für das orf.at-Projekt »Wahlstimmen« über die Portale der Bundesländerzeitungen bis zum ÖAMTC. Diese Aufzählung ohne Anspruch auf Vollständigkeit macht klar – der Wahlkampf 2019 war mehr denn je einer der Wiederholung.

Corinna Milborn, Hauptmoderatorin und Infochefin von Puls 4 und neuerdings auch Puls 24 – extra im Wahlkampf gestartet für noch mehr begleitende Berichterstattung – sieht darin kein Problem: »Natürlich gibt es auch in unserer Zielgruppe ein großes Informationsbedürfnis, das spiegelt sich auch in den Quoten wider. Daher haben wir uns entschieden, gleich drei verschiedene Formate mit den Spitzenkandidaten zu machen. Die Gefahr der Wiederholung sehe ich dabei nicht, da wir drei unterschiedliche Formate entwickelt haben. Die Sommergespräche, in denen kritische Einzelinterviews im Vordergrund standen. Die Wahlarena, in der BürgerInnen ihre Frage an die Kandidaten stellten, und natürlich die Duelle, um die Unterschiede zwischen den Kandidaten herauszuarbeiten, für die wir uns dann aber auch Zeit genommen haben.«

Bernd Hufnagl sieht das anders und kritisiert die mediale Vermittlung dieses Wahlkampfes. Er ist Neurologe, Biologe und Autor (*Besser fix als fertig*), coacht außerdem Führungskräfte. Er ist Spezialist für Phänomene der Smartphone-Gesellschaft (Aufmerksamkeitsdefizit, Konzentrationsschwächen etc.). Der Hirnforscher sagt, permanente Wiederholung führe zu einem kognitiven Anpassungsprozess – aber nicht in Richtung Tiefgang: »Das Verbindende unterstützen solche Formate nicht. Die Fähigkeit, die sie eigentlich überprüfen müssten, ist die, darüber zu schlafen, ist die, zuzuhören, ist die, mit einem gewissen emotionalen Abstand an komplexe Dinge heranzugehen, und nicht unter Zeitdruck, in einer Livesituation, wo irgendein Bürger mir etwas zuruft, möglichst eloquent weiterhin souverän zu reagieren. Unter Angst und Stress reagieren Menschen eindeutig – da gibt's Hunderte Studien seit 60 Jahren – immer emotional. Das ist das, was man auch im Fernsehen sieht: die das emotional besser hinkriegen, die Dinge abprallen lassen, das einstudiert haben oder auch ein Naturtalent sind, die reüssieren natürlich, wirken souveräner, und damit glaubwürdiger. Aber nur souverän zu wirken, heißt nicht, dass man nachhaltig langfristige Ziele zum Wohle einer Gemeinschaft in einem demokratischen System tatsächlich verfolgt.«

Martin Thür, der mit Lou Lorenz-Dittlbacher die »Duelle« auf ORF 2 moderiert hat, widerspricht: »Natürlich geht es um Inszenierung, um Performance in der Politik, um das Agieren miteinander, und natürlich gibt es dieses ›Kampfelement‹, wer dominiert in einer Debatte, wer macht den Punkt?«

An den drei Mittwochabenden gab es zwar mehr »Duelle« als auf Puls 4, weil auch Peter Pilz dabei war, aber sie waren kürzer. Ein Manko? Lou Lorenz-Dittlbacher verneint: »Die Konfrontationen waren zutiefst journalistisch und dem Anspruch geschuldet, Trennendes und Gemeinsames sowohl inhaltlich als auch atmosphärisch herauszuarbeiten, damit sich das Publikum auf mehreren Ebenen gleichzeitig ein umfassendes Bild machen kann. Selbst 45 Minuten lange Konfrontationen würden angesichts der Fülle an Auftritten in diesem Wahlkampf nichts sensationell Neues – sprich völlig neue Erkenntnisse – mit sich bringen.« Martin Thür ergänzt: »Dass die Zuseher oftmals ein und dieselben Phrasen von den Kandidaten hörten, ist auch auf den nachvollziehbaren Umstand zurückzuführen, dass die Kandidaten drei Wochen vor der Nationalratswahl keine Fehler machen wollen und bei ihrer Botschaft bleiben.«

Einer, der seit 1970 die TV-Wahlkämpfe verfolgt, ist Fritz Plasser. Er reiht sich unter die Kritiker des TV-Wahlkampfes ein, verwendet die Begriffe »Inflationierung«, »Trivialisierung« und »Hybridisierung«, womit er meint, dass durch die Konkurrenz am TV-Markt die Privaten dem ORF nacheifern, der wiederum dem Druck durch Verstärkung des Showcharakters begegne. Plasser: »Der Höhepunkt der Trivialisierung war für mich die sogenannte Elefantenrunde, die ausschließlich auf politisches Entertainment setzte, eine Mischung aus ›Willkommen Österreich‹ und ›Rate was‹, eine Abendshow, eine unglaubliche Degradierung der Kandidaten und Kandidatinnen, die man bei ganz entscheidenden Fragen Taferl halten ließ, wie eine Eisläuferkür, wie Punkterichter. Da war von Themen oder Lerneffekt nichts, es war politisches

Entertainment, eine Politshow ist hier abgelaufen ... Vielleicht (ich werde das wahrscheinlich nicht mehr erleben) ist das die Zukunft der Politikvermittlung und der Politikbilder, und aus dem wird sich wieder eine mediengesteuerte Rationalität herausbilden.«

ORF-2-Chefredakteur Matthias Schrom und Talksendungsverantwortlicher Robert Stoppacher widersprechen. Schrom: »Man muss die ›Elefantenrunde‹ im Gesamtkontext aller Angebote beurteilen, die der ORF schon zuvor geliefert hat, vor allem die ausführlichen Interviews in den ›Sommergesprächen‹ und der ›Pressestunde‹, dazu ›Im Zentrum‹ themenzentrierte Gesprächsrunden«. Zur Kritik an den »Taferln« meint Stoppacher: »TV hat eigene Gesetzmäßigkeiten, und Tafeln sind oft anschaulicher und zwingen Politiker, im wahrsten Sinne des Wortes Farbe zu bekennen. Und: Durch die Kürze und Prägnanz bringen wir mehr Themenvielfalt.« Schrom sieht das Format auf der Höhe der Zeit: »Natürlich bekommt man mit innovativen und originellen Zugängen mehr Aufmerksamkeit als mit einer klassischen Gesprächsrunde, die am Ende eines so intensiven Fernsehwahlkampfes wohl wenig Schauwert böte.« Stoppacher: »Insgesamt geht es um Informationsvermittlung für unser Publikum, und das müssen wir in der sich rasant verändernden Medienwelt so darbieten, dass es unser Publikum auch annimmt. Was ja auch gelungen scheint.« Schrom berichtet über viel positives Feedback – auch aus den wahlwerbenden Parteien.

Was wird in Erinnerung bleiben?

Vielleicht der Auftritt von Sebastian Kurz am 5.9. im »Talk im Hangar – spezial« auf Servus TV, als er knapp davor schien, die Contenance zu verlieren. Sein Vis-à-vis, ein Vorarlberger Psychotherapeut und ÖVP-Gemeinderat – schwarz, nicht türkis –, kritisierte vehement die Asylpolitik des Altkanzlers.

Vielleicht auch die Konfrontation von Pamela Rendi-Wagner mit einem Rechtsanwalt in der »Puls 4 Wahlarena«, der mitten im Disput um die »Millionärssteuer« von ihr wissen wollte, ob sie selbst davon betroffen wäre. (Antwort: »Private Frage, muss ich nicht beantworten.«)

Sicher in Erinnerung bleibt die Attacke Pamela Rendi-Wagners auf Sebastian Kurz am dritten Duellabend auf ORF 2. Sie wirft ihm vor, er habe vor Beginn der Duelle in der Vorwoche seinen Pressesprecher angewiesen, die Zeitungen über das hohe Fieber von FPÖ-Chef Norbert Hofer zu informieren, sie habe das selbst mitangehört. Kurz (»Das ist absurd«) wirkt zuerst wie versteinert und weist danach den Vorwurf vehement zurück. Dieser Eindruck von persönlicher Aversion prägt die folgenden zehn Tage bis zum Wahlabend und beeinflusst maßgeblich die Einschätzungen und Kommentare über die Möglichkeit oder Unwahrscheinlichkeit einer türkis-roten Koalition. Am Wahltag wird Sebastian Kurz in einem Interview für den »Report« sagen, er sei nicht nachtragend, aber auch nicht vergesslich. Ob er die Auseinandersetzung mit der SPÖ-Chefin meinte, sagte er nicht.

Und der Einfluss auf das Wahlergebnis?

Außer der eingangs zitierten Wahltagsbefragung mit dem Wahlmotiv für die NEOS gibt es nur jene Umfrage von Unique Research, bei der im Auftrag von *profil* die Nutzung der Wahlsendungen abgefragt wurde – allerdings noch vor der ORF-»Elefantenrunde«. Für »Heute« wurde zusätzlich gefragt, ob die Duelle die Meinung der Befragten verändert hätten. 6 Prozent antworteten »Ja«, 42 Prozent sagten, ihre Meinung sei bestätigt worden – und 43 Prozent hatten ja bekanntlich keines der Duelle gesehen.

Kommunikationswissenschaftler Jakob-Moritz Eberl kennt Untersuchungen aus den USA, in denen über Jahrzehnte gemachte Studien nahelegen, dass TV-Debatten das Wissen der ZuseherInnen über die Positionen der Kandidaten erhöhen können. Die Performance der Kandidaten hat laut Eberl auch einen wichtigen Einfluss darauf, wie ZuseherInnen sie wahrnehmen beziehungsweise welche Charaktereigenschaften ihnen zugeschrieben werden. Ein Grund, warum die Parteimanager ihren SpitzenkandidatInnen diesen TV-Marathon zumuten? Mitunter – Eberl vermutet aber noch einen anderen Grund: »Für die Parteien bringen TV-Konfrontationen neben der Fernsehreichweite einen weiteren Vervielfältigungseffekt, um vor allem ein jüngeres Publikum in den sozialen Netzwerken durch Videoclips zu erreichen. Hier lässt sich im Wahlkampf 2019 eine zunehmende Professionalisierung beobachten, wonach Videoclips mit Ausschnitten aus den TV-Duellen noch während der Sendung gepostet wurden.« Laut einer Auswertung Eberls wurden im Zeitraum 1.8.2019 bis einen Tag vor der Wahl, 28.9.2019, ausschließlich von den Accounts von BundespolitikerInnen sowie Parteien und Vorfeldorganisationen mehr als 29 000 Posts mit einem Hashtag zu einem politischen TV-Ereignis versendet, die wiederum deutlich mehr Interaktionen erzeugten als Tweets ohne einen solchen Hashtag. Auf sozialen Netzwerken stoßen Aussagen zu TV-Konfrontationen also auch ganz allgemein auf größeres Interesse.

Haben wir das Maximum an TV-Wahlkampf erlebt, oder geht noch mehr? Der Erfinder der »Konfrontationen« im ORF, Johannes Kunz, hatte vor zwei Jahren schon prognostiziert,[82] dass es nie mehr geben wird als 2017. Wie wir jetzt wissen, lag er falsch.

---

82 Johannes Kunz: »Der mediale Overkill«. In: Thomas Hofer und Barbara Tóth: Wahl 2017. Loser, Leaks und Leadership. Wien 2017, S. 210–216.

Das unsichtbare Fundament des Erfolges

LUKAS HOLTER (Autor), PHILIPP MADERTHANER (Mitarbeit)

Wer glaubte, dass im digitalen Wahlkampf nur das Mediabudget entscheidet, der wurde im Nationalratswahlkampf 2019 eines Besseren belehrt. Ein seltener Blick hinter die Kulissen des Kurz-Wahlkampfes – auf die Geheimnisse seiner digitalen Schlagkraft.

Lukas Holter ist Politischer Direktor im Campaigning Bureau und verantwortet als solcher die strategische Beratungsarbeit des Unternehmens, darunter auch für die CDU Sachsen und die Wiederwahlkampagne von Sebastian Kurz. Holter war 2017 als Chief Digital Strategist für die gesamte Digitalkampagne Kurz' maßgeblich an deren bahnbrechendem Erfolg beteiligt.

Philipp Maderthaner gilt als »Kanzlermacher« von Sebastian Kurz, dessen Aufstieg er seit nunmehr acht Jahren begleitet. Geprägt hat er den sogenannten »Movement-Campaigning-Ansatz«, mit dem Politik und Unternehmen gleichermaßen Menschen für ihre Sache begeistern und bewegen. Maderthaner wurde als Gründer und Geschäftsführer seines Campaigning Bureaus zum »Unternehmer des Jahres« in Österreich gewählt.

Noch im April 2017 lag die Volkspartei in den Umfragen zwischen 20 und 26 Prozent.[83] **Kurz danach,** im Oktober 2017, konnte mit Sebastian Kurz ein fulminanter Wahlsieg errungen werden, der die Volkspartei mit 31,47 Prozent auf Platz eins brachte. Eineinhalb Jahre produktive Regierungsarbeit, einen Ibiza-Skandal und einen sehr schmutzigen Wahlkampf später, steht die Volkspartei nun bei einem historischen Ergebnis von 37,5 Prozent.

Ohne Zweifel vor allem ein Erfolg des Sebastian Kurz, der, wie kein anderer österreichischer Politiker, mit seinem Zugang zu Politik und persönlichem Einsatz den verdienten Zuspruch und das Vertrauen der Bevölkerung genießt. Hinter dieser Trendwende der Volkspartei auf Bundesebene steckt aber auch, neben der politischen Weiterentwicklung, eine massive strukturelle Veränderung: weg von einer reinen Mitglieder- und Funktionärsorganisation hin zu einer offenen Mitmachbewegung, die einfaches Engagement ohne langfristige Bindung möglich gemacht hat. Damit einhergehend schaffte es die neue Volkspartei in kurzer Zeit, ihre Kampagnenfähigkeit zu erhöhen und Wahlkämpfe weiter zu professionalisieren. Wer also Gründe für den Erfolg des Jahres 2019 sucht, der wird, neben der Person Sebastian Kurz, vor allem auch in den Jahren 2017 und 2013 fündig. Es ist das Fundament, das über viele Jahre, seit dem ersten Vorzugsstimmenwahlkampf von Sebastian Kurz 2013, aufgebaut wurde. Ein Fundament, das nahezu unsichtbar einen unglaublichen Startvorteil für jeden Wahlkampf bedeutet. Und das vor allem auch Ergebnis der digitalen Kampagnenarbeit ist, die wir in diesem Beitrag näher erläutern werden.

---

83 Auf: https://neuwal.com/wahlumfragen/.

Übersicht zur Verteilung der Werbeausgaben in sozialen Medien durch die wahlwerbenden Parteien

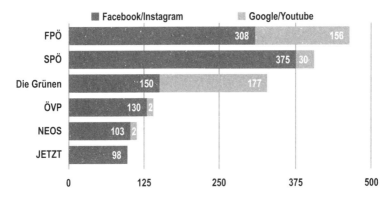

Quellen: Facebook (bis 30. September); Google (bis 29. September); Angaben in tausend Euro.

Startvorteil – ein starkes Fundament

Spätestens seit dem Wahlkampf zur Nationalratswahl 2017 ist der professionelle Einsatz von Social Media in allen Bundesparteien angekommen. Nicht zuletzt merkt man das auch am steigenden Budgetanteil für digitale Werbung – wobei im Diagramm oben lediglich die Ausgaben für Facebook beziehungsweise Instagram und Google beziehungsweise die dazugehörige Videoplattform Youtube berücksichtigt werden können, zu denen es öffentlich zugängliche Berichte der jeweiligen Plattform gibt.[84] Jegliche andere Form der digitalen Werbung wie zum Beispiel Bannerwerbung bei Onlinezeitungen können nicht verglichen werden.

Mit Blick auf die Daten sticht ein Umstand schnell ins Auge: Der Wahlsieger liegt mit seinen Ausgaben lediglich auf Platz vier hinter

---

84 Auf: https://www.facebook.com/ads/archive/report.; https://transparencyreport.google.com/political-ads/region/AT?hl=de.

der SPÖ, der FPÖ und den Grünen und vor den NEOS und der Liste Jetzt. Mit einem vernachlässigbaren Mitteleinsatz auf Google von 2.200 Euro, um Suchanfragen rund um einzelne Themengebiete auf die Website und Landingpages der Volkspartei zu kanalisieren, fokussierte sich die Volkspartei im Match um digitale Sichtbarkeit auf Facebook und Instagram. Mit 3,9 Millionen Österreichern auf Facebook und 2,3 Millionen auf Instagram sind diese Plattformen nach wie vor verlässliche Kanäle, um Wähler aller Altersgruppen zu adressieren.

Warum hat aber dieser eklatante Unterschied im Mitteleinsatz keinen Nachteil für die Volkspartei bedeutet? Der Grund liegt im vorher angesprochenen, nicht sichtbaren Teil der Arbeit der Volkspartei, dem Kampagnenfundament. Während die politische Konkurrenz um teures Geld Reichweite aufbaute und versuchte, Interaktionsraten nach oben zu treiben, um kurzfristige Medienreaktionen zu erzeugen, konnte die Volkspartei auf ein gut ausgebautes Netzwerk an Direktkontakten bauen – bestehend aus über 250 000 Unterstützerkontakten, die im Wahlkampf 2017 und davor rund um Sebastian Kurz aufgebaut wurden, Tausenden Unterstützern, die via Whatsapp im direkten Austausch mit der Kampagnenorganisation standen, und dezentral betreute Facebook-Gruppen, in denen sich Unterstützer in ganz Österreich austauschten und motivierten. Darüber hinaus halfen gut etablierte Kanäle von Sebastian Kurz (über 800 000 Fans auf Facebook und 123 000 Abonnenten auf Instagram), der Volkspartei, des Generalsekretärs Karl Nehammer, des Sprechers der Bewegung Peter L. Eppinger und der Unterstützerbewegung »Wir für Kurz«, die notwendige Sichtbarkeit herzustellen.

Social Media – kein Selbstzweck
Der Wahlkampf 2019 wurde also erst in dieser Form möglich ge-

macht, weil die Volkspartei in den Jahren zuvor einen anderen, nachhaltigen Zugang gewählt hat. Die zugrunde liegende Movement-Campaigning-Methode, bei der Betroffene zu Beteiligten werden sollen, bringt einen neuen Blick auf die sozialen Netzwerke. Es geht nicht mehr nur darum, Follower-Scharen und Reichweite aufzubauen, vielmehr wird das Ziel weiter gefasst. Mit inspirierendem, aussagekräftigem Content und passenden Interaktionsangeboten wird die Herstellung eines Direktkontaktes in Form einer E-Mail-Adresse oder Telefonnummer angestrebt. Das geschieht zum einen natürlich direkt auf Facebook – das soziale Netzwerk ermöglicht Campaignern schon seit geraumer Zeit das Sammeln von E-Mail-Adressen direkt auf der Plattform –, zum anderen auf Websites der Kampagne zu unterschiedlichen Themen und Kommunikationsanlässen mittels manchmal komplexerer, manchmal simplerer Eingabeformulare. Das alles passiert natürlich im Rahmen der rechtlichen Bestimmungen zum Datenschutz, also nur mit expliziter Zustimmung des Nutzers. Social Media wird damit also ein Mittel zum Zweck und nicht der einzige Mittelpunkt der digitalen Wahlkampfstrategie.

Allein in den drei Sommermonaten wurden rund 100 solcher Kampagnen-Websites ins Netz gestellt, die Unterstützer nicht nur über unterschiedliche Themen informierten, sondern in den meisten Fällen eben auch ermöglichten, sich mit der persönlichen E-Mail-Adresse oder Telefonnummer einzutragen. Dabei steht auf der einen Seite die schlichte (teilweise öffentliche) Unterstützungsbekundung als zentrales Motiv für das Eintragen im Zentrum, auf der anderen Seite wird versucht, anderweitigen Nutzen zu stiften und damit ein Motiv für die Eintragung zu bieten. Wie zum Beispiel das Downloaden von Hintergrundinfos oder Argumenten oder aber auch das Erstellen eines maßgeschneiderten Auszugs des Wahlprogrammes, der auf die persönlichen Interessen und Werte eingeht.

Klar ist, dass Wähler ihre (Kontakt-)Daten nicht unüberlegt und leichtfertig preisgeben. Darüber hinaus gelten für diese interaktionsorientierte Kommunikation alle Regeln der modernen Webgestaltung. Das haben offenbar nicht alle beherzigt, denn obwohl sich das restliche Internet bemüht, es für die Nutzer so einfach wie möglich zu machen, einen Kauf abzuschließen, eine Reise zu buchen, sein Lieblingsalbum herunterzuladen und so weiter, hat man auf manchen Partei-Websites den Eindruck, man befinde sich beim zentralen Meldeamt. Wo die Nutzer dazu genötigt werden, auch noch den Namen des Haustiers anzugeben, bevor man dann auch endlich seine Unterstützung kundtun oder die Parteimitgliedschaft abschließen darf.

Permanent Campaigning – Beziehungen pflegen
»Nach der Wahl ist vor der Wahl.« – Dieses Sprichwort gilt mehr denn je. Dass sich die Volkspartei das zu Herzen genommen hat, ist ein weiterer Baustein dieses nicht sichtbaren Fundamentes. Wobei es dabei eben nicht um Dauerwahlkampf geht, sondern vielmehr um eine ernst gemeinte Beziehungspflege mit jenen Menschen, die im Zuge eines Wahlkampfes in Kontakt getreten sind. Es gehört zu den unehrlichsten Überbleibseln der alten Kampagnendenke mancher, während eines Wahlkampfes Freiwillige und Unterstützer aufzubauen, ihnen die Versprechung zu machen »Euer Beitrag wird geschätzt. Eure Meinung zählt«, um dann nach der Wahl plötzlich wieder alle Bande zu kappen. »Wahl geschlagen. Wir brauchen euch nicht mehr. Danke.« Beziehungen zwischen Partei, Unterstützern und Freiwilligen enden nicht mit dem Wahltag. Klar ist aber, dass das die Parteiorganisationen vor neue Herausforderungen stellt und Mechaniken, die bislang nur für den Wahlkampf reserviert waren, auch während der aufrechten Legislaturperiode zur Anwendung kommen müssen.

Der Volkspartei gelang es auch im Anschluss an den Wahlkampf 2017 und parallel zur Regierungsarbeit, mit jenen Unterstützerkontakten, die das wollten, weiterhin in Kontakt zu bleiben. Mit eigenen Veranstaltungsreihen wie »100 Menschen. 100 Fragen« schuf man Formate, in denen Sebastian Kurz Unterstützern Rede und Antwort zu aktuellen Themen stand und so die Beziehungen weiter pflegen konnte. Nicht nur das, man nutzte auch weiterhin die Bereitschaft der Community, den Kurs der Volkspartei zu unterstützen. Etwa als es um den Familienbonus, also die steuerliche Entlastung für Familien, ging. Mit in Wahlkampfzeiten erprobten Mechaniken bot man exklusive Informationen für die Kontakte und stellte Content zur Verfügung, mit dem Unterstützer in ihrem persönlichen Umfeld von der Neuerung berichten und aufklären konnten. Außerdem holte man Statements von durch den Familienbonus betroffenen Community-Mitgliedern ein, die auf Social Media verwendet werden konnten.

Für die Europawahl im Mai 2019 und auch die Neuwahl als Folge des Ibiza-Videos mussten so keine »kalten« Kontakte »aufgewärmt«, geschweige denn eine Masse an neuen Kontakten aufgebaut werden. Man konnte eine ununterbrochene Konversation einfach fortsetzen. Die kurzfristige Mobilisierung von über 2000 Unterstützern zur Politischen Akademie der Volkspartei in Wien am Tag der Abwahl der Regierung durch SPÖ, FPÖ und Liste Jetzt ist nur ein Beweis für die Kraft dieses Ansatzes.

Identitätsstiftende Kommunikation
Es wäre illusorisch zu glauben, Menschen warten darauf, sich für einen Politiker, geschweige denn für eine Partei zu engagieren – besonders in Wahlkampfzeiten. Ein weiterer Baustein des erfolgsbringenden Fundamentes der Volkspartei liegt daher in ihrer identitätsstiftenden Kommunikation. Die türkise Farbe ist dabei nur ein Puzzleteil. Vielmehr gilt es sich bewusst zu machen, dass

Marken heutzutage vor allem einen Job haben: Identität zu stiften. Dabei geht es in erster Linie darum, Überzeugungen und Werte ins Zentrum der Kommunikation zu stellen – denn es liegt in der Natur des Menschen, sein Handeln durch Emotionen zu steuern, mehr als durch die eigene Ratio. Die Herausforderung ist dabei gerade für Politiker besonders hoch, will man doch vor allem mit Argumenten überzeugen und durch das bessere Programm punkten. An dieser Stelle wäre es ein fataler Fehler zu glauben, dies sei ein Appell, auf politische Inhalte zu verzichten. Es geht vielmehr darum, die Reihenfolge umzukehren. Also Wählerinnen und Wähler nicht zuerst mit Programmen, Argumenten und Fakten zu überfallen, sondern es zunächst auf einer Werte- und Überzeugungsebene möglich zu machen, eine gemeinsame Basis festzustellen. Erst diese Basis schafft die Voraussetzung für Identifikation, weiteren Informationsfluss und im besten Fall Engagement durch einen Unterstützer. Denn Menschen engagieren sich nicht vorrangig für Parteien oder Politiker, sie engagieren sich für ihre eigenen Anliegen, Überzeugungen, Träume, Hoffnungen und Sehnsüchte.

Gelingt diese Identifikation, bietet die türkise Markenwelt der Volkspartei in Kombination mit dem offenen Grassroots-Ansatz ideale Bedingungen, sich zugehörig zu zeigen. Im Sommer 2019 reichte der Aufruf »Farbe bekennen!«, um im ganzen Land Unterstützer mit türkiser Kleidung, türkisen Schuhbändern, Accessoires oder selbst gemachtem türkisem Eis und vieles mehr auf die Straße und vor die eigenen Smartphone-Linsen zu holen.

Content für Menschen
Diese Grundausrichtung hat natürlich auf viele Maßnahmen Auswirkung. In den klassischen Kampagnenvehikeln, wie etwa dem Plakat, führt es zu spürbaren Neuausrichtungen. Der verbindende Claim der ersten Plakatwelle der Volkspartei in diesem Wahlkampf lautete etwa »Das ist mein Kanzler« – eine Aussage, die eher dem

Leser der Botschaft entspringt als dem Absender. Konsequenterweise nützt identitätsstiftende Kommunikation auch diese Flächen also weniger dafür, den Wählern die eigene politische Botschaft vorzutragen, sondern vielmehr dazu, den Anhängern aus der Seele zu sprechen.

Insbesondere im digitalen Bereich hat man auch in diesem Wahlkampf gesehen, wie die Volkspartei ihre Unterstützer mit dem passenden Content ausgestattet hat. Auch hier gilt es zu berücksichtigen, dass Menschen in sozialen Medien sehr genau darauf achten, was sie auf ihren persönlichen Profilen teilen und auf welche Beiträge sie reagieren (Like, Kommentar), insbesondere wenn es um politische Inhalte geht. Die Herausforderung liegt auch hier darin, Content zu gestalten, der es dem Nutzer ermöglicht, etwas über sich auszudrücken. Content, der ein Statement, eine Haltung untermauert und nicht plumpe Werbung für eine Partei macht.

Content für Menschen bedeutet aber auch die gezielte Gestaltung von Inhalten, die Unterstützern ihr Engagement erleichtern sollen. Dafür produzierte die Volkspartei zum Beispiel Anleitungen für den Bau sogenannter Landschaftswerbungen, Checklisten für das Abhalten eines eigenen kleinen Unterstützertreffens rund um die TV-Konfrontationen oder schlicht Argumente und Hintergrundinfos zum Programm der Volkspartei. Diese exklusiven Ressourcen wurden sowohl über die bestehenden E-Mail- und Whatsapp-Kanäle verbreitet, aber auch über einzelne Facebook-Gruppen, die Landesparteien, Bünde und Kandidaten der Volkspartei. Die Unterstützerkontakte wurden nicht nur als Wählerstimmen verstanden, sondern als Hebel, die Kampagne in die Wohnzimmer und Vereinsstuben zu tragen.

Die richtigen Botschaften für die richtigen Zielgruppen
Neben der Pflege und Betreuung der Unterstützerkontakte gelang es der Volkspartei, ein neues Level an Botschaftsdisziplin für ihre

Zielgruppen zu erreichen. Trotz täglicher Anfeindungen und Skandalisierungen, trotz Hackerangriff auf die Bundespartei wusste man durch genaues Monitoring, dass die eigenen Zielgruppen wenig Interesse an diesen medialen Auf und Abs hatten. In der Folge investierte man viel Zeit in den Aufbau von möglichst genauen digitalen Zielgruppen, weit über die unmittelbaren Möglichkeiten von Facebook hinaus. Mit dem Ziel, in der Schlussphase mit den richtigen Botschaften an die richtige Zielgruppe heranzutreten, nutzte man die Sommermonate, um mithilfe der bestehenden Unterstützer neue Zielgruppensegmente zu modellieren. Zum einen über die Gestaltung von themenspezifischem Content für Facebook – also rund um Klimaschutz, Pflege, Migration und so weiter – und Sammeln jener Nutzergruppen, die mit dem jeweiligen Thema regelmäßig interagierten. So gelang es, große, österreichweite Zielgruppen aufzubauen, von denen man relativ genau wusste, welches Thema am meisten mobilisierte.

Zum anderen über einfache, digitale Befragungen von vorhandenen Unterstützerkontakten zu den Wahlmotiven. Die Antworten dienten wiederum als Vorlage für das Modellieren größerer Zielgruppen auf Facebook. Womit man nicht nur thematische Interessen, sondern auch persönliche Motive für die Unterstützung von Sebastian Kurz in der Schlussphase mit speziell gestaltetem Content adressieren konnte.

Weiterer Bestandteil der Mobilisierung in der Schlussphase war die gezielte regionale Ansprache. So wurden rund 100 Gemeinden mit besonderem Wählerpotenzial für die Volkspartei auf Facebook gezielt mit eigenem Content angesprochen. Da hieß es zum Beispiel »Lienz wählt Kurz«, was teilweise eine Reihe Kommentare von Gemeindebewohnern auslöste, die ihre Freunde und Nachbarn markierten und an die Wahl erinnerten.

Ein stabiles Fundament
Zusammengefasst hat es die Volkspartei rund um Sebastian Kurz in den letzten Jahren geschafft, ein unglaublich stabiles Fundament an Unterstützern – sowohl in der Partei als auch darüber hinaus – aufzubauen. Sie hat mit einem ehrlichen, identitätsstiftenden Kommunikationsansatz auch abseits des Wahlkampfes Kontakt gehalten und damit echte Beziehungen aufgebaut und gepflegt. Diese Beziehungen sind neben Sebastian Kurz selbst und einer professionellen Kampagnenorganisation die Basis für den Erfolg. Die nächste Nationalratswahl findet – in dieser Hoffnung sind sich alle Beobachter einig – erst 2024 statt. Eines steht heute schon fest: Die Volkspartei wird bereit sein.

Und täglich grüßt »das Silberstein«

RUTH WODAK

Ein Blick auf die Semantik und Semiotik des Nationalratswahlkampfes 2019 zeigt: Die Anspielung auf »Silberstein« bekam eine Eigendynamik, ebenso wie der Versuch, alle Beschuldigungen wie auch Kritik als »Schmutzkübelkampagne« zu bezeichnen.

Ruth Wodak, em. Distinguished Professor of Discourse Studies (Diskursforschung), Lancaster University (UK) und o. Univ.-Professorin i. R. für Angewandte Linguistik, Universität Wien. 1996 Wittgenstein-Preis für Elitewissenschaftler. 2010 Ehrendoktorat der University Örebro, Schweden verliehen. 2009–2011 Präsidentin der *Societas Linguistica Europaea*. 2018 Lebenswerkpreis des Frauenministeriums. 2011 wurde ihr das Große Silberne Ehrenkreuz für Verdienste um die Republik Österreich verliehen. Mitglied der *Academia Europaea* und der *British Academy of Social Sciences*.

Übermediatisierung und Durchinszenierung
Der Wahlkampf ist zu Ende, die ÖsterreicherInnen haben am 29.9.2019 einen neuen Nationalrat gewählt. Es war ein ungewöhnlicher Wahlkampf, nicht nur aufgrund des Auslösers, des sogenannten »Ibiza-Videos«, das am 17.5.2019 um 18 Uhr von der *Süddeutschen Zeitung* und dem *Spiegel* veröffentlicht wurde.

Es ist beispielsweise schwierig, den genauen Beginn des Wahlkampfes festzulegen: schon am 18.5.2019, in der Aufkündigung der türkis-blauen Koalition durch den damaligen Kanzler Sebastian Kurz? Oder ab dem Zeitpunkt des Misstrauensantrages am 27.5.2019, am Tag nach der Wahl zum Europäischen Parlament? Oder als der ehemalige Kanzler sein Nationalratsmandat ablehnte und seine gut dokumentierten Wanderungen durch Österreich als »Vorwahlkampf« begann und damit in populistischer Manier das »Volk« dem »Parlament« gegenüberstellte?[85] Oder ab dem Zeitpunkt, als der Stichtag für die Wahl im Nationalrat beschlossen wurde? Jedenfalls fanden die offiziellen Auftaktveranstaltungen erst Ende August/Anfang September statt; diese Periode gilt als »Intensivwahlkampf«, als man sich kaum den täglichen TV-Debatten unterschiedlichsten Formates entziehen konnte.

So wurde dies ein übermediatisierter und durchinszenierter Wahlkampf, ein Kampf um das hegemoniale Narrativ zur schlüssigen Interpretation der vergangenen 18 Monate unter Türkis-Schwarz/Blau II, ein Wettbewerb, um Schuldzuschreibungen[86] und den größtmöglichen Opfer- beziehungsweise Heldenstatus, wobei bei

---

[85] Auf: https://www.derstandard.at/story/2000109185775/sebastian-kurz-in-der-warteschleife. (Zugriff am 4.10.2019).
[86] Zu den typischen »Blame-games«, vgl. Hansson 2018; Wodak 2016.

jedem Auftritt Slogans, Kleidung, Frisuren und Farben bis ins kleinste Detail vorprogrammiert schienen. In der finalen Elefantenrunde am 26.9. fühlte ich mich an frühere Quizshows erinnert (»Wetten, dass …?« oder »Einer wird gewinnen«), das Branding mancher TV-Kanäle, wie Puls 4, ähnelte der US-amerikanischen Soap »The Westwing«, die aufgedeckten Korruptions-, Spesen- und Spendenskandale hätten auch gut zu »House auf Cards« gepasst.[87] Derart konnte man durchaus den Eindruck gewinnen, man wäre mit artifiziellen Figuren, vorhersagbaren Argumenten, Reden und Sprüchen konfrontiert, jedoch selten mit spontanen, inhaltsreichen, auch kontroversen Debatten. Typische konzeptuelle Metaphern[88] ließen sich auf diesen Wahlkampf anwenden, unter anderem »sportlicher Wettkampf«, »Spiel«, »Krieg«, »Prüfung« und »Theater«.

Ungeahnte Überraschungsmomente gab es ebenfalls, wie den Stadthallenauftritt von Kurz bei einem Treffen einer evangelikalen Sekte, dessen Anführer den türkisen Obmann quasi »segnete«[89]; die mit Spannung erwartete Vorstellung eines ersten Teiles des FPÖ-Historikerberichtes mitten im heißesten August; das Leaken diverser geheimer Spendenlisten der ÖVP an unabhängige Medien;[90] seltsame geschredderte Festplatten (siehe unten), das Rekontextualisieren eines bekannten rechtspopulistischen Haider-Slogans gleichzeitig durch ÖVP und FPÖ als Appell an »das Volk« und Konstruktion des gemeinsamen »Wir«.

---

87 Vgl. Wodak und Forchtner 2018; Wodak 2011 zum Einfluss von politischen Soaps auf die reale Politik (und umgekehrt).
88 Vgl. Musolff 2010; Charteris-Black 2018.
89 Auf: https://www.derstandard.at/story/2000105023134/der-stadthallen-auftritt-von-sebastian-kurz-wirft-verstoerende-fragen-auf. (Zugriff am 4.10.2019).
90 Auf: https://www.derstandard.at/story/2000107084059/intransparenz-als-prinzip. (Zugriff am 4.10.2019).

Welches Volk und welche Sprache sind gemeint? Darauf komme ich am Ende meiner Ausführungen zurück.

Zwei weitere Diskurse rückten ebenfalls in den Vordergrund: ein unaufgeregter sachlicher Diskurs der Übergangsregierung über Regierungsgeschäfte als Kontrapunkt zur erregten Wahlkampfrhetorik. Darüber hinaus ein Metadiskurs, angeführt vom allseits bekannten Politikwissenschaftler Peter Filzmaier, der fast täglich im ORF allen ZuseherInnen pointiert »erklärte«, wie das eben Gesehene und Gesagte zu verstehen sei.

Im Folgenden beschränke ich mich (aus Platzgründen) auf drei zentrale Elemente des Wahlkampfes: auf das hegemoniale *Framing* und die damit zusammenhängende und durchgängige Strategie der *Opfer-Täter-Umkehr* durch ÖVP und FPÖ; zweitens auf die Eigendynamik der omnipräsenten *Anspielung auf* »*Silberstein*«[91], die *Instrumentalisierung dieses Feindbildes* zur Erklärung unangenehmer Vorfälle, und drittens auf den – ebenfalls durchgängigen – Versuch, alle Beschuldigungen wie auch Kritik als »*Schmutzkübelkampagne*« als ungerechtfertigt zu bezeichnen. Diese drei Elemente konstruieren zusammen *eine Story* mit einfachem Plot: Unschuldige österreichische Politiker werden von bösen anderen (aus dem In- und Ausland) fälschlicherweise beschuldigt und müssen sich im Gegenzug legitimerweise wehren.

Das Framing des Zusammenbruches der ÖVP-FPÖ-Regierung
Am 18.5.2019 verkündete der Altbundeskanzler Sebastian Kurz (ÖVP) das Ende der nationalkonservativen Koalition mit dem Juniorpartner FPÖ unter dem damaligen Obmann H.-C. Strache. Vormittags, um 11 Uhr, war H.-C. Strache nach Bekanntwerden

---

91 Vgl. Tóth (2017), wo der Hergang des sog. »Silberstein-Skandals« 2017 genau beschrieben wird.

des sogenannten »Ibiza-Videos« zurückgetreten, ebenso sein Klubobmann Johann Gudenus – dieser verließ gleichzeitig die FPÖ. In seinem Rücktrittsstatement, nach einer kurzen Einleitung, die eine massive Verschwörung im Ausland ortete, erklärte Strache:

»Ich habe in den letzten drei Jahren viel an Verleumdungen und Diffamierungen, aber auch an Bösartigkeiten erleben müssen. Was aber hier vor zwei Jahren inszeniert wurde, hat eine völlig neue Dimension. Hier wurde in Silberstein-Manier eine Schmutzkübel- und Desinformationskampagne gestartet, die an Perfidie und auch an Niederträchtigkeit nicht zu übertreffen ist.«[92]

Hier tauchen mehrere Begriffe auf, die – in eine unbewiesene Behauptung eingebettet – den gesamten Wahlkampf begleiten. Eine groß angelegte Verschwörung gegen Strache wird vermutet, in der »*Silberstein-Manier*«. Diese ist genau definiert: Sie ist perfide, niederträchtig, eine *Schmutzkübelkampagne*, die – typisch für eine Verschwörung – auch falsch sei, nämlich desinformierend.

Ähnliches wird – etwas weniger drastisch – auch von Sebastian Kurz behauptet, der sich am 18.5.2019 abends an den Wortgebrauch und die implizite Argumentation anschloss. Dieses Statement, auf das viele BürgerInnen, stundenlang am Ballhausplatz versammelt, gewartet hatten und das gleichzeitig den ÖVP-Wahlkampf einläutete, erwähnte ebenfalls »*Methoden, die an Silberstein erinnern*«:

»Für diese Arbeit möchte ich mich auch bei allen Mitgliedern der Bundesregierung bedanken. Und ich sage ganz bewusst, ganz gleich welcher Partei. Für diese inhaltlichen Erfolge war ich bereit, viel auszuhalten, viel in Kauf zu nehmen. Vom Rattengedicht über die

---
92 Auf: https://www.derstandard.at/story/2000103393515/straches-ruecktritt-im-wortlaut. (Zugriff am 1.10.2019).

Nähe zu radikalen Gruppierungen bis hin zu immer wieder auftauchenden Einzelfällen. Auch wenn ich es nicht immer öffentlich gesagt habe, Sie können mir glauben, das war oft persönlich nicht einfach.

Im Sinne der Sacharbeit habe ich nicht bei der ersten Verfehlung die Zusammenarbeit beendet. Aber nach dem gestrigen Video muss ich sagen: Genug ist genug. Auch wenn die Methoden, die an Silberstein erinnern, verachtenswert sind: Der Inhalt ist, wie er ist. Was über mich in diesem Video gesagt wurde, Beschimpfungen und Unterstellungen, ist dabei noch das geringste Problem. Wirklich schwerwiegend sind die Ideen des Machtmissbrauchs und der Umgang mit dem Steuergeld und der Umgang mit der Presse.«[93]

Nun, so könnte man fragen, was sind »Silberstein-Methoden«, beziehungsweise was ist die »Silberstein-Manier«? Worauf spielen der ehemalige Vizekanzler und der ehemalige Bundeskanzler hier an? Wer oder was ist »Silberstein«?

Für Nichteingeweihte ist es sicherlich nicht klar, ob »*Silberstein*« ein bestimmtes Phänomen meint (deshalb verwende ich im Titel das sächliche Pronomen) oder den Namen einer bestimmten Person. Menschen, die mit der deutschen und österreichischen Geschichte und der Bedeutung jüdisch klingender Namen vertraut sind, könnten den Hinweis auf einen bestimmten Juden oder eine Jüdin oder eine jüdische Familie vermuten,[94] aber dennoch nicht wissen, wer gemeint ist. Jedenfalls wird in Straches Statement deutlich, dass es sich um etwas Böses handeln muss, »niederträchtig und perfid«.

Diese zwei Attribute werden häufig im Zusammenhang antisemitischer Stereotype des »Gauners, Halsabschneiders und Kriminellen« genannt.[95] Weiter wird ein Bezug auf eine »Kampagne«

---

93 Auf: https://orf.at/stories/3123088/. (Zugriff am 1.10.2019).
94 Vgl. Bering 2002, zur gefährlichen Verwendung jüdisch klingender Namen.
95 Vgl. Stögner und Wodak 2015.

hergestellt, was möglicherweise auf bekannte Stereotype der »jüdischen Weltverschwörung« referiert.[96] Es ist sogar eine »*Schmutzkübelkampagne*« – das zweite Leitmotiv des gesamten Wahlkampfes. Jene Menschen, die noch den Nationalratswahlkampf 2017 im Kopf haben, verstehen die Anspielung[97] genau: Es handelt sich um den israelisch-jüdischen Politikberater Tal Silberstein, der ein antisemitisches Video über den damals neuen ÖVP-Chef Sebastian Kurz verbreitet hatte.[98] Der ehemalige SPÖ-Obmann Christian Kern hatte Silberstein als Wahlkampfberater angestellt. Zuvor hatte Silberstein unter anderem für die Partei der NEOS gearbeitet, auch mit Kurz hatte er schon Kontakt gehabt. Es handelte sich um »dirty campaigning«, was der Politikberater Yussi Pick wie folgt definiert: »[W]wo man dem politischen Gegner Dinge in den Mund legt, die er so nicht gesagt hat oder verkürzt zusammenstellt und anders darstellt […]«[99] Heute würde man dies wohl als die Verbreitung sogenannter »alternative facts« bezeichnen.

Somit gelingt es Kurz, sich völlig von seinem Juniorpartner zu distanzieren, obwohl er selbst die FPÖ in die Regierung geholt und zu den meisten sogenannten »Einzelfällen« geschwiegen hatte. Strache hingegen gelingt es, die Aufmerksamkeit vor allem auf die Videoproduzenten zu lenken und sich als Opfer einer illegalen Machenschaft zu konstruieren. Seine Entschuldigung gilt vor allem seiner Frau; dass er offensichtlich bereit war, Österreich »zu verkaufen«, wird durch Alkoholisierung (das kann jedem mal passieren) und durch einen einmaligen Fehler (auch ein solcher kann jedem mal passieren) relativiert.

---

96 Vgl. Kovacs 2019; Wodak 2018.
97 Zu dem pragmatischen Konzept der »Anspielung«, vgl. Wodak und Reisigl 2002.
98 Vgl. Tóth 2017.
99 Auf: https://www.profil.at/oesterreich/spoe-wahlkampf-dokumente-silberstein-kern-8344182.; (Zugriff am 1.10.2019).

Damit ist das Framing der Tragödie gelungen: Der/das »*Silberstein*« mit seiner »*Schmutzkübelkampagne*« ist schuld!

»Iudeus ex Machina«-Strategie

Der Name »Silberstein« bekommt im Weiteren einen metonymischen Charakter – er steht für jegliches »dirty campaigning« und jeglichen Angriff, egal wann, wo oder von wem; Lug und Trug, Diffamierung und Attacken *ad hominem*. Er steht aber auch für legitime Kritik. Beide Aspekte werden nun mit »*Silberstein*« identifiziert, obwohl es selbstverständlich viele Politikberater gibt, die »dirty campaigning« machen, in vielen Ländern, für viele Parteien. Mit Sicherheit sind sie nicht alle Israelis beziehungsweise Juden oder Jüdinnen. Außerdem ist Kritik wesentlicher Bestandteil demokratischen Diskurses.

»*Silberstein*« wird zur Projektionsfläche, zum Feindbild. Man muss nur den Namen erwähnen, und Insider wissen, was gemeint ist. Wird man aber dazu befragt, kann man sich – wie bei jeder Anspielung – leicht zurückziehen, etwa auf Faktisches –, denn der echte Tal Silberstein hat bewiesenermaßen kriminell gehandelt. Nicht unähnlich der Leugnungsstrategie bei dem Begriff »Ostküste«: Faktisch ein geografischer Begriff, in vielen Öffentlichkeiten jedoch, seit der Waldheim-Affäre 1986 und der »Dreck-am-Stecken«-Affäre 2001, als Anspielung auf vermeintlich mächtige »jüdische Lobbys und Drahtzieher« in New York verwendet.[100]

In einem Land wie Österreich mit – bekanntlich – großer antisemitischer Tradition sind solche Anspielungen mit Namen gefährlich und entwickeln eine Eigendynamik: Jegliche Anschuldigung kann schnell in eine fantasierte jüdische Verschwörung eingebettet

---

100 Vgl. Van Dijk 1992; Wodak et al. 1990; Pelinka und Wodak 2002.

werden; jede Kritik daran in den Zusammenhang einer übertriebenen politischen Korrektheit. Es findet – wie schon 1986 – eine Opfer-Täter-Umkehr statt:[101] Strache geriert sich nun als das Opfer einer Verschwörung, die »*Silberstein-Manier*« könnte leicht antisemitische Einstellungen wecken. Auch Sebastian Kurz gelingt eine Opfer-Täter-Umkehr: Das Ibiza-Video erinnere »*an Silberstein*«, auch wenn »der Inhalt ist, wie er ist«.

Der Schriftsteller Doron Rabinovici meldete sich sofort am 19.5.2019 zu Wort: Demnach sei es »unverantwortlich, jemanden dahinter [dem Ibiza-Video, RW] zu vermuten, bei dem man alle möglichen Assoziationen auslöse«[102].

Die politische Instrumentalisierung solcher Anspielungen bezeichne ich als »*Iudeus-ex-Machina*«-Strategie: Wann immer ein Sündenbock gebraucht wird und von anderen Problemen abgelenkt werden soll, bietet sich das archetypische »Feindbild Jude« an. Dieses wird leicht geweckt, man muss es nur oft genug in einem bestimmten Zusammenhang wiederholen und mit bestimmten Attributen belegen; so wird es zum antisemitischen Code. Abgesehen von Ablenkungsmanövern dient es auch der Aufrechnung (*Tu-quoque*-Argument): Man reagiert auf jegliche Kritik sofort mit »*Silberstein*«. Der *Standard*-Kolumnist Hans Rauscher bringt dies am 24.7.2019 auf den Punkt:

«Silberstein, Silberstein, Silberstein, what would we do without you? Die Türkisen könnten das eigentlich in Musik setzen lassen. Eignet sich als Themensong für den Wahlkampf. Wenn die Kurz-ÖVP nicht mehr weiterweiß, wird der israelische Dirty-Campaigning-Fachmann hervorgezogen. In seiner allerersten

---
101 Wodak et al. 1990.
102 Auf: https://orf.at/stories/3123320/. (Zugriff am 3.10.2019).

offiziellen Erklärung nach dem Ibiza-Crash erwähnte der damalige Kanzler Sebastian Kurz Silberstein als einen irgendwie der Beteiligung Verdächtigen. Ohne jeden Beweis. Seither tönt es ›Silberstein, Silberstein!‹, wenn die ÖVP etwas vernebeln will.«[103]

Auch die SPÖ kritisiert diese Diffamierungsstrategie: Florianschütz, Präsident der Österreichisch-Israelischen Gesellschaft, erinnert in einer APA-Aussendung an die ausgrenzende Rhetorik von Jörg Haider und stellt den Zusammenhang zum antisemitischen Feindbild »Soros« her, dem amerikanisch-jüdischen Philanthropen, dem Donald Trump und Fox News wie auch Viktor Orbán, Johann Gudenus und Matteo Salvini (und andere) eine Weltverschwörung andichten: Soros stecke, so die Verschwörungstheorie, hinter den Fluchtbewegungen nach Europa und in die USA. Soros ist somit ein weiterer antisemitischer Code, ähnlich in der Funktion wie »Rothschild« vor dem Zweiten Weltkrieg.[104]

Geschredderte »Schmutzkübel« und »kleine Silbersteins«
Tal Silbersteins Methoden werden immer wieder im Zusammenhang mit einer »*Schmutzkübelkampagne*« genannt; auch diese Argumentation (»wenn Silberstein am Werk ist, dann handelt es sich um eine Schmutzkübelkampagne«) hat seit dem Wahlkampf 2017 eine Eigendynamik erfahren.[105] Im Übrigen reicht diese Argumentation

---
103 Auf: https://www.derstandard.at/story/2000106648684/silberstein. (Zugriff am 2.10.2019).
104 Auf: https://www.ots.at/presseaussendung/OTS_20190723_OTS0117/von-der-ostkueste-bis-silberstein-die-kampfbegriffe-der-rechtspopulisten. (Zugriff am 2.10.2019). Kovács (2019) weist anhand empirischer Erhebungen nach, dass jüngere Ungarn häufig alle bekannten negativen antisemitischen Stereotype mit dem Namen Soros, der von Viktor Orbán in fremden- und EU-feindlichen Kampagnen als Feindbild instrumentalisiert wird, verbinden, häufig ohne zu wissen, dass Soros Jude ist; die ältere Generation hingegen versteht den »Iudeus ex Machina« genau.
105 Auf: https://www.diepresse.com/5294429/tal-silberstein-und-die-wahrheit-uber-die-schmutzkubel-kampagnen-der-spo.

intertextuell zurück zur Waldheim-Affäre 1986, im Zusammenhang mit der imaginierten Verschwörung des Jüdischen Weltkongresses gegen Waldheim und die ÖVP. So wurde 1986 von der »Verleumdungs- und Schmutzkampagne« und der »Sudelkampagne« im Zusammenhang mit den Aufdeckungen zu Waldheims Vergangenheit (in der deutschen Wehrmacht in Griechenland) von ÖVP-Politikern gesprochen.[106]

Einen Höhepunkt erfährt die »Silberstein«-Strategie in der sogenannten »Schredder-Affäre«[107]. Zur Erinnerung:[108] Am 22.5.2019, nachdem die Liste Jetzt einen Misstrauensantrag gegen Kanzler Kurz erstmalig laut überlegt hatte, rief ein Mitarbeiter des Bundeskanzleramtes unter dem falschen Namen Walter Maisinger bei der Firma Reisswolf an, mit dem Wunsch, Datenträger zu vernichten. Am 23.5.2019 ließ Maisinger fünf Festplatten je dreimal schreddern und nahm die Teile wieder mit. Außerdem bezahlte er die Rechnung nicht. Der Geschäftsführer der Firma Reisswolf erstattete Anzeige wegen Betruges. Am 20.7.2019 wurde die Geschichte vom *Kurier* mit dem Titel »Operation Reißwolf« veröffentlicht.[109] Am 23.7.2019 veröffentlichte *Der Falter* ein Überwachungsvideo, das Maisinger beim Schreddern zeigt. Daraufhin wurde untersucht, ob das Schreddern der Festplatten mit der Ibiza-Affäre zusammenhängen könnte.

Der grüne Spitzenkandidat Werner Kogler, der SPÖ-Wahlkampfmanager Christian Deutsch und Peter Pilz, Obmann der Liste Jetzt, forderten einen Untersuchungsausschuss; auch die FPÖ em-

---

106 Vgl. Wodak et al. 1990, S. 127.
107 Auf: https://www.wienerzeitung.at/nachrichten/politik/oesterreich/2019920-Mitbewerber-zerschreddern-OeVP-Erklaerungen.html.
108 Zu den Details, vgl. auf: https://www.derstandard.at/story/2000106654313/chronologie-der-schredder-affaere. (Zugriff am 4.10.2019).
109 Auf: https://kurier.at/politik/inland/operation-reisswolf-kurz-mitarbeiter-liess-inkognito-daten-aus-kanzleramt-vernichten/400556558. (Zugriff am 4.10.2019).

pörte sich, da der Generalsekretär der ÖVP, Karl Nehammer, meinte, die Beamten des Bundeskanzleramtes wären möglicherweise illoyal und steckten hinter dieser Affäre; es seien »*kleine Silbersteins*«, also jene, die »Silberstein« offenbar nur nachahmten.

»Über einen Angriff auf die Mitarbeiter im Kanzleramt durch die ÖVP empörte sich indes die FPÖ. Nehammer habe diesen offensichtlich ungeniert und ohne jegliche Verdachtsmomente unterstellt, dass sie, sofern nicht der eigenen Partei zuzuordnen, alle ›kleine Silbersteins‹ seien. Dieselbe Kritik an der ÖVP kam aus der sozialdemokratischen Fraktion in der Beamtengewerkschaft GÖD.«[110]

Schließlich kann sich der Starmoderator der »ZIB 2« (ORF) Armin Wolf am 23.7.2019 in einem Interview mit Nehammer zur Schredder-Affäre nicht zurückhalten, und er weist darauf hin, dass im Internet schon Wetten abgeschlossen würden, nach wie viel Minuten der Name »*Silberstein*« auftauchen würde:

Nehammers »ZIB 2«-Interview versetzt das Internet in Unglauben
Der ÖVP-Generalsekretär sprach mit Armin Wolf über die Schredder-Affäre – und Twitter bildet ein kollektives Nachdenk-Emoji.
#Reisswolf: So reagiert das Internet auf die Schredder-Affäre
Österreichs jüngster Polit-Skandal – Reisswolf-Affäre? Schredder--Skandal? Häcksler-Causa? Oder so? – sorgt weiterhin für Aufregung, Schlagzeilen und Tweets. In einem Interview mit Armin Wolf in der »ZIB 2« wollte ÖVP-Generalsekretär Karl Nehammer jetzt die Situation erklären. Austro-Twitter saß mit einem eigens angefertigten Bullshit-Bingo bereit – und hatte leichtes Spiel.

---

110 Auf: https://www.wienerzeitung.at/nachrichten/politik/oesterreich/2019920-Mitbewerber-zerschreddern-OeVP-Erklaerungen.html. (Zugriff am 2.10.2019).

»Anpatzen«, »Dirty Campaigning« und nicht zuletzt eine Nennung von Tal Silberstein wurden dabei hoch gehandelt. Es dürfte ein kollektiver »Bingo!«-Schrei durchs Land gegangen sein, als Nehammer nach ein paar Minuten tatsächlich den Namen des israelischen Politikberaters fallen ließ – sehr zur Belustigung von Moderator Armin Wolf, der sich an dieser Stelle nicht verkneifen konnte anzumerken, dass das Internet ebendiese Erwähnung quasi vorausgesagt hatte.[111]

Nach diesem Interview kommt meist nur mehr ein Teil des Argumentes vor, nämlich »*Schmutzkübel*kampagne«. »The elefant in the room«, nämlich »Silberstein«, kann man sich, muss man sich aber nicht dazudenken. Auch der verkürzte Code funktioniert: So werfen die ÖVP und Altkanzler Kurz Justizminister Clemens Jabloner eine »*Schmutzkübelkampagne*« vor, als Letzterer bei einer parlamentarischen Anfrage informiert, dass die Justiz untersuche, ob überhaupt ein Zusammenhang zwischen »Ibiza« und der Schredder-Affäre bestehen könnte. Die Staatsanwaltschaft reagierte empört, die ÖVP wiederholte aber ihre Vorwürfe, es handle sich um »*vereinigte Schmutzkübler*«. Damit wird das Abstraktum »Schmutzkübel« nun anthropomorphisiert, es handle sich also um Personen:

»Die [ÖVP] reagierte aber auch am Freitag mit bekannten Worten: SPÖ, FPÖ, Neos und Pilz sollten als Koalition ›vereinigter Schmutzkübler‹ die Angriffe auf Parteichef Sebastian Kurz und die Volkspartei doch endlich unterlassen.« (Auf: https://www.derstandard.at/story/2000107475630/justiz-wehrt-sich-gegen-anwuerfe-der-oevp.; heruntergeladen 2.10.2019)

---

[111] Auf: https://k.at/entertainment/nehammers-zib-2-interview-versetzt-das-internet-in-unglauben/400559699. (Zugriff am 2.10.2019).

Am 16.9.2019, also 13 Tage vor dem Wahltag, erscheint »Silberstein« abermals in einem TV-Duell in PULS 4 zwischen Altkanzler Kurz und der Obfrau der NEOS, Beate Meinl-Reisinger. Kurz kritisierte, im Kontext des Vorwurfes an Meinl-Reisinger, »es gehe ihr sehr um das Schlechtmachen anderer«, dass die NEOS »*Silberstein*« 2015 angestellt hätten, ohne auffindbare Abrechnung.

Demnach, so Kurz, sei *Silberstein* »einer der teuersten Wahlkampfberater der Welt, ein Israeli, der in Amerika, Osteuropa, Österreich als Söldner Wahlkämpfe macht«[112]. Diesmal ging es offensichtlich darum, von der ÖVP-Spendenaffäre und den intransparenten Parteifinanzen abzulenken, ein *Tu-quoque*-Argument. »G'schickt verhandelt«, erklärte Meinl-Reisinger diesen Umstand, ohne auf die vorurteilsbehaftete Rhetorik von Kurz einzugehen.[113]

Fazit: Ende gut, alles gut?
In der Vorwahlwoche waren »Silberstein« und die »Schmutzkübelkampagnen« nicht mehr wichtig: Das Thema »Bereicherung der Familie Strache« holte alle von etwaigen Weltverschwörungen auf den Boden der Realität zurück. »Silberstein« fand hier (noch) keine Verwendung.

Kickl und Kurz haben (in Anlehnung an Haider) plakatiert, »unsere Sprache zu sprechen«; gemeint ist, die Sprache des »Volkes«. Es bleibt zu hoffen, dass dies nicht bedeutet, dass »Silberstein« und »Schmutzkübelkampagnen jeglicher Art«, also die »Iudeus ex Machina«-Strategie, wesentliche Elemente dieser unserer Sprache bleiben.

---

[112] Diese Wortwahl erinnert wiederum an die Rhetorik 1986 während der »Waldheim-Affäre«, als der Jüdische Weltkongress als »vaterlandslose Gesellen« bezeichnet wurde; vgl. Wodak et al. 1990, ebd.
[113] Auf: https://www.derstandard.at/story/2000108715579/kurz-verbindet-neos-mit-silberstein-meinl-reisinger-gruene-mit-kommunismus. (Zugriff am 4.10.2019).

Literatur

Bering: »Gutachten über den antisemitischen Charakter einer namenspolitischen Passage aus der Rede Jörg Haiders vom 28. Februar 2001«. In: *A. Pelinka und R. Wodak (Hrsg.):* 2002, S. 173–186.

Charteris-Black, J.: »Competition metaphors and ideology: life as a race«. In: R. Wodak und B. Forchtner (Hrsg.): 2018, S. 202–217.

Hansson, S.: »Government Communication«. In: R. Wodak und B. Forchtner (Hrsg.): 2018, S. 326–341.

Kovács, A.: »Post-kommunistischer Antisemitismus: alt und neu. Der Fall Ungarn«. In: Ch. Heilbronn, D. Rabinovici, N. Sznaider (Hrsg.): *Neuer Antisemitismus? Fortsetzung einer globalen Debatte.* Frankfurt 2019, S. 276–309.

Musolff, A.: *Metaphor, Nation and the Holocaust.* London 2010.

Pelinka, A. und R. Wodak (Hrsg.): »*Dreck am Stecken*«: Politik der Ausgrenzung. Wien 2002.

Stögner, K. und R. Wodak: »›Nationale Einheit‹ und die Konstruktion des ›fremden Juden‹ – Die politische Instrumentalisierung rechtspopulistischer Ausrenzung in der Daily Mail«. In: *OBST* 86/2015: S. 157–160.

Tóth, B.: »Der Silberstein-Skandal«. In: T. Hofer und B. Tóth (Hrsg.): *Wahl 2017. Loser, Leaks & Leadership.* Wien 2017, S. 131–151.

Van Dijk, T. A.: »Discourse and the denial of racism«. In: *Discourse and Society* 3/1/1992: S. 87–118.

Wodak, R.: »The radical right and antisemitism«. In: J. Rydgren (Hrsg.): *The Oxford Handbook of the Radical Right.* Oxford 2018, S. 61–85.

Wodak, R.: *Politik mit der Angst. Zur Wirkung rechtspopulistischer Diskurse.* Hamburg 2016.

Wodak, R.: *The Discourse of Politics in Action: Politics as Usual.* Basingstoke 2009.

Wodak, R. und B. Forchtner: »The fictionalisation of Politics«. In: R. Wodak und B. Forchtner (Hrsg.): 2018, S. 572–586.

Wodak, R. und M. Reisigl: »… WENN EINER ARIEL HEISST … Ein linguistisches Gutachten zur politischen Funktionalisierung antisemitischer Ressentiments in Österreich«. In: A. Pelinka und R. Wodak: 2002, S. 134–172.

Wodak, R. und J. Pelikan, P. Nowak, H. Gruber, R. de Cillia, R. Mitten: *Wir sind alle unschuldige Täter! Diskurshistorische Studien zum Nachkriegsantisemitismus.* Frankfurt/Main 1990.

Wodak, R. und B. Forchtner (Hrsg.): *The Routledge Handbook of Language and Politics.* London 2017.

Nicht gerade Harmonie

IRMGARD GRISS

Die beiden können nicht so recht miteinander:
Justiz und Politik.
Anmerkungen zu einem schwierigen Verhältnis.

Irmgard Griss absolvierte das Studium der Rechtswissenschaften an der Universität Graz, International Legal Studies an der Harvard Law School. Es folgte die Anwaltsprüfung und die Lehrbefugnis für Zivil- und Handelsrecht als Honorarprofessorin an der Universität Graz. Von 1979 bis 2011 Richterin; von 2008 bis 2016 Ersatzmitglied des Verfassungsgerichtshofs. Von November 2017 bis Oktober 2019 Abgeordnete zum Österreichischen Nationalrat.

Die Beziehung zwischen Justiz und Politik ist nicht gerade von Harmonie geprägt. Gibt es dafür spezielle Gründe, oder liegt es in der Natur der Sache, dass Justiz und Politik nicht so recht miteinander können? Für Letzteres spricht viel. Denn Justiz und Politik sind Gegenpole. Auf der einen Seite die Politik als Ausübung von Macht. Auf der anderen Seite die Justiz, die der Machtausübung immer wieder Grenzen setzt, ja setzen muss. Und das, so ein oft gehörter Vorwurf, ohne demokratisch legitimiert zu sein.

Deutlich sichtbar geworden ist das wieder durch die Kritik am Urteil gegen den früheren Salzburger Bürgermeister Heinz Schaden. Heinz Schaden wurde wegen Untreue zu drei Jahren Haft verurteilt, davon ein Jahr unbedingt. Er hat 2007 erreicht, dass das Land Salzburg sechs negativ bewertete Zinstauschgeschäfte der Stadt, sogenannte Swaps, übernahm. Dem Land entstand dadurch ein Verlust von drei Millionen Euro.

Hauptkritikpunkt ist, dass Heinz Schaden wegen Untreue verurteilt wurde, obwohl immer wieder Gelder zwischen verschiedenen Gebietskörperschaften hin- und hergeschoben wurden, wie zum Beispiel im Finanzausgleich. Die Entscheidung, die Swaps zu übertragen, sei eine politische Entscheidung im Interesse der Stadt gewesen.

Eine politische Entscheidung liegt nach Max Weber vor, wenn Machtverteilungs-, Machterhaltungs- oder Machtverschiebungsinteressen maßgebend sind. Bei der Übertragung der Swaps können durchaus Machterhaltungsinteressen eine Rolle gespielt haben. Doch das macht die Entscheidung nicht sakrosankt. Denn Österreich ist ein Rechtsstaat. Und in einem Rechtsstaat ist auch die Politik an die Gesetze gebunden. Sie kann nicht einfach tun, was sie für richtig hält oder, weniger vornehm ausgedrückt, was ihr gerade in den Kram passt. Für Finanztransaktionen zwischen den Gebietskörperschaften braucht sie eine gesetzliche Grundlage. Anders als beim Finanzausgleich gab es die hier nicht. Dazu kommt, dass das Strafgesetzbuch ohnehin die äußerste Grenze für jedes Handeln und für jede Art von Tätigkeit ist. Ganz gleichgültig, ob jemand als Politiker, als Unternehmer oder als Privatperson tätig wird.

Auf Unverständnis stößt auch, dass Heinz Schaden wegen Untreue bestraft wurde, obwohl er sich nicht persönlich bereichert hat. Gerade Politiker arbeiten ja oft in einem Ausmaß und zu Bedingungen, die ihr Gehalt nicht widerspiegeln. Das lässt es für manche noch weniger nachvollziehbar erscheinen, dass sie für etwas bestraft werden, das sie in bester Absicht als »gute Stadtväter« oder »gute Landesväter« getan haben.

Untreue liegt vor, wenn eine Befugnis missbraucht wird. Im Salzburger Swaps-Fall war das die Befugnis des Finanzlandesrates, Finanztransaktionen für das Land abzuschließen. Diese Befugnis darf nur anhand der Regeln ausgeübt werden, die das Land dafür festgelegt hat. Gegen diese Regeln hat der Finanzlandesrat mit der Übernahme der Swaps verstoßen. Und er hat in Kauf genommen, dass dem Land dadurch ein Schaden entsteht. Aber warum wurde auch Heinz Schaden verurteilt? Weil er die Swaps dem Land übertragen hat, obwohl er gewusst hat, dass der Landesfinanzreferent sie nicht übernehmen darf, und weil auch ihm klar sein musste, dass das Land geschädigt wird. Strafbar macht sich nämlich nicht nur derjenige, der die Tat begeht, sondern auch jeder, der dazu einen Beitrag leistet. Und ohne die Mitwirkung von Heinz Schaden hätte der Finanzlandesrat die Swaps nicht übernehmen und daher auch nicht Untreue begehen können.

Auf dieser Grundlage wurde das – zugegeben harte – Urteil gefällt. In den Augen mancher ist das eine Anmaßung. Die Justiz maße sich an, über Politiker zu urteilen, obwohl sie nicht demokratisch legitimiert sei. Die (angeblich) fehlende demokratische Legitimation wird immer wieder als Argument gebracht, wenn die Justiz der Politik Grenzen setzt. Dabei wird ausgeklammert, dass auch die Justiz auf der Verfassung beruht und die Verfassung durch demokratische Willensbildung in Kraft gesetzt wurde.

Ein tragendes Organisationsprinzip unserer Verfassung ist die Aufteilung der staatlichen Gewalten auf Gesetzgebung, Verwaltung und Rechtsprechung. Damit soll dem Machtmissbrauch vorgebeugt werden. Die wesentliche Aufgabe kommt dabei der Justiz zu. Sie muss für Recht und Ordnung sorgen, muss sicherstellen, dass Rechtsansprüche durchgesetzt und Rechtsverletzungen sanktioniert werden. Gelingen kann das nur, wenn die Justiz über die notwendigen Ressourcen an Personal und Material verfügt. Nur dann kann sie ihre Aufgabe auch tatsächlich erfüllen.

Ob sie das kann, entscheidet wiederum die Politik. Es ist eine politische Entscheidung, wie viel Geld und vor allem auch wie viel und – mit Einschränkungen – welches Personal die Justiz zur Verfügung hat. Je besser die Justiz ausgestattet ist, desto rascher kommen Menschen zu ihrem Recht, desto effizienter und damit effektiver kann gegen Rechtsverstöße vorgegangen und damit auch weiteren Verstößen vorgebeugt werden. Das muss nicht immer im Interesse der Politik liegen. Manches spielt sich in Graubereichen ab. Zu grelles Licht, wie es eine gut ausgestattete Justiz in solche Bereiche bringen kann, mag als störend empfunden werden. Außerdem lassen sich durch eine bessere Ausstattung der Justiz wohl nur beschränkt Stimmen gewinnen. Es ist daher kein Wunder, dass die Justiz seit Jahren geradezu ausgehungert wird.

Mit ein Grund dafür mag sein, dass die Justizminister regelmäßig keine »politischen Schwergewichte« sind. Damit wird der verbreiteten Wunschvorstellung entsprochen, dass der für die unabhängige Justiz zuständige Minister parteiunabhängig sein solle. Das hat durchaus seine Berechtigung. Übersehen wird dabei freilich, dass ein parteiunabhängiger Justizminister einen wesentlichen Nachteil hat. Wenn nämlich das Justizministerium nicht von jemandem geführt wird, der in einer der Regierungsparteien fest verankert ist, dann kann der Justizminister auch weniger in der Regierung durchsetzen. Er hat nichts zum Abtauschen, wie mir ein früherer parteiunabhängiger Justizminister einmal sagte.

Der Justizminister ist nicht nur für die Ausstattung der Justiz verantwortlich; er hat auch bei der Einleitung oder Einstellung von staatsanwaltschaftlichen Ermittlungen ein gewichtiges Wort mitzureden. Der Justizminister steht an der Spitze der Weisungskette in der Staatsanwaltschaft. Und das, obwohl die Justiz nach der Verfassung von der Verwaltung in allen Instanzen getrennt ist und die Staatsanwälte seit der Verfassungsnovelle 2008 ausdrücklich als Organe der Gerichtsbarkeit in der Verfassung festgeschrieben sind. Es wird daher immer wieder gefordert, die Staatsanwaltschaft einem vom Parlament bestellten Bundesstaatsanwalt zu unterstellen. Auffallend ist, dass die Forderung regelmäßig von der Opposition erhoben wird. Sobald eine Partei in die Regierung eintritt, verliert das Thema für sie an Bedeutung.

Ein ebenso wichtiges, aber in der politischen Diskussion vernachlässigtes Thema ist der politische Einfluss bei der Bestellung von Richtern und Staatsanwälten. Für das Vertrauen in die Justiz ist es von entscheidender Bedeutung, ob sichergestellt ist, dass die Qualifikation und nicht die Nähe zu wem immer maßgebend ist. In der Mehrzahl der Mitgliedstaaten der Europäischen Union werden Richter und Staatsanwälte nicht von politischen Amtsträgern bestellt. Es gibt dafür einen Rat der Gerichtsbarkeit (Council for the Judiciary), der – jedenfalls mehrheitlich – aus gewählten Richtern und Staatsanwälten besteht und von Gesetzgebung und Verwaltung unabhängig ist. Österreich hat hier noch Nachholbedarf.

Selbst eine gut ausgestattete und bei der Personalauswahl autonome Justiz ist nicht davor gefeit, dass ihre Entscheidungen für politische Zwecke missbraucht werden. Das passiert immer wieder, nicht nur in Wahlkampfzeiten. Ein Beispiel aus jüngerer Zeit ist die Reaktion der Politik auf das sogenannte Kuh-Urteil. Ein Tiroler Bauer war zum Schadenersatz verurteilt worden, weil eine seiner Weidekühe eine Urlauberin zu Tode getrampelt hatte. Obwohl es ein Urteil der ersten Instanz war und daher angefochten werden konnte und auch wurde, war der Aufschrei groß. Politiker kritisierten das Urteil als unannehmbar und malten Horrorszenarien aus. Entweder müsse auf die Weidewirtschaft oder auf den Tourismus verzichtet werden. Dass das Berufungsgericht den Schadenersatz auf die Hälfte reduzierte, weil es zum Schluss kam, dass die Urlauberin am schrecklichen Unfall mitschuldig war, ging mehr oder weniger unter. Es wurde eine Gesetzesänderung beschlossen, die etwas verklausuliert nur festschreibt, was auch bisher schon gegolten hat. Vielleicht hat das den für die Gesetzesänderung stimmenden Parteien ein paar Stimmen gebracht, mehr Rechtssicherheit gibt es dadurch sicher nicht.

Sicher ist aber jedenfalls, dass das Ansehen der Justiz leidet, wenn Entscheidungen völlig unsachlich, weil aus durchsichtigen politischen Motiven, kritisiert werden. Im Regelfall hat keiner der Kritiker die Entscheidung gelesen. Niemand kennt den Sachverhalt genau, aber jeder glaubt zu wissen, dass falsch entschieden wurde. Ein Tiefpunkt im ohnehin schwierigen Verhältnis zwischen Justiz und Politik wurde im letzten Wahlkampf erreicht. Ermittlungen in politisch sensiblen Fällen wurden dazu benutzt, Munition für den Wahlkampf zu gewinnen. Dabei wurde nicht davor zurückgeschreckt, unter Verschluss gehaltene Ermittlungsergebnisse öffentlich zu machen und ohne sachliche Grundlage zu behaupten, die Justiz lasse sich vom politischen Gegner instrumentalisieren.

Es ist ein gefährliches Spiel, das hier gespielt wird und an dem die Medien bereitwillig mitwirken. Der Einsatz ist das Vertrauen in die Justiz, der erhoffte Gewinn sind Aufmerksamkeit und, bei den

Parteien, mehr Stimmen. Und das auf Kosten der Glaubwürdigkeit und des Ansehens der Justiz, ohne die es keinen Rechtsstaat, ja überhaupt keinen demokratisch verfassten Staat geben kann.

Aber natürlich ist die Justiz weder unfehlbar noch sakrosankt. Sie muss Kritik aushalten und sich bemühen, ihre Verfahren so zu führen, dass sich alle Verfahrensbeteiligten, ob Kläger, Beklagte oder Angeklagte, auch wirklich gehört fühlen. Und sie muss ihre Entscheidungen so abfassen, dass sie auch wirklich verstanden werden können. Vor allem aber muss die Justiz alles daransetzen, dass nicht der Eindruck entsteht, sie sei in irgendeiner Weise befangen, irgendjemand hätte aus welchen Gründen immer die besseren Karten, sei gleicher als gleich. Die Statue der Justitia im Justizpalast in Wien trägt zwar keine Augenbinde. Das heißt aber nicht, dass sie bereit sein könnte oder sollte, auf wessen Befehl auch immer ein Auge zuzudrücken. Ganz im Gegenteil. Ihr unbestechlicher Blick muss alle gleichermaßen treffen und, das ist meine feste Überzeugung, tut das auch.

Die FPÖ und die Vergangenheit, die nicht vergeht

MARGIT REITER

Die FPÖ konnte mit dem Versuch, ihre Vergangenheit parteiintern aufzuarbeiten, nur scheitern. Wie eine wissenschaftlich fundierte Historikerkommission ausschauen müsste, welche Partei- und Privatarchive geöffnet gehören und was es über Bekanntes hinaus zu erforschen gäbe.

Margit Reiter, Professorin für Europäische Zeitgeschichte an der Universität Salzburg. Forschungsschwerpunkte: Nationalsozialismus und NS-Nachgeschichte, Antisemitismus, Israel, Antiamerikanismus, Generation und Gedächtnis (»Kinder der Täter«), Geschichte der FPÖ. Aktuelles Buch: Die Ehemaligen. Der Nationalsozialismus und die Anfänge der FPÖ. Göttingen, Wallstein Verlag 2019.

Die gesamte Geschichte der FPÖ ist seit ihrer Gründung 1956 durch eine mangelnde Abgrenzung zum Nationalsozialismus und personelle und ideologische Nähe zum Rechtsextremismus geprägt. Nicht zuletzt deshalb stand die FPÖ nach ihrem Eintritt in die Regierung als Koalitionspartner der ÖVP Ende 2017 unter besonderer Beobachtung. Unter dem Druck einer kritischen Öffentlichkeit versucht(e) sich die FPÖ-Führung vom Nationalsozialismus, Rechtsextremismus und Antisemitismus zu distanzieren und gleichzeitig durch eine dezidiert proisraelische Position gegen etwaige Antisemitismusvorwürfe zu immunisieren. Nichtsdestotrotz sind die Debatten über die FPÖ und ihr Verhältnis zum Nationalsozialismus erneut entflammt. Anlass dafür boten unter anderem die früheren Neonaziaktivitäten des langjährigen FPÖ-Obmanns Heinz-Christian Strache[114], der Machtzuwachs der Burschenschaften in Partei und Öffentlichkeit[115] sowie nachweisbare personelle und ideologische Verflechtungen der FPÖ mit einschlägigen Organisationen wie der rechtsextremen Identitären Bewegung. Trotz aller rhetorischen Abgrenzung kam und kommt es in der politischen Praxis aber immer wieder zu unzähligen einschlägigen Äußerungen und Vorfällen im Umfeld der FPÖ, die die öffentlichen Distanzierungen ad absurdum führen. Dass es sich dabei keinesfalls um »Einzelfälle« handelt und die angekündigten Konsequenzen bei Überschreiten der »roten Linie« meist ausbleiben, ist hinreichend dokumentiert.[116]

---

114 Nina Horaczek und Claudia Reiterer: HC Strache. Sein Aufstieg, seine Hintermänner, seine Feinde. Wien 2009; vgl. auch die Reportage der Süddeutschen Zeitung: »Die Akte Strache Teil 1 und 2«. Auf: https://gfx.sueddeutsche.de/apps/e563408/www/; https://gfx.sueddeutsche.de/apps/e865780/www/.
115 Hans-Henning Scharsach: Stille Machtergreifung. Hofer, Strache und die Burschenschaften. Wien 2017.
116 Vgl. Dokumentation des Mauthausen Komitee Österreich: »Lauter Einzelfälle? Die FPÖ und der Rechtsextremismus«. Auf: https://www.mkoe.at/broschuere-lauter-einzelfaelle-die-fpoe-und-der-rechtsextremismus.; die aktuelle Version ist abrufbar unter: https://www.mkoe.at/sites/default/files/files/aktuelles/MKOE-Broschuere-Die-FPOE-und-der-Rechtsextremismus.pdf.

Der herausragendste Vorfall dieser Art war die Anfang des Jahres 2018 bekannt gewordene »Liederbuch-Affäre«, die einen tiefen Einblick in das Innenleben und den Ideologiehaushalt von deutschnationalen schlagenden Burschenschaften gab. Damals hatte der *Falter* aufgedeckt, dass in den schlagenden Burschenschaften Germania und Bruna Sudetia, in denen auch führende FPÖ-Funktionäre vertreten sind, Liederbücher mit antisemitischen und rassistischen Inhalten kursierten.[117] Als Konsequenz daraus stellte Udo Landbauer, der stellvertretende Vorsitzende der Burschenschaft Germania zu Wiener Neustadt und gleichzeitig FPÖ-Spitzenkandidat bei der Landtagswahl in Niederösterreich, seine Parteimitgliedschaft vorübergehend ruhend. Nach Einstellung des eingeleiteten Ermittlungsverfahrens wurde er jedoch umgehend von der FPÖ als »voll rehabilitiert« in seine früheren politischen Funktionen zurückgeholt und im Juni 2019 sogar zum neuen FPÖ-Landesobmann in Niederösterreich gekürt.

Die sogenannte »Liederbuch-Affäre« kam der FPÖ kurz nach dem Regierungseintritt äußerst ungelegen. Parteiobmann Strache, der sich früher in Neonazikreisen bewegt hatte und sich nunmehr besonders seriös und staatsmännisch gab, kündigte die Aufarbeitung der Geschichte der FPÖ an. Außerdem hielt er am alljährlichen Ball des Wiener Korporationsringes (»Akademikerball«) eine bemerkenswerte Rede, bei der er klare Worte fand: »Die Verantwortung und das Gedenken an die Opfer des Holocaust sind uns Verpflichtung und Verantwortung in der Gegenwart und für kommende Generationen. Wer das anders sieht, soll aufstehen und gehen. Er ist bei uns nicht erwünscht«[118], so Strache vor versam-

---

117 Der Falter, Nr. 4, 23. Januar 2018. Auf: https://www.falter.at/archiv/wp/wir-schaffen-die-siebte-million.; https://diepresse.com/home/innenpolitik/5375267/Neuer-NSLiederbuchFall_Bruna-Sudetia-weist-FalterBericht-zurueck.
118 Zitiert nach: https://kurier.at/politik/inland/strache-will-keine-antisemiten-am-akademikerball/308.372.897.; vgl. auch auf: https://derstandard.at/2000073128177/Shitstorm-gegen-Strache-nachdem-er-Antisemitismus-verurteilte.

meltem freiheitlichem und rechtsextremem Publikum. Während der Parteiobmann sich öffentlich um Distanzierung bemühte, beruhigte der nationale FPÖ-Ideologe Andreas Mölzer parteiintern die Gesinnungsgenossen, dass die Einsetzung der Kommission lediglich als »taktisches Manöver« zur Beruhigung der Lage gedacht wäre. Damit bediente sich die FPÖ ihrer bewährten Doppelstrategie: Sie setzt nach außen und nach innen hin unterschiedliche Signale, was zu einem klassischen *double speak* führt, der sich durch die gesamte Geschichte der FPÖ zieht.[119]

Nach der »Liederbuch-Affäre« wurde in der freiheitlichen Partei eine interne Arbeitsgruppe eingerichtet, die zu großen Teilen aus Mitgliedern von Burschenschaften bestand und die angekündigte Aufarbeitung der Parteigeschichte koordinieren sollte. Die vom ehemaligen Universitätsprofessor und FPÖ-Politiker Wilhelm Brauneder geleitete sogenannte »Historikerkommission« stieß wegen ihrer mangelnden Transparenz, selektiven Fragestellung und personellen Zusammensetzung in der Öffentlichkeit und *Scientific Community* auf einhellige Skepsis und Kritik.[120] Strache, der dem akademischen Betrieb vollkommen fernsteht, hat offenbar die Tragweite und Funktionsweise einer Historikerkommission absolut unterschätzt. Es kam weder zur angekündigten Mitarbeit von unabhängigen ExpertInnen und einer Kooperation mit dem Dokumentationsarchiv des österreichischen Widerstandes (DÖW) noch konnte der selbst auferlegte, von Beginn an unrealistische Zeitplan annähernd eingehalten werden.

Im Mai 2019 schied die FPÖ aus der Regierung aus – Grund dafür war bezeichnenderweise nicht die Nähe zum Rechtsextremis-

---

119 Margit Reiter: Die Ehemaligen. Der Nationalsozialismus und die Anfänge der FPÖ. Göttingen 2019.
120 Vgl. Transparenz statt Diskretion! Stellungnahme am Österreichischen Zeitgeschichtetag 2018 an der Universität Wien zur sogenannten FPÖ-Historikerkommission. Wien 5.4.2018. Auf: www.openpetition.eu/at/petition/online/transparenz-statt-diskretion-fpoe-historikerkommission.

mus, sondern das »Ibiza-Video«, das die Korruptionsbereitschaft des (mittlerweile zurückgetretenen) FPÖ-Obmanns Strache auf entlarvende Weise vor Augen führte. Damit waren die Diskussionen über die mangelhafte Abgrenzung zum Nationalsozialismus und zum Rechtsextremismus der FPÖ nicht beendet, wie weitere »Einzelfälle« (u. a. rassistisches »Rattengedicht«, Auftritt der Wiener FPÖ-Stadträtin Ursula Stenzel bei einem Identitären-Aufmarsch) im Sommer/Herbst 2019 zeigen. Noch vor Beginn des Wahlkampfes trat die FPÖ die Flucht nach vorne an und präsentierte Anfang August 2019, mitten im Politik-Sommerloch, einen rund 20-seitigen »Rohbericht«, der einen Einblick in den angeblich 1000 Seiten starken, aber noch nicht abgeschlossenen Endbericht liefern sollte. Das von FPÖ-Funktionären (unter Abwesenheit der Parteispitze) vorgestellte Papier liest sich nicht wie ein wissenschaftlicher Historikerbericht, sondern wie eine Rechtfertigungs- und Verteidigungsschrift der Partei, die den Vorwurf von »angeblichen braunen Flecken« von sich weist. Das vorläufige »Ergebnis« der Kommission gipfelte in der Feststellung, dass der VdU und die FPÖ »formell keine Nachfolgepartei der NSDAP« waren und »auch nicht ... politisch die Wiedererrichtung eines nationalsozialistischen Regimes« angestrebt hatten. Damit wird etwas dementiert, was niemand je behauptet hatte und aufgrund der historischen Gegebenheiten nach 1945 (NS-Verbotsgesetz) rechtlich auch nicht möglich gewesen wäre. Zwar gesteht man ein, dass es in der FPÖ ehemalige Nationalsozialisten gegeben habe, doch mit dem Verweis auf die Reintegration von Nationalsozialisten in ÖVP und SPÖ erfolgt die übliche Nivellierung und Relativierung auf dem Fuße. Außerdem reproduziert der Bericht die Legende vom Parteigründer Anton Reinthaller als »guten Nazi«, obwohl dieser bereits 1928 der NSDAP beigetreten war und als »Illegaler« und hoher NS-Multifunktionär als ideologisch überzeugter Nationalsozialist gelten muss.[121] Die zentrale Thematik der Burschenschaften (als eigentlicher Anlassfall) wird beiläufig und oberflächlich abgehandelt, und auch sonst liegt der Fokus der Kommission auf marginalen Aspekten (Südtirol- und Wehrpolitik, Wahrnehmung der FPÖ in der Sowjetunion), die eigentlich nicht zur Debatte standen. Angesichts der offenkundigen Lücken, Verharmlosungen und Ausweichmanöver hagelte es in der Öffentlichkeit und in der Fachwelt flächendeckend Kritik. Die Ankündigung der FPÖ, sich den Bericht durch einen israelischen Forscher absegnen zu lassen – sich gewissermaßen einen »Kosher-Stempel« zu holen –, wurde als besonders problematische und durchschaubare »Alibi-Aktion« gewertet.[122] Da sich auch bürgerliche Medien und selbst der Boulevard der Kritik anschlossen, konnte diese nicht, wie sonst üblich, als »linke Hetze« abgetan werden.

Auch die personelle Zusammensetzung der »Historikerkommission«, die großteils nicht aus (unabhängigen) HistorikerInnen besteht, entspricht nicht den wissenschaftlichen Usancen. Vielmehr finden sich unter den ausschließlich männlichen Mitgliedern neben dem FPÖ-Parteihistoriker Lothar Höbelt und Thomas Grischany (Leiter der FPÖ-Denkwerkstatt) auch Theologen, rechtsgerichtete Journalisten und freiheitliche Parteifunktionäre. Auch der ehemalige sozialdemokratische Wiener Stadtschulrat Kurt Scholz, wiewohl kein Historiker, wurde als Mitautor der Kommission angeführt, der sich aber angesichts des Verrisses des »Rohberichtes« umgehend davon distanzierte. Durch seinen Beitrag und seine Nähe zum Kommissionsvorsitzenden Brauneder hatte er diesem Instrumentalisierungsversuch allerdings selbst Vorschub geleistet.

---

121 Margit Reiter: »Anton Reinthaller und die Anfänge der Freiheitlichen Partei Österreichs (FPÖ). Der politische Wiederaufstieg eines Nationalsozialisten und die ›Ehemaligen‹ in der Zweiten Republik«. In: Vierteljahreshefte für Zeitgeschichte 66, 4/2018, S. 539–575.
122 Vgl. beispielsweise die Kritik des renommierten israelischen Historikers Moshe Zimmermann. Auf: https://www.derstandard.at/story/2000107296499/israelischer-forscher-zu-fpoe-bericht-autoren-sind-nicht-die-leuchttuerme.

Um den Schein der Objektivität zu wahren, griff man auch auf die Historiker Stefan Karner und Michael Wladika zurück, die politisch der ÖVP zugeordnet werden. Während sich Karner nach der massiven Kritik aus der gesamten akademischen Historikerzunft zu seiner Mitarbeit in der Kommission nicht äußerte, versuchte sich Wladika öffentlich zu rechtfertigen und machte dabei (wohl eher unfreiwillig) publik, dass seine Mitarbeit auf Betreiben der ÖVP und des Nationalratspräsidenten Wolfgang Sobotka zustande gekommen war.[123] Das legt nahe, dass der Koalitionspartner ÖVP an einem für die FPÖ (und somit auch die Regierung) »günstigen« Bericht interessiert war. Damit sollten die permanenten, die Regierungsarbeit störenden Diskussionen über die NS-Affinität der FPÖ aus der Welt geschafft werden.

Über die Gründe der völligen Substanzlosigkeit des »Rohberichtes« und der permanenten Verschiebungen des Abschlussberichtes kann nur gemutmaßt werden: Ist es der Mangel an unabhängigen ExpertInnen und historischer Kompetenz, oder sind es doch mangelnder Wille zur Aufklärung und wachsende parteiinterne Widerstände? Den wirklich interessanten und strittigen Fragen wich man jedenfalls aus. Dabei gäbe es noch viel zu erforschen: So fehlt beispielsweise eine quantitative Erfassung ehemaliger Nationalsozialisten (auf Funktionärsebene gab es fast ausschließlich Männer) in der frühen FPÖ. Wie man aus der mittlerweile sehr differenzierten Täterforschung weiß, kann das (Bewertungs-)Kriterium nicht allein eine NSDAP-Mitgliedschaft sein, sondern es geht um die konkreten Aktivitäten und Verantwortlichkeiten im NS-System ebenso wie um die Haltung der »Ehemaligen« in der FPÖ zum Nationalsozialismus nach 1945. Solche Differenzierungen sind nötig, waren doch manche der unbelehrbarsten Antisemiten (wie beispielsweise der VdU-Abgeordnete Fritz Stüber) keine NS-

---

123 Michael Wladika: »Bin ich zum Parteihistoriker mutiert? Kommentar der Anderen«. In: Der Standard, 12.8.2019.

DAP-Mitglieder, wohingegen andere frühere NS-Funktionäre nicht mehr einschlägig aktiv waren und vielleicht sogar einen gewissen Lernprozess durchgemacht haben. Außerdem müssen immer auch die FPÖ-nahen Organisationen und Vereine (die Veteranenverbände, der Österreichische Turnerbund, die Glasenbacher und so weiter) mit in den Blick genommen werden.[124] Denn das familiäre, soziale und politische »Ehemaligen«-Milieu stellte in der Nachkriegszeit eine Gesinnungs- und Erinnerungsgemeinschaft dar, die damals ebenso stark mit der FPÖ verflochten war, wie es heute zum Beispiel mit den Burschenschaften der Fall ist.

Des Weiteren kann ein faktenbasierter Vergleich mit den übrigen Parteien nach 1945 die wahren Relationen wieder zurechtrücken. Der FPÖ zufolge (aber auch nach der gängigen Vorstellung in der Öffentlichkeit) haben alle österreichischen Parteien gleichermaßen ehemalige Nationalsozialisten integriert, und die FPÖ war somit kein Sonderfall. Es stimmt, auch die ÖVP und SPÖ haben massiv um die Stimmen von ehemaligen Nationalsozialisten geworben, und viele von ihnen fanden dort ihre neue politische Heimat.[125] Außerdem gab es Kooperationen, vor allem zwischen der ÖVP und gesinnungstreuen »Ehemaligen«, die bisher erst ansatzweise erforscht sind.[126] Allerdings darf der kritische Blick auf die problematische Nachkriegsgeschichte der Großparteien nicht auf

---

124 Diesen Ansatz verfolge ich in meinem neuen Buch, vgl. Reiter: Die Ehemaligen.
125 Die »braunen Flecken« der SPÖ sind gut aufgearbeitet: Maria Mesner (Hrsg.): Entnazifizierung zwischen politischem Anspruch, Parteienkonkurrenz und Kaltem Krieg. Das Beispiel der SPÖ. Wien 2005; Wolfgang Neugebauer und Peter Schwarz: Der Wille zum aufrechten Gang. Offenlegung der Rolle des BSA bei der gesellschaftlichen Reintegration ehemaliger Nationalsozialisten. Wien 2005. Zur ÖVP liegt bislang nur eine erste quantitative Studie vor: Michael Wladika: Zur Repräsentanz von Politikern und Mandataren mit NS-Vergangenheit in der österreichischen Volkspartei 1945–1980. Wien 2018. Auf: www.kvvi.at/images/projekt2018.pdf. Diese unausgewogene Forschungslage mag paradoxerweise einiges zur einseitigen Wahrnehmung in der Öffentlichkeit beigetragen haben.
126 Matthias Falter: »Zwischen Kooperation und Konkurrenz. Die ›Ehemaligen‹ und die Österreichische Volkspartei«. In: Zeitgeschichte 44, 3/2017, S. 160–174.

eine Nivellierung und Relativierung hinauslaufen. Bei der ÖVP und der SPÖ handelte es sich um große, historisch gewachsene Parteien mit einem klaren politischen Profil und einer traditionellen Wählerstruktur, in die nach 1945 *auch* Nationalsozialisten Platz fanden. In ihrem Fall kann man tatsächlich – wie umgangssprachlich üblich – von »braunen Flecken« sprechen. Nicht so im Fall von VdU und FPÖ. Sie waren von ihrem Selbstverständnis, ihrer Programmatik und ihrer personellen Zusammensetzung her *das* parteipolitische Sammelbecken ehemaliger Nationalsozialisten schlechthin. Dort befanden sich vor allem jene besonders »Gesinnungstreuen« unter ihnen, die sich von den vermeintlichen »Opportunisten« strikt abgrenzten. In dieser Hinsicht war die FPÖ keineswegs »eine Partei wie jede andere auch«, wie sie bei der Präsentation ihres »Rohberichtes« für sich beanspruchte.

Zur zentralen politischen Agenda von VdU und FPÖ zählte die Rehabilitierung der »Ehemaligen«, und auch in ideologischer Hinsicht gab es nach wie vor Affinitäten zum Nationalsozialismus. Damit ist neben den personellen Kontinuitäten auch die qualitative Erforschung der ideologischen Kontinuitäten angesprochen, die von der »Historikerkommission« der FPÖ vollkommen ausgeklammert bleiben und deren Wirkmächtigkeit am Beispiel von Deutschnationalismus, Antisemitismus und Rassismus aufgezeigt werden kann. In der FPÖ zeigt sich exemplarisch, wie sich Antisemitismus zwar sukzessive von der »Vorderbühne« auf die »Hinterbühne« (Ervin Goffman) zurückgezogen hat, aber zu bestimmten Anlässen oft geradezu reflexhaft wieder zum Ausbruch kommen kann. Die zahlreichen an die Oberfläche tretenden antisemitischen verbalen »Ausrutscher« der letzten Jahrzehnte und auch die aktuellen Beispiele von Antisemitismus im Umfeld der FPÖ zeigen die Hartnäckigkeit antisemitischer Denkstrukturen und deren Wirksamkeit auch über die Generationen hinweg. Antisemitismus – so könnte man resümierend sagen – war und ist im Ideologiehaushalt der »Ehemaligen« und ihrer politischen Nachkommen in der FPÖ zwar nicht zentral, aber doch latent vorhanden und offenbar jederzeit abrufbar. Doch es geht nicht nur um den alten Antisemitismus, sondern auch um neue und versteckte Formen, um Codes und Anspielungen (die in diesem Milieu jeder versteht) sowie um Transformationen von Rassismus und Ressentiments und deren Übertragung auf neue Feindbilder. Die proisraelische Haltung der FPÖ, die sich zum Teil aus ihrer Islamfeindlichkeit speist, schließt die gleichzeitige Existenz von Antisemitismus keineswegs aus.

Diese (unvollständige) Auflistung von möglichen Fragestellungen zeigt, warum eine kritische Aufarbeitung der Vor- und Frühgeschichte der FPÖ so wichtig ist. Der kritische Blick auf die Geschichte dieser Partei liefert unter anderem Erklärungen für die spätere Entwicklung und die aktuelle Verfasstheit der FPÖ, so wie wir sie heute kennen. Es zeigen sich strukturelle Ähnlichkeiten und personelle und ideologische Kontinuitäten, die die Langlebigkeit rechten Gedankenguts über die Generationen hinweg anschaulich vor Augen führen. Viele Diskussionen, die bereits vor rund 60 Jahren geführt wurden, besitzen immer noch Aktualität und verlaufen nach den immer gleichen Vorwurf- und Abwehrmustern ohne großen Erkenntnisgewinn.

Es ist nicht die vordergründige Aufgabe der FPÖ, ihre problematische Parteigeschichte wissenschaftlich aufzuarbeiten – das sollten unabhängige und kompetente HistorikerInnen tun. Was die FPÖ aber tun kann, ist Folgendes: den Zugang und die Einsicht in ihre Parteiarchive uneingeschränkt zu ermöglichen (und nicht zu verhindern) und somit wissenschaftliche Transparenz und Überprüfbarkeit zu schaffen. Zudem könnte sie die bisher vorliegenden wissenschaftlichen Ergebnisse zur Kenntnis nehmen und diese nicht wie üblich mit Opfer-Täter-Umkehr, Relativierungen und Denunzierungen abwehren und in Frage stellen. Schließlich ist die FPÖ nicht allein an ihrer offiziellen Abgrenzungsrhetorik zu messen (so wichtig diese ist), sondern an der konkreten Umsetzung ihrer Distanzierungen in der politischen Praxis. Ein konsequentes Vorgehen bei diversen »Einzelfällen«, die nicht bagatellisiert, sondern geahndet werden, oder gar das Ausbleiben von NS-Referenzen und Rassismen über einen längeren Zeitraum hinweg würden ihre Glaubwürdigkeit massiv erhöhen, und die Kritik könnte verstummen. Letztendlich sind es nicht die KritikerInnen der FPÖ, die die NS-Vergangenheit nicht ruhen lassen, sondern die FPÖ selbst wird – über 70 Jahre nach Ende des Nationalsozialismus und über 60 Jahre nach Gründung der Partei – immer wieder von ihrer Vergangenheit eingeholt, von der sie sich – so scheint es – nicht lösen kann und will.

Die Herausgeber

Dr. Barbara Tóth ist Historikerin, Publizistin. Die für ihre journalistische Arbeit mehrfach ausgezeichnete Autorin schreibt über Politik, Zeitgeschichte und Gesellschaft für die Wochenzeitung *Falter* und deutsche Medien. Sie lehrt an der Universität Wien und der Wiener Fachhochschule für Journalismus. Zahlreiche Buchveröffentlichungen, zuletzt mit Reinhold Mitterlehner *Haltung* (Ecowin 2019) und mit Nina Horaczek *Sebastian Kurz. Österreichs neues Wunderkind?* (Residenz Verlag 2017).

Die Herausgeber

Dr. Thomas Hofer, M. A., arbeitet als Politikberater und -analyst. Studierte Kommunikationswissenschaft und Anglistik in Wien und politisches Management in Washington, D. C. Ehemals Innenpolitik-Redakteur des Nachrichtenmagazins *profil*. Unterrichtet Kampagnenmanagement an der FH Wien und veröffentlichte zahlreiche Bücher zur politischen Kommunikation in Österreich und den USA (zum Beispiel *Die Tricks der Politiker*). Er ist Permanent Fellow am Institut für Medienpolitik in Berlin.

Anhang

Wahlergebnisse der Nationalratswahl 2019[127]

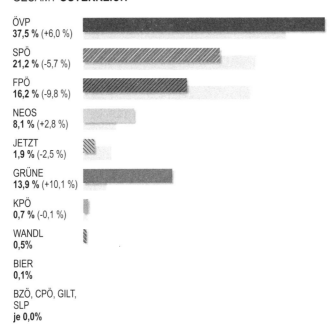

GESAMT ÖSTERREICH

ÖVP
37,5 % (+6,0 %)

SPÖ
21,2 % (-5,7 %)

FPÖ
16,2 % (-9,8 %)

NEOS
8,1 % (+2,8 %)

JETZT
1,9 % (-2,5 %)

GRÜNE
13,9 % (+10,1 %)

KPÖ
0,7 % (-0,1 %)

WANDL
0,5%

BIER
0,1%

BZÖ, CPÖ, GILT, SLP
je 0,0%

---

127 Die Daten wurden von der Homepage des Bundesministeriums für Inneres entnommen: https://wahl19.bmi.gv.at/ (abgerufen am 29.10.19).

BUNDESLAND: **BURGENLAND**

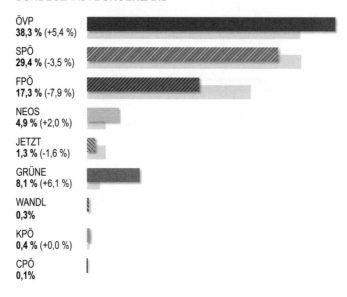

ÖVP
38,3 % (+5,4 %)

SPÖ
29,4 % (-3,5 %)

FPÖ
17,3 % (-7,9 %)

NEOS
4,9 % (+2,0 %)

JETZT
1,3 % (-1,6 %)

GRÜNE
8,1 % (+6,1 %)

WANDL
0,3%

KPÖ
0,4 % (+0,0 %)

CPÖ
0,1%

BUNDESLAND: **KÄRNTEN**

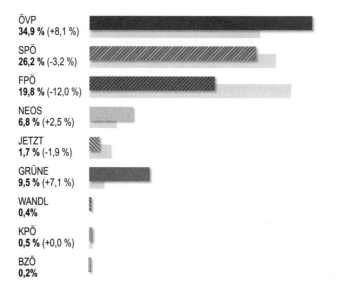

ÖVP
34,9 % (+8,1 %)

SPÖ
26,2 % (-3,2 %)

FPÖ
19,8 % (-12,0 %)

NEOS
6,8 % (+2,5 %)

JETZT
1,7 % (-1,9 %)

GRÜNE
9,5 % (+7,1 %)

WANDL
0,4%

KPÖ
0,5 % (+0,0 %)

BZÖ
0,2%

BUNDESLAND: **NIEDERÖSTERREICH**

ÖVP
42,3 % (+6,7 %)

SPÖ
19,9 % (-4,8 %)

FPÖ
16,4 % (-9,5 %)

NEOS
7,7 % (+2,9 %)

JETZT
1,7 % (-2,4 %)

GRÜNE
11,0 % (+8,2 %)

KPÖ
0,5 % (-0,0 %)

WANDL
0,5%

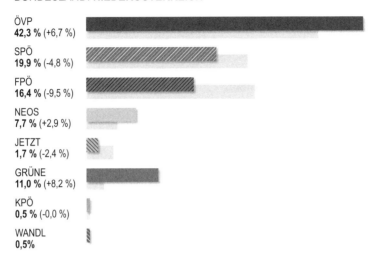

BUNDESLAND: **OBERÖSTERREICH**

ÖVP
36,8 % (+5,3 %)

SPÖ
22,1 % (-5,5 %)

FPÖ
17,5 % (-9,3 %)

NEOS
7,3 % (+2,5 %)

JETZT
1,5 % (-2,2 %)

GRÜNE
13,7 % (+10,0 %)

KPÖ
0,6 % (+0,0 %)

SLP
0,0%

WANDL
0,5%

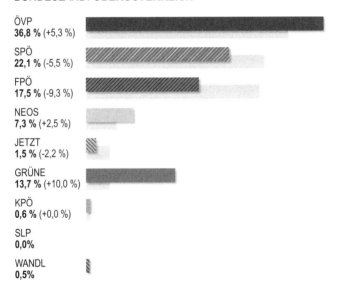

BUNDESLAND: **SALZBURG**

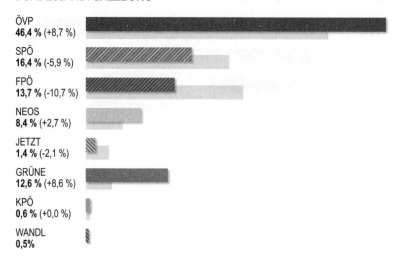

ÖVP
46,4 % (+8,7 %)

SPÖ
16,4 % (-5,9 %)

FPÖ
13,7 % (-10,7 %)

NEOS
8,4 % (+2,7 %)

JETZT
1,4 % (-2,1 %)

GRÜNE
12,6 % (+8,6 %)

KPÖ
0,6 % (+0,0 %)

WANDL
0,5%

BUNDESLAND: **STEIERMARK**

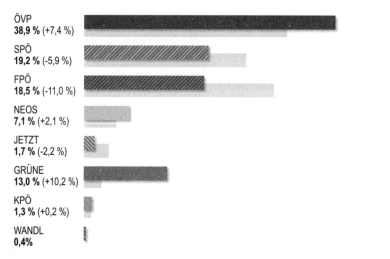

ÖVP
38,9 % (+7,4 %)

SPÖ
19,2 % (-5,9 %)

FPÖ
18,5 % (-11,0 %)

NEOS
7,1 % (+2,1 %)

JETZT
1,7 % (-2,2 %)

GRÜNE
13,0 % (+10,2 %)

KPÖ
1,3 % (+0,2 %)

WANDL
0,4%

BUNDESLAND: **TIROL**

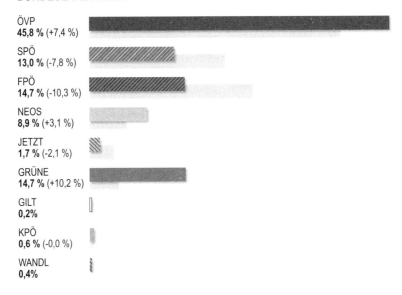

ÖVP
45,8 % (+7,4 %)

SPÖ
13,0 % (-7,8 %)

FPÖ
14,7 % (-10,3 %)

NEOS
8,9 % (+3,1 %)

JETZT
1,7 % (-2,1 %)

GRÜNE
14,7 % (+10,2 %)

GILT
0,2%

KPÖ
0,6 % (-0,0 %)

WANDL
0,4%

BUNDESLAND: **VORARLBERG**

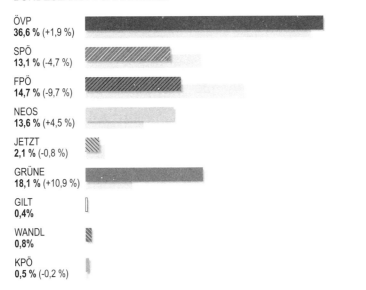

ÖVP
36,6 % (+1,9 %)

SPÖ
13,1 % (-4,7 %)

FPÖ
14,7 % (-9,7 %)

NEOS
13,6 % (+4,5 %)

JETZT
2,1 % (-0,8 %)

GRÜNE
18,1 % (+10,9 %)

GILT
0,4%

WANDL
0,8%

KPÖ
0,5 % (-0,2 %)

BUNDESLAND: **WIEN**

ÖVP
24,6 % (+3,0 %)

SPÖ
27,1 % (-7,4 %)

FPÖ
12,8 % (-8,5 %)

NEOS
9,9 % (+3,4 %)

JETZT
3,0 % (-4,6 %)

GRÜNE
20,7 % (+14,8 %)

KPÖ
0,8 % (-0,6 %)

WANDL
0,5%

BIER
0,6%

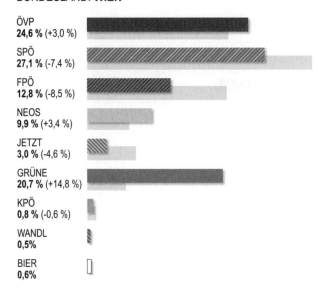